报关实务精讲

Essentials of Customs Clearance Practice

孔德民 编著

中国海关出版社

图书在版编目（CIP）数据

报关实务精讲 / 孔德民编著 . —北京：中国海关出版社，2012. 6
ISBN 978-7-80165-886-9

Ⅰ. ①报… Ⅱ. ①孔… Ⅲ. ①进出口贸易—海关手续—中国 Ⅳ. ①F752. 5

中国版本图书馆 CIP 数据核字（2012）第 115684 号

报关实务精讲
BAOGUAN SHIWU JINGJIANG

编　　著：孔德民
策划编辑：马　超　徐　旻
责任编辑：刘　倩
责任监制：王岫岩
出版发行：中国海关出版社
社　　址：北京市朝阳区东四环南路甲 1 号　　邮政编码：100023
网　　址：www. hgcbs. com. cn；www. hgbookvip. com
编 辑 部：010 65194242 - 7550（电话）　　010 65194234（传真）
发 行 部：010 65194242 - 7540/42/44/45（电话）　　010 65194233（传真）
社办书店：010 65195616/5127（电话/传真）　　010 65194262/63（邮购电话）
　　　　　北京市建国门内大街 6 号海关总署东配楼一层
印　　刷：北京京都六环印刷厂　　经　　销：新华书店
开　　本：710mm × 1000mm　1/16
印　　张：24　　字　　数：406 千字
版　　次：2012 年 6 月第 1 版
印　　次：2014 年 1 月第 2 次印刷
书　　号：ISBN　978 - 7 - 80165 - 886 - 9
定　　价：48. 00 元

目 录

第一篇 海关与报关

第二篇 报关与外贸管制

第三篇 报关程序详解

第四篇　进出口商品归类

第五篇　进出口税费与原产地规则

第六篇　报关单填制

第一篇　海关与报关

第一讲　认识海关

学习要点

1. 了解海关是国家行政机关，不同于国家权力机关和司法机关。
2. 熟练掌握海关的四项基本任务。
3. 熟悉海关权力的具体内容。
4. 熟悉中国海关的设关原则和三级海关的分布。

关键术语：海关　海关任务　海关权力

一、海关的性质

《中华人民共和国海关法》（以下简称《海关法》）规定：中华人民共和国海关是国家的进出关境监督管理机关。海关的隶属关系，不受行政区划的限制。海关依法独立行使职权，向海关总署负责。海关依照《海关法》和其他有关法律、行政法规，监管进出境的运输工具、货物、行李物品、邮递物品和其他物品，征收关税和其他税费，查缉走私，并编制海关统计和办理其他海关业务。通常概括为监管、征税、查私、统计四大任务。由此可见：

（1）海关是国家行政机关，国务院直属机构，对内对外代表国家行使行政管理权。

（2）海关是国家进出关境监督管理机关。监督管理对象是所有进出关境的运输工具、货物和行李物品，实施监督管理的范围是进出关境及与之有关的活动。

（3）海关的监督管理是国家行政执法活动。

海关执法的依据是《海关法》和其他有关法律、行政法规。海关事务属于中央立法事权，立法者是全国人民代表大会、全国人大常委会和国务院。各省、自治区、直辖市等地方人大和政府不得制定海关法律法规。地方法规、规章不是海关执法的依据。

TIPS:关境与国境

关境是指适用于同一海关法或实行同一关税制度的领域,包括领水、领陆和领空。

国境是指一个国家行使全部主权的国家空间,包括领陆、领海和领空。第二次世界大战后,关税同盟和自贸区、自由港大量出现,国境等于关境的原则被突破,国家政治国境和关境有时不完全一致。几个国家结成关税同盟,组成一个共同关境,实施统一的海关法规和关税制度,其成员国的货物在彼此之间的国境进出不征收关税,此时关境大于其成员国的各自国境。自由港、自贸区虽在国境之内,但从征收关税看,它可以被视为在该国境之外,进出自由港(区)可以免征关税,此时关境小于国境。针对原为殖民地的国家或地区,《关税及贸易总协定》第24条规定,经其宗主国的统一并用发表声明和证实等方法,可以单独成为《关税及贸易总协定》一个成员。此条对关境定义为:在对外贸易方面独立实行关税和贸易管理制度的地区,即所谓的单独关境。

我国的关境小于国境,我国的单独关境有香港、澳门和台、澎、金、马单独关税区。欧盟的关境大于国境。

二、海关的任务

我国《海关法》明确规定了海关有四项基本任务:

1. 监管

监管进出境的运输工具、货物、行李物品、邮递物品和其他物品,是海关的基本任务,海关的其他任务都是由此派生出来的。

2. 征税

征税即征收关税和其他税、费。“关税”指由海关代表国家,按照《海关法》和《中华人民共和国进出口关税条例》,对准许进出口的货物、进出境的物品征收的一种间接税。“其他税、费”指海关在货物进出口环节,按照关税征收程序征收的有关国内税、费,目前主要有增值税、消费税及船舶吨税等。

3. 查缉走私

走私是伴随着进出关境活动的发展和国家管理上的限制而产生的一种非

法行为。由于我国的社会、经济、文化、道德等方面的原因，走私的形势严峻，查缉走私成为当前海关的主要任务之一。

国家实行联合缉私、统一处理、综合治理的缉私体制。海关是打击走私的主管机关，海关缉私警察负责对其管辖的走私犯罪案件的侦查、拘留、执行逮捕和预审工作。

除海关外，公安、工商、税务、烟草等部门也有缉私权，它们查获的走私案件需要行政处罚的，应当移交海关依法处理。

案例一

杭州海关侦破一起成品油案值 1.06 亿元的走私大案

杭州海关破获一起海上成品油走私大案，打掉一个利用改装油船从海上走私成品油进境牟利的走私犯罪团伙。该案共涉及走私柴油 11 000 吨，价值 1.06 亿元，涉嫌偷逃国家税款 3 000 万元。

2011 年 4 月 27 日晚上 7 点，浙江省舟山市普陀区正是万家灯火之时。而在距离普陀区不远的白沙岛附近海域，茫茫夜色中，杭州海关所辖舟山海关的两艘缉私艇正在全速航行。

在此之前，海关获悉一条重要线索：有一艘走私船从境外走私柴油入境，可能今晚会到达舟山海域。海关缉私警察迅速展开分析，随即将目标锁定在普陀白沙岛附近一无人小岛上的私人油库码头。

4 月 28 日凌晨，当一艘走私船满载柴油靠上舟山白沙岛附近一无人小岛的油库码头进行卸油时，守候已久的缉私警察迅速出击，一举抓获 13 名走私嫌疑人，查获走私船上和已卸入油库的走私柴油 923 吨，查扣改装的走私船一艘。

与此同时，陆路行动小组也在当地公安机关和海关缉私部门的配合下，抓获走私犯罪团伙的 6 名主犯。至此，这个专门靠改装油船从海上走私成品油进境牟利的走私团伙的 19 名成员全部落网。

简评：走私分为商品走私、毒品走私、军火走私等。打击走私主要是维护国家经济安全和社会秩序。当然打击军火走私还有政治职能，那就是维护社会安定，打击犯罪分子的颠覆活动。它既属于保障人民民主和维护国家长治久安的职能，也属于组织社会主义经济建设的职能。打击走私有利于保护国家、企业和个人的合法财产不受侵犯，能够惩治犯罪分子，维护社会治安和社会秩序；打击走私也是在社会主义市场经济条件下进行的市场监管，有利于促进经济健康、有序、稳定发展。

案例来源：杭州海关网 http://hangzhou. customs. gov. cn/publish/portal120/tab37941/module89411/info304293. htm

4. 编制海关统计

海关统计是国家进出口贸易统计，是国民经济统计的组成部分。海关通过对进出中华人民共和国关境的货物，以及与之有关的贸易事项进行统计调查和统计分析，不仅科学、准确地反映了国家对外贸易运行态势，也对国家经济生活起到了决策辅助和检测、监督作用。

我国海关统计的原则是：凡是能够引起我国境内物质资源储备增加或减少的进出口货物，超过自用、合理数量的进出境物品均列入海关统计。不列入海关统计的货物和物品，实施单项统计。

此外，在四项列名的基本任务之外，还规定了海关要"办理其他海关业务"，如知识产权的海关保护等，为海关监督管理的含义进一步拓展创造了条件。

三、海关权力

1. 海关权力的含义

海关的权力主要是指海关依法对进出我国关境的运输工具、货物、物品的监督管理权，它是国家公共行政职权的重要组成部分。

2. 海关权力的特点

海关权力除具有一般行政权力的单方性、强制性、无偿性等基本特征外，还具有特定性、独立性、效力先定性、优益性。

(1)特定性：行使主体特定——海关，其他机关和个人不具有海关的权力；适用范围特定——进出关境监督管理领域，不能用作于其他场合。

(2)独立性：依法独立行使职权，仅向海关总署(或上级海关)负责，实行垂直领导的管理体制。不受地方政府或个人的干预。

(3)效力先定性：海关行政行为一经做出，行政相对人应当无条件执行。如不服海关的行政行为，可在执行后向海关申请复议。

(4)优益性：行政受益权——享受国家提供的各种物质优益条件；行政优先权——在执法遭到暴力抗拒时，公安机关和武装警察部队必须予以协助。

表 1－1 海关权力的内容

<table>
<tr><th colspan="2">种 类</th><th colspan="3">权力行使或适用范围</th><th>备 注</th></tr>
<tr><td rowspan="2">行政许可权</td><td>法律、行政法规设定的行政许可项目</td><td colspan="3">报关企业的注册，报关员资格核准及注册登记，出口监管仓库、保税仓库设立审批，进出境运输工具改、兼营境内运输审批，海关监管货物仓储审批，免税商店设立审批，加工贸易备案（变更）、外发加工、深加工结转、余料结转、核销、放弃核准，进出口货物免验审批，暂时进出口货物的核准，报关单修改、撤销审批</td><td rowspan="2"></td></tr>
<tr><td>以国务院决定公布的行政许可项目</td><td colspan="3">海关派员驻厂监管的保税工厂资格审批，常驻机构及非居民长期旅客公私用物品进出境核准，小型船舶往来香港、澳门地区进行货物运输备案，承运境内海关监管货物的运输企业、车辆注册，制造、改装、维修集装箱、集装箱式货车车厢工厂核准，外国在华常驻机构和常驻人员免税进境机动交通工具出售、转让、出租或移作他用审批，获准入境定居旅客安家物品审批，进境货物直接退运核准，高新技术企业适用海关便捷通关措施审批，长江驳运船舶转运海关监管的进出口货物审批</td></tr>
<tr><td colspan="2">税费征收权</td><td colspan="3">代表国家依法对进出口货物、物品征收关税及其他税费；根据法律、行政法规及有关规定，依法对特定的进出口货物、物品减征或免征关税；对经海关放行后的有关进出口货物、物品，发现少征或者漏征税款的，依法补征、追征税款的权力</td><td></td></tr>
<tr><td rowspan="9">行政检查权</td><td rowspan="9">检查权</td><td>检查对象</td><td>区域范围</td><td>授权条件</td><td rowspan="9"></td></tr>
<tr><td>进出境运输工具</td><td>两区内外</td><td>可以直接进行检查</td></tr>
<tr><td rowspan="2">有走私嫌疑的运输工具</td><td>两区内</td><td>可以直接进行检查</td></tr>
<tr><td>两区外</td><td>须经直属海关关长或其授权的隶属海关关长批准</td></tr>
<tr><td rowspan="2">有藏匿走私嫌疑货物、物品的场所</td><td>两区内</td><td>可以直接进行检查</td></tr>
<tr><td>两区外</td><td>须经直属海关关长或其授权的隶属海关关长批准</td></tr>
<tr><td rowspan="2">走私嫌疑人</td><td>两区内</td><td>经海关关长授权或批准，可以进行检查</td></tr>
<tr><td>两区外</td><td>不能进行检查</td></tr>
</table>

续表

种类		权力行使或适用范围				备注
行政检查权	查验权	进出境货物、物品				注意3年期限的规定
	施加封志权	所有未办结海关手续、处于海关监管状态的进出境货物、物品、运输工具				
	查阅、复制权	查阅进出境人员的证件，查阅、复制与进出境运输工具、货物、物品有关的合同、发票、账册、单据、记录、文件、业务函电、录音录像制品和其他资料				
	查问权	违反《海关法》或其他有关法律、行政法规的嫌疑人				
	查询权	经直属海关关长或其授权的隶属海关关长批准				
	稽查权	自进出口货物放行之日起3年内或者在保税货物、减免税进口货物的海关监管期限内及其后的3年内，海关可以对与进出口货物直接有关的企业、单位的会计账簿、会计凭证、报关单证以及其他有关资料和有关进出口货物实施稽查				
行政强制权	扣留权	扣留对象	区域范围	适用前提	授权条件	扣留时间不得超过24小时，最长不超过48小时
		进出口合同、发票、单据等资料	两区内外	违反海关法律	可以直接扣留	
		有走私嫌疑的运输工具、货物、物品	两区内	违反海关法律	须经直属海关关长或其授权的隶属海关关长批准	
			两区外	有证据证明有走私嫌疑的	可以直接扣留	
		走私嫌疑人	两区内	有走私嫌疑	须经直属海关关长或其授权的隶属海关关长批准	
			两区外		无授权不能扣留	

续表

<table>
<tr><th colspan="2">种　类</th><th colspan="3">权力行使或适用范围</th><th>备　注</th></tr>
<tr><td rowspan="10">行政强制权</td><td>滞报、滞纳金征收权</td><td colspan="3">超期申报货物，逾期缴纳进出口税费货物</td><td></td></tr>
<tr><td rowspan="5">提取货物变卖、先行变卖权</td><td>货物</td><td>处理方式</td><td>授权条件</td><td rowspan="5"></td></tr>
<tr><td>超过 3 个月未向海关申报的进口货物</td><td>变卖</td><td></td></tr>
<tr><td>进出口收发货人或所有人声明放弃货物</td><td>变卖</td><td></td></tr>
<tr><td>海关扣留、不宜长期保留的货物</td><td>先行变卖</td><td>须经直属海关关长或其授权的隶属海关关长批准</td></tr>
<tr><td>在规定期限内未向海关申报的货物或误卸或溢卸的，不宜长期保留的货物</td><td>提前变卖</td><td></td></tr>
<tr><td>强制扣缴和变价抵缴关税权</td><td colspan="3">超期为缴纳税款货物（经直属海关关长或其授权的隶属海关关长批准）</td><td></td></tr>
<tr><td>税收保全</td><td colspan="3">海关要求提供担保而纳税义务人不能提供担保（经直属海关关长或其授权的隶属海关关长批准）</td><td></td></tr>
<tr><td>抵缴、变价抵缴罚款权</td><td colspan="3">当事人逾期不履行海关处罚决定又不申请复议或向人民法院提起诉讼</td><td></td></tr>
<tr><td>其他特殊行政强制</td><td colspan="3">处罚担保、税收担保</td><td></td></tr>
<tr><td colspan="2">行政处罚权</td><td colspan="3">尚未构成走私罪的违法当事人（没收走私货物、罚款、对报关企业或报关员处以暂停或取消报关资格）</td><td></td></tr>
<tr><td colspan="2">其他权力</td><td colspan="3">佩带和使用武器权、连续追缉权、行政裁定权、行政奖励权</td><td></td></tr>
</table>

3. 海关权力的行使原则

海关权力作为国家行政权的一部分,一方面,海关权力运行起到了维护国家利益、维护经济秩序、实现国家权能的积极作用;另一方面,由于海关权力的广泛性、自由裁量权较大等因素,以及海关执法者主观方面的原因,海关权力在行使时任何的随意性或者滥用都必然导致海关管理相对人的合法权益受到侵害。因此,海关权力的行使必须遵循一定的原则。一般来说,海关权力的行使应遵循以下基本原则:

(1)合法原则。

权力的行使要合法,这是行政法的基本原则——依法行政原则的基本要求。按照行政法理论,行政权力行使的合法性至少包括:

① 行使行政权力的主体资格合法,即行使权力的主体必须有法律授权。例如,涉税走私犯罪案件的侦查权,只有缉私警察才能行使,海关其他人员则无此项权力。又如,《海关法》规定海关行使某些权力时应"经直属海关关长或者其授权的隶属海关关长批准",如未经批准,海关人员不能擅自行使这些权力。

② 行使权力必须有法律规范为依据。《海关法》第二条规定了海关的执法依据是《海关法》、其他有关法律和行政法规。无法律规范授权的执法行为,属于越权行为,应属无效。

③ 行使权力的方法、手段、步骤、时限等程序应合法。

④ 一切行政违法主体(包括海关及管理相对人)都应承担相应的法律责任。

(2)适当原则。

行政权力的适当原则是指权力的行使应该以公平性、合理性为基础,以正义性为目标。因国家管理的需要,海关在验、放、征、减、免、罚的管理活动中拥有很大的自由裁量权,即法律仅规定一定原则和幅度,海关关员可以根据具体情况,采取最合适的行为方式来行使职权。因此,适当原则是海关行使行政权力的重要原则之一。为了防止自由裁量权的滥用,目前我国对海关自由裁量权进行监督的法律途径主要有行政监督(行政复议)和司法监督(行政诉讼)。

(3)依法独立行使原则。

海关实行高度集中统一的管理体制和垂直领导方式,地方海关只对海关总署负责。海关无论级别高低,都是代表国家行使管理权的国家机关,海关依法独立行使职权,各地方、各部门应当支持海关依法行使职权,不得非法干预海关的执法活动。

(4)依法受到保障原则。

海关权力是国家权力的一种,应受到保障,才能实现国家权能的作用。《海关法》规定:海关依法执行职务,有关单位和个人应当如实回答询问,并予以配合,任何单位和个人不得阻挠。海关执行职务受到暴力抗拒时,执行有关任务的公安机关和人民武装警察部队应当予以协助。

四、海关的设置

我国《海关法》规定了海关的设关原则:国家在对外开放的口岸和海关监管业务集中的地点设立海关。

1. 海关的组织机构

中华人民共和国海关是国家的进出境监督管理机关,实行垂直管理体制,在组织机构上分为三个层次:第一个层次是海关总署;第二个层次是广东分署,天津、上海2个特派员办事处,41个直属海关和2所海关学校;第三个层次是各直属海关下辖的562个隶属海关机构。隶属海关由直属海关领导,向直属海关负责;直属海关由海关总署领导,向海关总署负责。

2. 直属海关

直属海关是指直接由海关总署领导,负责管理一定区域范围内海关业务的海关。目前,我国共有41个直属海关,除我国香港、澳门、台湾地区外,分布在全国31个省、自治区、直辖市。直属海关就本关区内的海关事务独立行使职权,向海关总署负责。直属海关承担着在关区内组织开展海关各项业务和关区集中审单作业,全面有效地贯彻执行海关各项政策、法律、法规、管理制度和作业规范的重要职责,在海关三级业务职能管理中发挥着承上启下的作用。其主要职责是:

(1)对关区通关作业实施运行管理,包括执行总署业务参数、建立并维护审单辅助决策参数、对电子审单通道判别进行动态维护和管理、对关区通关数据和相关业务数据进行有效监控和综合分析;

(2)实施关区集中审单,组织和指导隶属海关开展接单审核、征收税费、查验、放行等通关作业;

(3)组织实施对各类海关监管场所、进出境货物和运输工具的实际监控;

(4)组织实施贸易管制措施、税收征管、保税和加工贸易海关监管、企业分类管理和知识产权进出境保护;

(5)组织开展关区贸易统计、业务统计和统计分析工作；

(6)组织开展关区调查、稽查和侦查业务；

(7)按规定程序及权限办理各项业务审核、审批、转报和注册备案手续；

(8)开展对外执法协调和行政纠纷、争议的处理；

(9)开展对关区各项业务的执法检查、监督和评估。

TIPS：分布在全国的41个直属海关列表(正厅级)

北京海关、天津海关、上海海关、石家庄海关、太原海关、呼和浩特海关、满洲里海关、大连海关、沈阳海关、长春海关、哈尔滨海关、福州海关、厦门海关、南昌海关、青岛海关、郑州海关、武汉海关、长沙海关、广州海关、深圳海关、拱北海关、汕头海关、黄埔海关、江门海关、湛江海关、南宁海关、南京海关、杭州海关、宁波海关、合肥海关、海口海关、重庆海关、成都海关、贵阳海关、昆明海关、拉萨海关、西安海关、兰州海关、西宁海关、银川海关、乌鲁木齐海关。

3. 隶属海关

隶属海关是进出境监督管理职能的基本执行单位(负责具体海关业务办理)。隶属海关的职责如下：

(1)开展接单审核、征收税费、验估、查验、放行等通过作业；

(2)对辖区内加工贸易实施海关监管；

(3)对进出境运输工具及其燃料、物料、备件等实施海关监管，征收船舶吨税；

(4)对各类海关监管场所实施监控；

(5)对通关、转关及保税货物的存放、移动、放行或其他处置实施实际监控；

(6)开展对运输工具、进出口货物、监管场所的风险分析，执行各项风险处置措施；

(7)办理辖区内报关单位通关注册备案业务；

(8)受理辖区内设立海关监管场所、承运海关监管货物业务的申请；

(9)对辖区内特定减免税货物实施海关后续监管。

4. 海关缉私机构

为了严厉打击走私违法活动，党中央、国务院决定成立国家缉私警察队伍。在1998年7月中旬召开的全国打私工作会议上，党中央、国务院决定组建由海关和公安双重垂直领导，以海关领导为主的海关缉私警察队伍，实行“联合缉私、统一处理、综合治理”的反走私斗争新体制。缉私警察既是海关的一支专职缉私队伍，又是公安部门的一个警种。国家赋予缉私警察侦查、拘留、逮捕和预审职责，按照海关对缉私工作的统一部署和指挥开展工作、执行任务，从缉私体制和执法权力上解决原来存在的打击走私手段不足和刑事处罚软弱无力的状况。组建缉私警察队伍，不仅是海关执法权限的延伸，是反走私斗争的需要，也突出显示了海关镇守国门和作为国家经济安全的钢铁长城的重要地位。

1999 年 1 月 5 日，海关总署走私犯罪侦查局在北京成立，与此同时，国家海关缉私警察队伍也一同诞生，实行了“联合缉私、统一处理、综合治理”的反走私斗争新体制。缉私警察由海关总署和公安部双重领导，以海关领导为主。在中华人民共和国境内，缉私警察依法查缉涉税走私犯罪案件，对走私犯罪案件和走私犯罪嫌疑人依法进行侦查、拘留、逮捕和预审工作。

2003 年 1 月 1 日，全国各海关走私犯罪侦查机构全部更名为“缉私”机构。更名后各级海关缉私警察将在原有的刑事执法职能基础上增加行政执法职能。除海关调查部门在调查稽查过程中发现的走私违规案件继续由其查办外，其余各类走私违法犯罪案件均交由海关缉私警察查办。

TIPS：何为口岸

口岸原指由国家指定的对外通商的沿海港口。但现在，口岸不仅仅是经济贸易往来（即通商）的商埠，还包括政治、外交、科技、文化、旅游和移民等方面的往来港口；口岸也已不仅仅指设在沿海的港口。随着陆、空交通运输的发展，对外贸易的货物、进出境人员及其行李物品、邮件包裹等，可以通过铁路和航空直达一国腹地。因此，在开展国际联运、国际航空邮包邮件交换业务以及其他有外贸、边贸的地方，国家也设置了口岸。简单地说，口岸是由国家指定对外往来的门户，是国际货物运输的枢纽。

五、海关法律法规

我国“海关法律体系”采取国家最高权力机关、国务院和海关总署三级立法的体制，即以《海关法》为母法，以国务院审定的有关单行条例和海关总署单独制定或会同国家其他行政机关共同制定的实施细则和单行管理办法为补充的三级海关法律体系。

法律层级	举　例
法律	《海关法》、《对外贸易法》、《行政处罚法》等
行政法规	《进出口关税条例》、《知识产权海关保护条例》、《海关行政处罚条例》、《海关稽查条例》等
海关总署规章	《进出口货物申报管理规定》、《海关对进出境旅客行李物品监管办法》、《海关进出口货物征税管理办法》、《海关对加工贸易货物监管办法》等
海关总署规范性文件	由海关总署以《中华人民共和国海关总署公告》的形式对外发布，如海关总署 2007 年第 25 号公告
直属海关公告	由直属海关以《中华人民共和国××海关公告》的形式对外发布，如中华人民共和国拱北海关 2007 年第 3 号公告

注：《中华人民共和国海关法》（1987 年 1 月 22 日第六届全国人民代表大会常务委员会第十九次会议通过，根据 2000 年 7 月 8 日中华人民共和国主席令第 35 号公布的《全国人民代表大会常务委员会关于修改〈中华人民共和国海关法〉的决定》，自 2001 年 1 月 1 日起施行。）

复习思考题

一、单选题

1. 根据我国的缉私体制，不具有查缉走私权力的单位是（　）。

A. 海关　　B. 公安部门　　C. 税务部门　　D. 检察部门

2. 海关对有走私嫌疑的运输工具和有藏匿走私货物、物品嫌疑的场所行使检查权时（　）。

A. 不能超出海关监管区和海关附近沿海沿边规定地区的范围

B. 不受地域限制，但不能检查公民住处

C. 在海关监管区和海关附近沿海规定地区，海关人员可直接检查；超出这个范围，只有在调查走私案件时，才能直接检查，但不能检查公民住处

D. 在海关监管区和海关附近沿海规定地区，海关人员可直接检查；超出这个范围，只有在调查走私案件时，经直属海关关长或者其授权的隶属海关关长批准才能进行检查，但不能检查公民住处

3. 海关行使下列哪些权力时需经直属海关关长或者其授权的隶属海关关长批准（　）。

A. 询问被稽查人的法定代表人、主要负责人员和其他有关人员与进出口

活动有关的情况和问题

B. 在海关监管区和海关附近沿海沿边规定地区，检查走私嫌疑人的身体

C. 在海关监管区和海关附近沿海沿边规定地区，检查有走私嫌疑的进出境运输工具

D. 在调查走私案件时，查询案件涉嫌单位和涉嫌人员在金融机构、邮政企业的存款、汇款

二、判断题

1. 我国的国境大于关境，而欧盟则恰恰相反，即国境小于关境。(　)

2. 海关实施监督管理的对象是：所有进出关境的运输工具、货物、物品和人员。(　)

3. 海关是国家进出国境的监督管理机关。(　)

4. 根据《中华人民共和国海关法》规定的设关原则，如果海关监督管理需要，国家可以在现有的行政区划之外安排海关的上下级关系和海关的相互关系。(　)

三、多选题

1. 海关的任务有(　)。

A. 监管　　B. 征税　　C. 缉私　　D. 统计

2. 国家实行联合缉私、统一处理、综合治理的缉私体制。海关是打击走私的主管机关。除海关以外，下列(　)机构也有查缉走私的权力，但这些部门查获的走私案件，必须按法律规定，统一处理。

A. 公安　　B. 工商　　C. 税务　　D. 烟草专卖等

3. 海关权力的内容有(　)。

A. 行政审批权　　B. 税费征收权　　C. 行政检查权　　D. 行政强制权

4. 进出口货物纳税人在规定的期限内没有缴纳税款的，经直属海关关长或者其授权的隶属海关关长的批准，海关可以(　)。

A. 书面通知其开户银行或者其他金融机构从其存款内扣缴税款

B. 将应税货物依法变卖，以变卖所得抵缴税款

C. 扣留并依法将其价值相当于应缴纳税款的货物或者其他财产，以变卖所得抵缴税款

D. 扣留进出口货物纳税人

5. 海关的设关原则有(　)。

A. 对外开放口岸　　B. 海关监管业务集中的地点

C. 人口多的地方　　D. 边境

四、拓展题

请调查一下你所在的省、市有无设立海关,这些海关主要办理的业务有哪些?

第二讲　走进报关单位

学习要点

1. 了解报关单位的含义和分类；
2. 了解报关单位的设立条件和程序；
3. 熟悉海关对报关单位进行类别管理的具体内容；
4. 熟悉报关单位需要承担的法律责任；
5. 掌握报关单位的行为规则。

关键术语：报关单位　进出口货物收发货人　报关企业　自理报关　代理报关　法律责任

一、报关单位的含义

报关单位是指依法在海关注册登记的进出口货物收发货人和报关企业。

《海关法》规定："进出口货物收发货人、报关企业办理报关手续，必须依法经海关注册登记。报关人员必须依法取得报关从业资格。未依法经海关注册登记的企业和未依法取得报关从业资格的人员，不得从事报关业务。"

根据上述规定可知，国家对报关单位实行注册登记管理制度，报关人员必须依法取得报关从业资格，报关单位和报关员向海关注册登记是法定要求。

二、报关单位的分类

根据海关法律法规的规定，报关单位可以分为两种类型：进出口货物收发货人和报关企业。

(一)进出口货物收发货人

进出口货物收发货人是指依法直接进口或者出口货物的中华人民共和国境内的法人、其他组织或个人。

进出口货物收发货人依法向国务院对外贸易主管部门或者其委托的机构办理备案登记成为对外贸易经营者。对于一些未取得对外贸易经营者备案登记表,但按照国家有关规定需要从事非贸易性进出口活动的单位,如境外企业、新闻机构、经贸机构、文化团体等,依法在中国境内设立的常驻代表机构,少量货样进出境的单位,国家机关、学校、科研院所等组织机构,临时接受捐赠、礼品、国际援助的单位,国际船舶代理企业等,在进出口货物时,海关也视其为进出口货物收发货人。

我国进出口货物的收发货人主要有贸易型、生产型、仓储型企业等。这些企业一般都有进出口经营权,进出口货物收发货人经海关注册登记,取得报关资格后,只能为本企业进出口货物办理报关纳税事宜,我们称这些单位为自理报关单位。

(二)报关企业

报关企业是指按照海关规定准予注册登记,接受进出口货物收发货人的委托,以进出口货物收发货人的名义或者以自己的名义,向海关办理代理报关业务,从事报关服务的境内企业法人。

目前,我国的报关企业主要有两类:一是主营报关服务兼营其他有关业务的企业,如各类报关公司或报关行;二是主要经营国际货物运输代理和国际运输工具代理业务同时兼营报关服务的企业,如国际货物运输代理公司、国际运输工具代理公司、国际货物快递运输公司、进出口物流公司等,这些报关企业从事代理报关业务必须经海关批准许可,并向海关办理注册登记手续后,方可开展报关业务。

TIPS:直接代理报关与间接代理报关

直接代理报关是报关企业接受委托后以委托人的名义报关,报关企业代理行为的法律后果直接作用于被代理人即委托人;间接代理报关是以报关企业自身的名义办理报关手续,报关企业承担与收发货人自行报关时同等的法律责任。

我国报关企业大都采用直接代理报关,间接代理报关只适用于经营快件的国际货物运输代理企业。

表1-2 进出口货物收发货人与报关企业报关权的取得及报关权限对比

报关单位类别	报关注册登记许可	报关注册登记	报关权限
进出口货物收发货人	无须申请报关注册登记许可	向所在地海关办理注册登记手续，有效期3年	可以在我国关境内各口岸或者海关监管业务集中地点办理本企业报关业务
报关企业	报关企业向直属海关办理注册登记许可	向企业所在地海关办理注册登记手续，有效期2年	可以由关区内设立的分支机构在直属海关各口岸或者海关监管业务集中地点接受委托代理报关
	报关企业跨关区分支机构向注册登记地海关办理注册登记许可	向跨关区分支机构所在地海关办理注册登记手续	可以在所在地口岸或者海关监管业务集中地点接受委托代理报关
临时注册登记单位	无须申请报关注册登记许可	向拟进出境口岸或海关监管业务集中地海关办理临时注册登记手续，有效期7日	在临时注册登记地口岸或者海关监管业务集中地点办理报关业务

三、报关单位的设立

1. 进出口货物收发货人注册登记

进出口货物收发货人应当按照规定提交有关文件资料，到所在地海关办理报关注册登记手续。注册地海关对申请材料齐全，符合法定形式的核发“中华人民共和国海关进出口货物收发货人报关注册登记证书”。进出口货物收发货人凭此办理报关业务。

TIPS：进出口货物收发货人注册登记时需要提交的资料

外贸经营者登记备案表，营业执照、税务登记证、组织机构代码证、银行开户证明、单位情况说明表、企业章程、管理人员情况登记表。

2. 报关企业注册登记

按照法律规定，报关企业在注册登记前应依法取得报关企业注册登记许可，取得报关企业注册登记许可后，方可向海关申请注册登记后成为正式的报关企业。

（1）报关企业注册登记许可和设立的条件。

报关企业注册登记许可应当具备的条件包括：具备境内企业法人资格条件，企业注册资本不低于人民币150万元，健全的组织机构和财务管理制度，报关员人数不少于5名，投资者、报关业务负责人、报关员无走私记录，报关业务负责人具有5年以上从事对外贸易工作经验或者报关工作经验，无因走私违法行为被海关撤销注册登记许可记录，有符合从事报关服务所必需的固定经营场所和设施，海关监管所需要的其他条件。

TIPS：报关企业注册登记许可申请提交材料

1）填写报关企业注册登记许可申请书；

2）填写报关企业注册登记许可材料签收表；

3）报关业务负责人工作简历；

4）企业法人营业执照副本或者企业名称预先核准通知书复印件；

5）企业章程；

6）出资证明文件复印件（主要指验资报告）；

7）所聘报关从业人员报关员资格证复印件；

8）从事报关服务业可行性研究报告；

9）报关服务营业场所所有权证明或租赁证明复印件。

（2）报关企业申请分支机构注册登记许可应当符合的条件。

报关企业应取得《中华人民共和国海关报关企业报关注册登记证书》满两年；报关企业最近两年未因走私受过处罚；报关企业每申请一项跨关区分支机构注册登记许可，应当增加注册资本人民币50万元。

（3）报关企业跨关区设立的分支机构拟取得注册登记许可的应当具备的条件。

符合境内企业法人分支机构设立条件，报关员人数应不少于3人，有符合从事报关服务所必需的固定经营场所和设备，分支机构负责人应当具有5年以上从事对外贸易工作经验或者报关工作经验，报关业务负责人、报关员无走私记录。

（4）报关企业及其跨关区分支机构注册登记许可期限。

报关企业及其跨关区分支机构注册登记许可期限均为2年。

(5)报关企业注册登记许可的变更和延续。

报关企业及其分支机构注册登记许可中的企业名称及其分支机构名称、企业注册资本、法定代表人有变更的,应当到注册地海关申请变更注册登记许可。注册地海关对被许可人提出的变更注册登记许可申请进行初审,并且上报直属海关决定。直属海关对符合法定条件和标准的,应当准予变更,并且作出准予变更的决定。

报关企业及其分支机构注册登记许可需要进行延续的,应当在报关注册登记许可有效期届满40日前向海关提出延续申请并递交规定的材料。海关对符合注册登记许可条件的,应当依法作出准予延续的决定,延续的有效期为2年。报关企业未办理注册登记许可延续手续或者海关未准予注册登记许可延续的,自丧失注册登记许可之日起,其跨关区分支机构注册登记许可自动终止。

TIPS:报关企业(分支机构)注册登记许可延续应提交的材料

1)填写报关企业注册登记许可(延续)申请书或报关企业跨关区分支机构注册登记许可(延续)申请书;

2)填写报关单位情况登记表;

3)填写报关员情况登记表;

4)填写报关企业注册登记许可材料签收表;

5)报关业务分析、报关差错情况及原因的书面报告;

6)企业法人营业执照复印件;

7)分支机构营业执照副本复印件(限跨关区分支机构提供);

8)所属报关企业的中华人民共和国海关报关企业报关注册登记证书复印件(限跨关区分支机构提供)。

(6)报关企业注册登记。

报关企业申请人经直属海关注册登记许可后,应当到工商行政管理部门办理许可经营项目登记,然后到企业所在地海关办理注册登记手续。报关企业申请注册登记应当提交有关文件资料,海关对申请材料齐全、符合法定形式的核发报关企业登记证书。

TIPS:报关企业申请注册登记时应提交的资料

1)企业法人营业执照副本复印件;

2)税务登记证书副本复印件;

3)银行开户证明复印件;

4）组织机构代码证书副本复印件；

5）“报关单位情况登记表”；

6）“报关单位管理人员情况登记表”。

3. 报关单位注册登记时效及换证管理

报关企业登记证书有效期限为2年，收发货人登记证书有效期限为3年。

报关企业应当在办理注册登记许可延续的同时办理换领报关企业报关登记证书手续。

进出口货物收发货人应当在收发货人登记证书有效期届满前30日到注册地海关办理换证手续。

四、报关单位的行为规则

进出口货物收发货人和报关企业在办理注册登记取得报关权后，在报关过程中，必须遵守海关的法律、法规和相关规定。

1. 进出口货物收发货人

进出口货物收发货人在海关办理注册登记后，可以在中华人民共和国关境内各个口岸或者海关监管业务集中的地点办理报关业务；只能办理本单位进出口货物的报关业务，不能代理其他单位报关，并且只有通过本单位所属的报关员办理；进出口货物收发货人应对所属报关员的报关行为承担相应的法律责任；进出口货物收发货人可以委托海关准予注册登记的报关企业，由报关企业所属的报关员代为办理报关业务。

2. 报关企业

（1）报关服务的地域范围。

报关企业在海关办理注册登记后，可以在取得注册登记许可的直属海关关区各口岸或者海关监管业务集中地点办理报关业务，但是如果在直属海关关区范围的某一口岸地或者海关监管业务集中的地点办理报关业务，应当依法设立分支机构，并且应当在直属海关备案；报关企业如果需要在注册登记许可区域外从事报关业务，应当依法设立分支机构，并且向拟从事报关服务的海关申请报关企业分支机构注册登记许可，取得注册登记许可的报关企业分支机构应当在所在地口岸或者海关监管业务集中的地点从事报关服务。报关企业对其分支机构的报关行为承担法律责任。

(2)从事报关服务时应当履行的义务。

报关企业要遵守法律、行政法规、海关规章的各项规定,依法履行代理人职责,配合海关监管工作,不得违法滥用报关权;依法建立账簿和营业记录,接受海关稽查;报关企业应当与委托方签订书面委托协议,在接受进出口货物收发货人的委托,办理报关手续时,应当承担对委托人所提供情况的真实性、完整性进行合理审查的义务,违反海关规定申报的,应当追究相应的法律责任;报关企业不得以任何形式出让其名义,供他人办理报关业务;对于代理报关的货物涉及走私违规情事的,应当接受或者协助海关进行调查。

(3)其他规则。

报关企业办理报关业务时,向海关递交的报关单必须加盖本单位在海关备案的报关专用章;报关企业应对其所属报关员的报关行为承担相应的法律责任。

五、报关单位的类别管理

海关根据管理需要,将进出口货物收发货人和报关企业按照其规模、业务、信用和守法情况分为 AA、A、B、C、D 共五类,具体分类如下:

(一)分类管理的综合规定

- 基本类别:AA、A、B、C、D五个管理类别;
- 差别管理
  - AA类和A类企业适用相应的通关便利措施
  - B类企业适用常规管理措施
  - C类和D类企业适用严密监管措施
- 全国海关实行统一的企业分类标准、程序和管理措施

(二)管理措施的实施

1. 进出口货物收发货人管理类别的设定

(1)AA 类进出口货物收发货人,应当同时符合下列条件:

① 已适用 A 类管理 1 年以上;

② 上一年度进出口总值3 000万美元（中西部1 000万美元）以上；

③ 经海关验证稽查，符合海关管理、企业经营管理和贸易安全的要求；

④ 每年报送“经营管理状况报告”和会计师事务所出具的上一年度审计报告；每半年报送“进出口业务情况表”。

（2）A类进出口货物收发货人，应当同时符合下列条件：

① 已适用B类管理1年以上；

② 连续1年无走私罪、走私行为、违反海关监管规定的行为；

③ 连续1年未因进出口侵犯知识产权货物而被海关行政处罚；

④ 连续1年无拖欠应纳税款、应缴罚没款项情事；

⑤ 上一年度进出口总值50万美元以上；

⑥ 上一年度进出口报关差错率3%以下；

⑦ 会计制度完善，业务记录真实、完整；

⑧ 主动配合海关管理，及时办理各项海关手续，向海关提供的单据、证件真实、齐全、有效；

⑨ 每年报送“经营管理状况报告”；

⑩ 按照规定办理“中华人民共和国海关进出口货物收发货人报关注册登记证书”的换证手续和相关变更手续；

⑪ 在商务、人民银行、工商、税务、质检、外汇、监察等行政管理部门和机构无不良记录。

（3）进出口货物收发货人有下列情形之一的，适用C类管理：

① 有走私行为的；

② 1年内有3次以上违反海关监管规定行为，或者1年内因违反海关监管规定被处罚款累计总额人民币50万元以上的；

③ 1年内有2次因进出口侵犯知识产权货物而被海关行政处罚的；

④ 拖欠应纳税款、应缴罚没款项人民币50万元以下的。

（4）进出口货物收发货人有下列情形之一的，适用D类管理：

① 有走私罪的；

② 1年内有2次以上走私行为的；

③ 1年内有3次以上因进出口侵犯知识产权货物而被海关行政处罚的；

④ 拖欠应纳税款、应缴罚没款项人民币50万元以上的。

（5）进出口货物收发货人未发生C类管理和D类管理所列情形并符合下列条件之一的，适用B类管理：

① 首次注册登记的；

② 首次注册登记后，管理类别未发生调整的；

③ AA 类企业不符合原管理类别适用条件，并且不符合 A 类管理类别适用条件的；

④ A 类企业不符合原管理类别适用条件的。

(6)在海关登记的加工企业，按照进出口货物收发货人实施分类管理。

2. 报关企业的分类标准

(1)适用 AA 类管理的条件：

① 符合 A 类管理条件，已适用 A 类管理 1 年以上。

② 上一年度代理申报的进出口报关单及进出境备案清单总量在 2 万票(中西部 5 000 票)以上。

③ 上一年度进出口报关差错率 3% 以下。

④ 通过海关稽查验证，符合海关管理、企业经营管理和贸易安全的要求。

⑤ 每年报送企业经营管理状况评估报告和会计师事务所出具的上一年度审计报告；每半年报送报关代理业务情况表。

(2)适用 A 类管理的条件：

① 已适用 B 类管理 1 年以上；

② 企业以及所属执业报关员连续 1 年无走私罪、走私行为、违反海关监管规定的行为；

③ 连续 1 年代理报关的货物未因侵犯知识产权而被海关没收，或者虽被没收但对该货物的知识产权状况履行了合理审查义务；

④ 连续 1 年无拖欠应纳税款、应缴罚没款项情事；

⑤ 上一年度代理申报的进出口报关单及进出境备案清单等总量在 3 000 票以上；

⑥ 上一年度代理申报的进出口报关差错率在 5% 以下；

⑦ 依法建立账簿和营业记录，真实、正确、完整地记录受委托办理报关业务的所有活动；

⑧ 每年报送企业经营管理状况评估报告；

⑨ 按照规定办理注册登记许可延续及中华人民共和国海关报关企业报关注册登记证书的换证手续和相关变更手续；

⑩ 连续 1 年在商务、人民银行、工商、税务、质检、外汇、监察等行政管理部门和机构无不良记录。

(3)适用B类管理的条件:

①首次注册登记的;

②首次注册登记后,管理类别未发生调整的;

③AA类企业不符合原管理类别适用条件,并且不符合A类管理类别适用条件的;

④A类企业不符合原管理类别适用条件的。

(4)适用C类管理的条件:

① 有走私行为的;

② 1年内有3次以上违反海关监管规定的行为,或者1年内因违反海关监管规定被处罚款累计总额人民币50万元以上的;

③ 1年内代理报关的货物因侵犯知识产权而被海关没收达2次且未尽合理审查义务的;

④ 上一年度代理申报的进出口报关差错率在10%以上的;

⑤ 拖欠应纳税款、应缴罚没款项人民币50万元以下的;

⑥ 代理报关的货物涉嫌走私、违反海关监管规定拒不接受或者拒不协助海关进行调查的;

⑦ 被海关暂停从事报关业务的。

(5)适用D类管理的条件:

① 有走私罪的;

② 1年内有2次以上走私行为的;

③ 1年内代理报关的货物因侵犯知识产权而被海关没收达3次以上且未尽合理审查义务的;

④ 拖欠应纳税款、应缴罚没款项超过人民币50万元的。

(三)海关对进出口货物收发货人和报关企业管理的相关规定

(1)报关企业代理进出口货物收发货人开展报关业务,海关按照报关企业和进出口货物收发货人各自适用的管理类别分别实施相应的管理措施。

因企业的管理类别不同导致应当实施的管理措施抵触的,海关按照下列方式实施:

① 报关企业或者进出口货物收发货人为C类或者D类的,按照较低的管理类别实施相应的管理措施;

②报关企业和进出口货物收发货人均为B类以上管理类别的,按照报关企

业的管理类别实施相应的管理措施。

(2)加工贸易经营企业与承接委托加工的生产企业管理类别不一致的,海关对该加工贸易业务按照较低的管理类别实施相应的管理措施。

(3)在海关注册登记的加工企业,按照进出口货物收发货人实行分类管理。

(四)报关单位的法律责任

报关单位的法律责任是指报关单位违反海关法律规范所应承担的法律后果,由海关及有关司法机关对其违法行为依法予以追究,实施法律制裁。

(1)报关单位有违反海关法律行为但尚未构成走私行为,海关按《海关行政处罚实施条例》的有关规定进行处理。

(2)报关单位有违反我国法律构成走私犯罪行为的,按《中华人民共和国刑法》依法追究刑事责任。

(3)报关单位因工作疏忽或在代理报关业务中,因对委托人所提供情况的真实性未进行合理审查,致使发生进出口货物的品名、税则号列、数量、规格、价格、贸易方式、原产地、启运地、运抵地、最终目的地或者其他应当申报的项目未申报或者申报不实的,海关可以暂停其6个月以内报关执业;情节严重的,撤销其报关注册登记;可以对报关企业处货物价格10%以下的罚款。

(4)报关企业有下列情形之一的,责令改正,给予警告,可以暂停其6个月以内的报关业务:报关企业拖欠海关税款或不履行纳税义务的,以出让其名义供他人办理进出口报关纳税事宜的,有需要暂停其从事报关业务的其他违法行为的。

(5)报关企业有下列情形之一的,海关可以撤销其注册登记:报关企业有走私犯罪或者1年内有2次以上走私行为的;所属报关员1年内3人次以上被海关暂停执业的;被海关暂停从事报关业务,恢复后1年内再次发生暂停报关业务规定情形的;有需要撤销其注册登记的其他违法行为。

(6)报关企业非法代理他人报关或者超出海关准予的从业范围进行报关活动的,责令改正,处5万元以下罚款,暂停其6个月以内从事报关业务;情节严重的,撤销其报关注册登记、取消其报关从业资格。

(7)进出口货物收发货人、报关企业向海关工作人员行贿的,撤销其报关注册登记、取消其报关从业资格,并处10万元以下罚款;构成犯罪的,依法追究刑事责任,并不得重新注册登记为报关企业和取得报关从业资格。

(8)未经海关注册登记和未取得报关从业资格从事报关业务的,予以取缔,没收违法所得,可以并处10万元以下罚款。

(9)提供虚假资料骗取海关注册登记、报关从业资格的,撤销其注册登记、取消其报关从业资格,并处30万元以下罚款。

(10)报关单位有下列情形之一的,海关予以警告,责令改正,并可以处1 000～5 000元人民币罚款:报关单位在海关注册登记的内容发生变更,未按照规定向海关办理变更手续的;未向海关备案,擅自变更或者启用"报关专用章"的;所属报关员离职,未按照规定向海关报告并办理相关手续的。

表1－3　报关单位情况登记表

(以下内容不得空缺,如办理变更仅填写变更事项)

填表单位(盖章):　　　　日期:2011年7月2日

<table>
<tr><td>海关注册编码</td><td>首次申请免填</td><td>预录入号</td><td colspan="5">首次申请免填</td></tr>
<tr><td>注册日期</td><td>首次申请免填</td><td colspan="6"></td></tr>
<tr><td rowspan="2">名　称</td><td>工商注册全称</td><td colspan="6">东南西北国际货运代理报关有限公司</td></tr>
<tr><td>对外英文名称</td><td colspan="6">EASTSOUTHWESTNORTH INTERNATIONAL TRANSPORTATION LIM. CO.</td></tr>
<tr><td rowspan="2">地　址</td><td>工商注册地址</td><td colspan="4">河东北路201号301室</td><td>邮政编码</td><td>200000</td></tr>
<tr><td>对外英文地址</td><td colspan="6">HEDONG RD. NORTH NO. 201,ROOM301#</td></tr>
<tr><td>注册资本(万元)</td><td>500</td><td>资本币制</td><td colspan="2">人民币</td><td>投资总额</td><td colspan="2">700</td></tr>
<tr><td>备案(批准)机关</td><td>宁波海关</td><td>备案(批准)文号</td><td colspan="2">沪关企许准字〔2008〕001号</td><td>生产类型</td><td colspan="2">服务</td></tr>
<tr><td>开户银行</td><td>中国银行</td><td>银行账号</td><td colspan="2">1234567890</td><td>行业种类</td><td colspan="2">服务</td></tr>
<tr><td>法定代表人(负责人)</td><td>王大为</td><td>证件类型</td><td>身份证</td><td>证件号</td><td>322212112345678911</td><td>电话</td><td>876543221</td></tr>
<tr><td>联系人</td><td>张小弟</td><td>联系电话</td><td colspan="2">61654321</td><td>报关类别</td><td colspan="2">报关企业</td></tr>
<tr><td>纳税人识别号</td><td>5432167891234567890</td><td colspan="3">营业执照编号</td><td colspan="3">876545678</td></tr>
<tr><td>组织机构代码</td><td>234567890</td><td colspan="3">报关有效期</td><td colspan="3">2012年12月3日</td></tr>
<tr><td>进出口企业代码</td><td>234567890</td><td colspan="3">工商注册有效期</td><td colspan="3">2014年6月14日</td></tr>
<tr><td>经营范围</td><td colspan="7">在宁波关区内从事报关服务(有效期到2012年12月3日);从事国际货物运输代理,包括:国际海上运输代理、国际陆路运输代理、国际航空运输代理服务、报检、分拨、仓储等;电子产品;贸易咨询;技术及货物的进出口;电子产品的销售;不包括其他国家许可的项目。</td></tr>
</table>

续表

海关注册编码		首次申请免填	预录入号	首次申请免填	
主要产品					
投资者		投资国别	投资方式	投资金额(万美元)	到位金额(万美元)
1	王大为	中国	现金	50	50
2	李二	美国	现金	6.25	6.25
3	张小弟	中国	产权	6.25	6.25
4					
5					
以上填写保证无讹,请贵关(办)办理单位报关登记手续,我单位保证遵守海关的法律、法规和其他有关制度,承担相应的法律责任。					
备　注	企业日常办公地址在南京西路×××号4楼,企业原注册编码31××××××××。				

填表说明

为了确保海关注册企业资料真实有效,填表人应当参照以下须知如实完整地填写表格中每一项内容,表格内容除特别规定外不得为空:

1. 海关注册编码:《中华人民共和国海关报关企业报关注册登记证书》或《中华人民共和国海关进出口货物收发货人报关注册登记证书》中的海关注册编码,新企业注册可不填。

2. 注册日期、企业注册有效期、工商注册名称、工商注册地址、邮政编码、注册资本、资本币制:以《企业法人营业执照》或《营业执照》核定的内容为准。

3. 对外英文名称:企业对外提供的英文名称。

4. 对外英文地址:企业对外提供的英文地址。

5. 投资总额(万美元):企业的各投资方投资金额的总数。外商投资企业根据《中华人民共和国台港澳侨投资企业批准证书》或《中华人民共和国外商投资企业批准证书》的“投资总额”栏填写,以万美元为单位,其他报关单位和企业若无法提供以注册资本按当日外汇汇率折算成美元。

6. 生产类型:根据《企业法人营业执照》或《营业执照》经营范围选定,用1、2、3、4分别表示技术先进(以当地政府评定的高新技术企业为准)、产品出口、服务、其他型。

7. 到位金额：以《企业法人营业执照》或《营业执照》核定的实收资本为准。

8. 行业种类：根据《企业法人营业执照》或《营业执照》经营范围选定，分别为：1－化工、2－咨询、3－餐饮娱乐、4－旅游宾馆、5－其他、6－机械、7－电子、8－纺织、9－食品、10－轻工、11－水产、12－医药、13－房地产。

9. 备案(批准)机关：核发《对外贸易经营者备案登记表》、《中华人民共和国台港澳侨投资企业批准证书》或《中华人民共和国外商投资企业批准证书》、《中华人民共和国宁波海关行政许可决定书》的机关。

10. 备案(批准)文号：《中华人民共和国台港澳侨投资企业批准证书》或《中华人民共和国外商投资企业批准证书》、《中华人民共和国宁波海关行政许可决定书》的批准文号或《对外贸易经营者备案登记表》备案登记表编号。

11. 报关类别：用0、1、3分别表示无权报关、专业报关、自理报关，如来料加工企业填"无权报关"，为进出口货物收发货人的企业填"自理报关"，报关企业填"专业报关"。

12. 开户银行：开设企业基本账户卡的银行。

13. 银行账号：基本账户的账号。

14. 法人代表(负责人)：《企业法人营业执照》或《营业执照》核定的法定代表人或负责人。

15. 证件号：法定代表人(负责人)的身份证件编号，身份证件包括：身份证、护照、军官证等。

16. 联系人、联系电话：向海关申请企业注册的负责人及联系电话。

17. 纳税人识别号：一般贸易企业纳税人识别号为国税号，无国税号的纳税人识别号为地税号。

18. 营业执照编号：申请企业的《企业法人营业执照》或《营业执照》的注册号。

19. 组织机构代码：申请企业的《中华人民共和国组织机构代码证》的代码号。

20. 进出口代码：《中华人民共和国台港澳侨投资企业批准证书》、《中华人民共和国外商投资企业批准证书》或《对外贸易经营者备案登记表》的进出口企业代码。

21. 经营范围：《企业法人营业执照》或《营业执照》核定的经营范围。

22. 主要产品：企业生产的主要产品的HS编码前4位，编码相连的分别输入最前和最后的编码，中间以"－"连接，编码不相连的以"，"间隔，非生产型企业此项可不填。

23. 投资者：投资企业的股东(自然人或法人)。

24. 投资国别：投资企业投资者的国别。

25. 投资方式：按实际情况填写，分别有：1－产权、2－物权、3－实物＋产权、4－现汇、5－现汇＋产权、6－现汇＋实物、7－现汇＋实物＋产权。

26. 投资金额、到位资金：以《企业法人营业执照》或《营业执照》核准的金额为准，以"万美元"为单位。

27. 备注：填写企业日常经营地址，跨区迁址的注明原编码等。

表1-4 报关单位管理人员情况登记表

填表单位(盖章) 日期:2012年1月12日

单位名称		宁波前进国际货物运输代理有限公司
海关注册编码		3122××××××
法定代表人	姓　名	刘开林
	身份证件号	31××××××××××××××
	国籍(地区)	中国
	职　务	董事长
	出生日期	1966年6月6日
	学　历	大学毕业
	住　址	宁波市长春路××××号1105室
	联系电话(手机)	5500××××　1300×××××××
	备　注	1990年至2012年宁波××国际货运代理公司工作
报关业务负责人	姓　名	张三强
	身份证件号	31××××××××××××××
	国籍(地区)	中国
	职　务	报关部经理
	出生日期	1977年11月11日
	学　历	大学毕业
	住　址	宁波太兴宁路102弄3号
	联系电话(手机)	5500××××　1300×××××××
	备　注	1996年至2012年宁波××报关有限公司任部门经理
财务负责人	姓　名	林海
	身份证件号	31××××××××××××××
	国籍(地区)	中国
	职　务	财务部经理
	出生日期	1966年2月2日
	学　历	中专毕业
	住　址	杨树路333号402室
	联系电话(手机)	5600××××　1312×××××××
	备　注	1996年至2012年宁波××报关公司任财务主管

表 1－5　报关业务负责人工作简历（样张）

（同时适用《报关企业分支机构负责人简历》）

<table>
<tr><td>姓名</td><td>刘×</td><td>性别</td><td>男</td><td>籍贯</td><td>宁波</td><td rowspan="4" colspan="2">照片</td></tr>
<tr><td>单位</td><td colspan="2">宁波向前进报关有限公司宁波分公司</td><td>职务</td><td colspan="2">分公司负责人</td></tr>
<tr><td>出生年月</td><td>×××</td><td>毕业学校</td><td colspan="3">宁波立新会计学校</td></tr>
<tr><td>文化程度</td><td>大专毕业</td><td>职称</td><td colspan="3">注册会计</td></tr>
<tr><td>身份证件</td><td>身份证</td><td>证件号码</td><td colspan="2">31××××
××××</td><td>联系电话</td><td colspan="2">×××××××××</td></tr>
<tr><td colspan="8">工作简历</td></tr>
</table>

起止时间	工作单位（何职务）	证明人
1995 年至 1996 年	×××	×××
1997 年至 1999 年	×××	×××
2000 年至 2003 年	×××	×××
2004 年至 2011 年	×××	×××

何时何地受过何种处罚或其他需要说明的情况

无。

本人签章

日期

单位意见：

经审阅刘×所填简历情况属实。

企业公章

日期

复习思考题

一、单选题

1. 报关企业是指已完成(　)手续,取得办理进出口货物报关资格的境内法人。

A. 工商注册登记　　B. 税务登记

C. 企业主管部门批准　　D. 海关报关注册登记

2. 下列企业、单位中不属报关单位的是(　)。

A. 经海关批准在海关临时注册登记的境内某大学

B. 在海关注册登记的经营进出境快件业务的某快递公司

C. 在海关注册登记的某外商投资企业

D. 在海关注册登记的经营转关运输货物境内运输业务的某承运人

3. 报关企业注册登记许可,应由下列哪个部门作出(　)。

A. 海关总署　　B. 直属海关

C. 隶属海关　　D. 海关总署授权的直属海关或隶属海关

4. 报关企业报关注册登记证书和进出口收发货人报关注册登记证书的有效期(　)。

A. 均为 2 年　　B. 均为 3 年

C. 报关企业为 3 年,进出口货物收发货人为 2 年

D. 报关企业为 2 年,进出口货物收发货人为 3 年

5. 下列关于报关企业和进出口货物收发货人报关范围的表述,正确的是(　)。

A. 两者均可在关境内各海关报关

B. 两者均只能在注册地海关辖区内各海关报关

C. 报关企业可以在关境内各海关报关,进出口货物收发人只能在注册地海关辖区内各海关报关

D. 报关企业只能在注册地海关辖区内各海关报关,进出口货物收发货人可以在关境内各海关报关

6. 下列关于进出口货物收发货人和报关企业报关行为规则的表述,错误的

是(　)。

A. 两者办理报关业务时,向海关递交的纸质进出口货物报关单必须加盖本单位在海关备案的报关专用章

B. 两者均应对其所属报关员的报关行为承担相应的法律责任

C. 两者均可以代理其他单位办理报关业务

D. 两者均可在其注册登记地直属海关关区内各口岸或者海关业务集中的地点办理报关业务

二、多选题

1. 报关企业注册登记许可条件中对企业人员的要求包括(　)。

A. 报关员人数不少于5名

B. 投资者、报关业务负责人、报关员无走私记录

C. 报关业务负责人具有5年以上从事对外贸易工作经验或者报关工作经验

D. 报关业务负责人、报关员要通过海关规定的业务考核

2. 下列表述中属于报关单位共有特征的是(　)。

A. 具有对外贸易经营权　　B. 经海关注册登记,取得报关资格

C. 能独立承担相应的经济和法律责任

D. 是境内法人或其他组织

3. 根据海关规定,无须办理报关注册登记许可,可直接向海关办理报关注册登记的单位有(　)。

A. 兼营进出口货物代理报关业务的国际货物运输公司

B. 有权从事对外贸易经营活动的境内个体工商者

C. 有权从事对外贸易经营活动的境内商贸组织

D. 需从事非贸易性进出口的台湾企业驻沪办事处

4. 下列关于报关企业跨关区分支机构的表述,正确的是(　)。

A. 报关企业跨关区分支机构注册登记许可期限为3年

B. 经海关批准后,报关企业跨关区分支机构可以延续注册登记许可

C. 报关企业跨关区分支机构的报关员人数不少于5名

D. 报关企业跨关区分支机构负责人应当具有5年以上报关工作或者外贸工作经验

5. 海关依法可以注销企业注册登记许可的情况有(　)。

A. 注册登记许可有效期届满的

B. 被工商行政管理部门吊销营业执照的

C. 提供虚假资料，骗取注册登记许可的

D. 报关企业依法终止的

6. 下列关于报关单位分类管理的表述正确的是( )。

A. A 类报关企业代理 B 类进出口收发货人开展报关业务的，适用 B 类管理措施

B. C 类报关企业代理 D 类进出口收发货人开展报关业务的，适用 D 类管理措施

C. AA 类报关企业代理 A 类进出口收发货人开展报关业务的，适用 AA 类管理措施

D. A 类报关企业代理 AA 类进出口收发货人开展报关业务的，适用 A 类管理措施

三、判断题

1. 报关单位必须在取得对外贸易经营权并依法在海关注册登记后，才能办理报关手续。( )

2. 报关企业和进出口货物发货人须经海关注册登记许可后方可向海关办理报关单位注册登记手续。( )

3. 报关企业注册登记许可条件之一是注册资本不低于 150 万元人民币，报关企业跨关区分支机构注册资本不低于 50 万元人民币。( )

4. 在海关注册登记的加工企业，同样也属于海关报关单位分类管理范围。( )

第三讲　如何成为报关员

本讲要点

1. 了解报关员的工作内容；
2. 熟悉报关员注册的程序和资料；
3. 熟悉报关员在执业过程中的权利和义务；
4. 熟悉报关员在报关过程中的法律责任；
5. 掌握海关对报关员记分考核的具体做法。

关键术语:报关员　报关员资格　权利与义务　执业禁止　法律责任

一、报关员的概念

报关员是指通过全国报关员资格统一考试,依法取得报关从业资格,并在海关注册登记,代表所属企业(单位)向海关办理进出口货物报关纳税等通关手续,并以此为职业的人员。

在我国,报关员不是自由职业者,报关员只能受雇于一个依法向海关注册登记的进出口货物收发货人或者企业,并代表该企业向海关办理业务。我国海关法律禁止报关员非法接受他人委托从事报关业务。报关员必须具备一定的学识水平和实际业务能力,必须熟悉与货物进出口有关的法律法规、贸易、商品知识,必须精通海关法律、法规、规章,并具备办理报关业务的技能。

二、报关员的工作内容

(1)申报。报关员要按照海关的规定,如实申报进出口货物的商品编码、商品名称、规格型号、实际成交价格、原产地及相应优惠贸易协定代码等报关单的有关项目,并填制报关单、提交有关单证等与申报有关的事宜。

(2)缴税。依法办理缴纳税费和退税、减免税申请和补缴税款。

(3)办理保税货物的海关手续。申请办理加工贸易合同备案(变更)、深加工结转、外发加工、内销、放弃核准、余料结转、核销及保税监管等事宜。

(4)配合查验。协助配合海关对进出口货物的查验、结关等事宜。

(5)其他应当由报关员办理的报关事宜。

三、报关员资格的取得

根据《海关法》关于“报关人员必须依法取得报关从业资格”的规定,报关员资格考试实行全国统一考试制度,通过考试测试考生从事报关业务必备的基础知识和技能,考试内容包括报关专业知识、报关专业技能、报关相关知识以及与报关业务相关的法律、行政法规及海关总署规章。考试合格者可以向海关申请取得报关员资格证书。

海关总署组织报关员资格全国统一考试,确定考试原则,制定考试大纲、规则,统一命题;指导、监督各地海关具体实施考试,处理考试工作中的重大问题;组织阅卷,公布考试成绩;管理各海关审核报关员资格申请、颁发报关员资格证书事宜。直属海关在海关总署指导下具体实施考试;受理、审查报关员资格申请,颁发报关员资格证书。

报关员资格全国统一考试每年举行一次。特殊情况下,经海关总署决定,可以进行调整。海关总署在考试3个月前对外公告考试事宜。

报关员资格全国统一考试实行公平、公开、公正、诚信的原则,采取全国统一报名、统一命题、统一考试、统一评分标准、统一阅卷核分和统一合格标准的方式进行。

(一)考试内容

包括报关专业知识、报关专业技能、报关相关知识以及与报关业务相关的法律、行政法规及海关总署规章。

(二)报考条件

1. 报名参加考试的人员应当符合的条件

(1)具有中华人民共和国国籍;

(2)年满18周岁,具有完全民事行为能力;

(3)具有大学专科毕业及以上学历。

普通高等学校2011年应届毕业生可以报名参加考试。

2. 不得报名参加考试的情形

(1)未取得报关员资格,因故意犯罪受过刑事处罚的;

(2)在报关活动中发生走私或违反监管规定的行为,被海关依法取消报关从业资格的;

(3)向海关工作人员行贿构成犯罪,被海关依法取消报关从业资格的;

(4)在考试中发生作弊行为,被海关取消考试成绩,或者有其他违规行为,被海关以作弊论处,不满3年的;

(5)已经取得有效报关员资格的。

TIPS:报关员报考(现场确认)时所需材料

1)身份证和学历证原件及复印件;

2)报关员资格全国统一报名表(须彩色打印);

3)准考证主证(网上下载,并附相片)。

(三)考试题型

考试全部采用客观性试题,包括单项选择题、多项选择题、判断题、商品归类题、综合实务题、报关单填制题、报关单改错题。以闭卷笔试方式进行。考试试卷和答题卡均以简体中文字印刷。考试时限为180分钟,不分场次(考试具体起讫时间将标示在准考证副证上)。

TIPS:如何查询报关员考试成绩

报关员考试成绩一般在考试结束的两个月之后公布,并由海关总署核定并公布全国统一合格分数线,各直属海关公布考试成绩合格人员名单。

可登录中国海关报关员资格考试网查询本人考试成绩。对本人考试分数有异议的,自考试合格人员名单公布之日起15日内,可以向原报名海关递交书面的分数核查申请,申请分数核查。海关总署在申请核查期限届满之日起15个工作日内完成分数核查,并根据核查结果制发核查单。

(四)证书颁发及注册

海关授予报关员资格的,应当自作出决定之日起10个工作日内颁发报关员资格证书。报关员资格证书由海关总署统一印制。取得报关员资格证书者可以按照规定向海关申请报关员注册。

(五)考区设置

考试以直属海关为单位,设41个考区;各考区以隶属海关、办事处为单位,分设若干个报考点。

考试不限考生户籍、居住、学习及工作所在地,考生可以按照各考区的报考点设置,自主选择报考点。

注:报关员资格考试报名网址:www. customs. gov. cn

四、报关员注册管理

根据《中华人民共和国海关报关员执业管理办法》(海关总署令第146号)的规定,凡取得报关员资格证书的人员,拟从事报关业务的,均应到所属企业的注册地海关办理报关员注册申请并取得报关员证后方可执业。

(一)报关员注册程序

(1)受理程序:申请(向直属海关提出)——审核——颁发证书。

(2)注册资料:注册申请书、报关注册登记证书、执业资格证书、劳动用工合同、身份证复印件、社会保险证明复印件。

首次申请报关员注册的,还应提供实习证明材料。

(3)符合条件者,海关于10日内颁发报关员证,不符合条件的,应作出书面决定。

(二)报关员实习备案

首次申请报关员注册的人员(以下称实习人员)须到拟实习企业的注册地海关办理实习备案手续:

(1)提交实习备案单(见附表1)一式两份。

(2)海关经办关员在实习备案单上签章并注明备案日期。一份退还申请人，一份海关留存，在报关员注册后归入报关员档案案卷。

（3）实习期间报关单位或者实习人员要求终止实习的，报关单位应当向海关书面申请终止实习备案，并将海关签注的实习备案单原件交回备案海关。

（三）报关员的注册条件

（1）具有中华人民共和国国籍；

（2）通过报关员资格全国统一考试，取得报关员资格证书；

（3）与所在报关单位建立劳动合同关系或者聘用合同关系；

（4）首次申请报关员注册的，应当经过在一个报关单位连续3个月的报关业务实习；

（5）报关员注册有效期届满之日起连续2年未注册再次申请报关员注册的，应当经过海关报关业务岗位考核，考核合格的，可以向海关申请报关员注册。

（四）有下列情形之一的，不得申请报关员注册

（1）不具有完全民事行为能力的；

（2）因故意犯罪受到刑事处罚的；

（3）被海关取消报关从业资格的。

（五）有下列情形之一的，暂不受理报关员注册申请

（1）被海关暂停执业期间注销报关员注册的；

（2）被海关暂停执业期间注册有效期届满的；

（3）记分达到《中华人民共和国海关对报关员记分考核管理办法》规定分值，未参加海关组织的报关业务岗位考核或者考核不合格，注销报关员注册的；

（4）记分达到《中华人民共和国海关对报关员记分考核管理办法》规定分值，未参加海关组织的报关业务岗位考核或者考核不合格，注册有效期届满的。

TIPS：申请报关员注册应提交的文件

1. 报关员注册申请书（见附表2）；

2. 申请人所在报关单位的中华人民共和国海关报关企业报关注册登记证书或者中华人民共和国海关进出口货物收发货人报关注册登记证书复印件；

3. 报关员资格证书复印件；

4. 与所在报关单位签订的合法有效的劳动合同复印件（报关单位为非企

业性质的,可以提交聘用合同复印件或者人事证明);

5. 身份证件复印件;

6. 所在报关单位为其缴纳社会保险证明复印件,但是,法律、行政法规另有规定的,依照其规定;

7. 申请人近期蓝底(或白底)彩色免冠小2寸照片1张;

8. 首次申请报关员注册的,还应当提交报关单位出具的实习证明(见附表3);

9. 报关员注册有效期届满之日起连续2年未注册再次申请报关员注册的,还应当提交海关报关业务岗位考核合格的证明材料;

10. 台湾居民、香港和澳门居民中的中国公民提出申请的,还应当提交台港澳人员就业证复印件;

11. 报关员注册(延续、变更)材料签收表(见附表4)一式两份。

上述复印件须提供原件以便核对,第2、4、6项复印件须加盖单位公章。

(六)报关员注册的变更

报关员姓名、身份证件号码等身份资料和所在报关单位名称、海关编码发生变更的,报关员应当在变更事实发生之日起的20日内,到注册地海关申请变更报关员注册手续。逾期未办理变更的,海关将按照有关规定予以处罚。

TIPS:申请报关员变更时应提交的文件

(1)报关员注册变更申请书(见附表5);

(2)报关员资格证书复印件(报关员个人信息变更的,应提交已变更的资格证书);

(3)报关员证;

(4)变更事项的证明文件复印件;

(5)申请人近期蓝底(或白底)彩色免冠小2寸照片1张;

(6)报关员注册(延续、变更)材料签收表一式两份。

提交复印件时须同时提供原件。

(七)报关员注册的延续

(1)报关员注册有效期为2年。报关员需要延续报关员注册有效期的,应当在有效期届满30日前向海关提出申请。

(2)报关员未办理注册延续手续或者海关未准予报关员注册延续的，自有效期届满之日起，其报关员注册自动终止。

(3)报关员逾期提出报关员注册延续申请的，海关不予受理。

(4)报关员在被海关暂停执业期间有效期届满，需要延续有效期的，应当在有效期届满30日前到海关申请暂缓办理报关员注册延续，并在暂停执业期满后30日内提出延续报关员注册的申请。

TIPS：申请报关员延续应提交的文件

1)报关员注册延续申请书(见附表6)；

2)报关员证复印件；

3)申请人所在报关单位的中华人民共和国海关报关企业报关注册登记证书或者中华人民共和国海关进出口货物收发货人报关注册登记证书复印件；

4)报关员资格证书复印件；

5)与所在报关单位签订的合法有效的劳动合同复印件(报关单位为非企业性质的，可以提交聘用合同复印件或者人事证明)；

6)身份证件复印件；

7)所在报关单位为其缴纳社会保险证明复印件，但是，法律、行政法规另有规定的，依照其规定；

8)台湾居民、香港和澳门居民中的中国公民办理报关员注册延续手续的，还应当提交台、港、澳人员就业证复印件；

9)报关员在被海关暂停执业期间，向海关申请暂缓办理报关员注册延续的，应提交情况说明及被暂停执业的证明文件复印件；

10)报关员注册(延续、变更)材料签收表一式两份；

11)报关员证延续栏已填满的须提供申请人近期蓝底(或白底)彩色免冠小2寸照片1张，以换领新证。

上述复印件须提供原件以便核对，第3、5、7项复印件须加盖单位公章。

(八)报关员证需注销的情形

(1)有效期届满未延续的；

(2)报关员死亡或者丧失民事行为能力的；

(3)报关员注册依法被撤销、撤回的；

(4)报关员被海关依法取消从业资格的;

(5)所在报关单位被海关注销注册登记的;

(6)法律、行政法规和规章规定的应当注销的其他情形;

(7)报关员更换报关单位的,应注销原报关员注册,重新申请报关员注册。

TIPS:申请注销报关员注册时应提交的文件

1. 注销报关员注册申请书(报关员申请用)(见附表7);或者注销报关员注册申请书(报关单位申请用)(见附表8);

2. 报关员证(不能提交的,应当提交在当地地、市级以上主要报刊刊登的作废声明);

3. 报关员资格证书复印件(不能提交的,应当提交在当地地、市级以上主要报刊刊登声明)。

在向海关提交上述复印件时须同时提供原件。

五、报关员的权利与义务

报关员应当在一个报关单位执业,并在其所在报关单位允许开展业务的地点执业。

(一)报关员的权利

(1)报关权。以所在报关单位名义执业,办理报关业务。

(2)查询权。向海关查询其办理的报关业务情况。

(3)拒办权。拒绝海关工作人员的不合法要求。

(4)上诉申辩权。对海关对其作出的处理决定享有陈述、申辩、申诉的权利。

(5)申请复议或提起诉讼权。依法申请行政复议或者提起行政诉讼。

(6)要求赔偿权。如其合法权益因海关违法行为受到损害的,有权依法要求赔偿。

(7)参加执业培训权,这同时也是报关员的一项义务。

(二)报关员的义务

(1)熟悉所申报货物的基本情况,对申报内容和有关材料的真实性、完整性进行合理审查;(义务)

(2)提供齐全、正确、有效的单证,准确、清楚、完整填制进出口货物报关单,并按有关规定办理进出口货物的报关手续;(规范报关)

(3)海关检查进出口货物时,配合海关查验;(配合查验)

(4)配合海关稽查和对涉嫌走私违规案件的查处;(配合调查)

(5)按照规定参加直属海关或者直属海关授权组织举办的报关业务岗位考核;(参加考核)

(6)持报关员证办理报关业务,海关核对时,应当出示;(持证上岗)

(7)妥善保管海关核发的报关员证和相关文件;(保管文件)

(8)协助落实海关对报关单位管理的具体措施。(相关工作)

案例二

报关员会在海关工作吗?

有一些人认为,有了报关员资格证,就可以到海关工作了,其实这种认识是不正确的。在海关工作的人员我们称之为海关关员,目前通过参加全国统一的公务员考试,并报考海关系统,通过的会被录取成为公务员,在海关工作。而报关员则是参加全国报关员资格考试,通过后代表所属企业到海关办理进出口报关业务,属于企业的工作人员,报关员一般会在自理报关单位(进出口货物收发货人)和报关企业工作。

1. 报关员的待遇水平如何?

报关员的待遇因其工作的地区不同、企业不同以及从事报关工作的经验的不同而出现较大的差距。一般从七八百元到五六千元不等。高薪的报关员主要存在于对外贸易发达的地区,并且是从事报关工作多年有着丰富经验的报关员。对于刚刚拿到报关员证的新人一般也就是当地工资的平均水平,特别是在新一批报关员刚刚拿到报关员证集中在同一时间找工作的时候,有些招聘单位会降低待遇和提高招聘条件。但待遇的提升是可以预期的,一般的新人再工作一段时间有了一些经验和独立工作的能力后待遇都会有较大的增加。近几年有经验的报关员在一些地区是比较紧缺的。

2. 报关员的前景被看好吗?

我国的经济水平在世界上还处于发展阶段,国际贸易的发展还有很大的增长空间。这个增长空间也是对报关员的需求空间(不一定是同比增长)。而近几年海关总署也一直在控制着报关员执业资格人员增长的幅度(每年基本上是12 000人左右),力求做到保障需求、竞争有序。

对于报关员个人而言,随着我国加入WTO、法律法规的完善,国际贸易秩序更规范,对报关员的素质要求也逐步提升。正是因为报关员素质还有很大的提升空间,也同时造成了报关员待遇的提升空间。因此,对于报关员个人如果能在知识、技能的广度和深度上不断提高自己,发展前景是非常广阔的。

六、报关员执业禁止

报关员在执业过程中,不得有下列行为:

(1)故意制造海关与报关单位、委托人之间的矛盾和纠纷;

(2)假借海关名义,以明示或者暗示的方式向委托人索要委托合同约定以外的酬金或者索要其他额外的酬金或其他财物,虚假报销;

(3)同时在2个或2个以上报关单位执业;

(4)私自接受委托(一定要以报关企业的名义接受委托报关)或者私自收取委托人酬金及其他财物;

(5)转借或转让报关员证,允许他人持本人报关员证执业;

(6)涂改报关员证;

(7)其他利用执业之便谋取不正当利益的行为。

TIPS:遗失报关员证怎么办?

报关员遗失报关员证的,应当及时向注册地海关书面说明情况,并在当地市级以上主要报刊声明作废。海关在收到情况说明和报刊声明证明之日起20日内予以补发。

七、报关员记分管理

随着我国对外贸易不断扩大,报关服务行业发展迅速。报关员作为代表进出口货物收发货人、报关企业办理报关手续的专业人员,市场需求量逐步增加,队伍也迅速扩大。为增强报关员的守法意识,规范报关行为,昭示优劣,净化报关服务市场，海关总署发布并实施《中华人民共和国海关对报关员记分考核管理办法》（海关总署令第119号）。通过实行记分考核，海关对报关员不再简单地做“守法者”和“违法者”的区分，而是根据报关员日常报关行为记分裁判的情况以及性质、后果、影响等方面的不同做出更加细致的量化区分，从而采取更有针对性的管理。

报关员通过报关员资格考试取得报关员证后，因为走私违法等行为，海关可以吊销资格、立案追查，这是一种行政处罚。而记分考核是海关为规范报关员报关行为而采取的行政管理手段，以适应中国加入世界贸易组织后的各种规则，促使进出口货物收发货人、报关企业更具有市场竞争力。

一方面，记分考核是海关对报关业务水平不高，且记分达到一定分值的报关员实行岗位考核的一种教育和管理措施，提供的不是行政处罚而是具体的行政行为，其目的和意义在于海关向企业、报关员发出了一个警示信号，时刻提醒和督促企业以及报关员自觉增强诚信守法自律意识，努力提高报关业务素质和服务水平，主动减少报关差错和报关不规范、走私违法行为的发生，保证通关效率。另一方面，记分考核的作用就是“信用的力量”。无论报关员走到哪里，当地海关都可以通过“报关员IC卡记分管理系统”查询该报关员的基本情况和历史记分情况。对记分较多，或曾有扰乱报关服务市场行为及违法违规情事等“不良信用记录”的，海关将加大重点监控力度。企业通过海关的信息查询系统也可以查询到所属报关员的记分情况，对报关员的业务能力有一个比较直观的了解和掌握，作为今后录用及奖惩的重要考核指标。

（一）海关对报关员记分的分类

一是报关单填制不规范。包括海关电子审单系统接受电子数据报关单后进行逻辑处理，发现差错自动将报关单退回的；海关接受纸质报关单申报后，报关单证及其内容因报关员填制不规范导致需要修改或撤销的；影响海关统计的。

二是报关行为不规范。包括未按规定在纸质报关单及随附单证上加盖报关专用章及其他印章，或者使用印章不规范的；未按规定在纸质报关单及随附单证上签名盖章或由其他人代表签名盖章的；出借本人报关员证件、借用他人报关员证件或者涂改报关员证件内容的；因报关员原因，导致海关退回或撤销报关单的。

三是违反海关监管规定被海关予以行政处罚，但未被暂停执业、取消报关从业资格的。

四是因走私被海关予以行政处罚，但未被暂停执业、取消报关从业资格的。

（二）海关对报关员进行记分考核标准

《中华人民共和国海关对报关员记分考核管理办法》（海关总署令第119号）规定，记分达到30分的报关员，海关中止其报关员证效力。报关员应当参加注册登记地海关的报关业务岗位考核，经岗位考核合格之后，方可重新上岗。岗位考核内容为海关法律、行政法规、报关单填制规范及相关业务知识和技能。

表1－6　报关员报关行为及海关记分对照表

顺序号	记分描述	备　注
一、下列项目退单记1分，结关前改单记1分，结关后改单记5分，结关前删单记2分，结关后删单记5分：		
01	进出口标志错误	
02	进出口岸标志错误	
03	装货港或目的港标志错误	
04	运输工具及代码标志错误	
05	提单或运单号标志错误	
06	运输方式错误	
07	企业性质错误	
08	经营单位编号错误	
09	收发货人地区错误	
10	申报单位名称标志错误	
11	合同号错误	
12	征税比错误	
13	起运地错误	
14	贸易方式错误	
15	集装箱个数标志错误	
16	统计逻辑检查标志错误	
17	征税逻辑检查标志错误	

续表

顺序号	记分描述	备　注
18	征免税性质标志错误	
19	成交方式错误	
20	结汇方式错误	
21	运费错误	
22	杂费错误	
23	保险费错误	
24	件数数量错误	
25	毛重数量错误	
26	净重数量错误	
27	包装种类标志错误	
28	许可证编号错误	
29	海关监管的其他证件代码错误	
30	合同手册备案号错误	
31	减免税表备案号错误	
32	许可证备案号错误	
33	批文号错误	
34	进出口日期错误	
35	申报日期错误	
36	商品项数错误	
37	电子账册中成品版本号错误	
38	抵押金错误	
39	商品序号错误	
40	商品编号错误	
41	商品名称、规格型号错误	
42	原产地与消费地错误	
43	商品项目序号错误	
44	申报数量错误	
45	申报计量单位错误	
46	申报数量与法定数量关系错误	
47	法定数量错误	
48	第二数量错误	

续表

顺序号	记分描述	备　注
49	申报单价审核标志错误	
50	成交币制错误	
51	成交总价错误	
52	用途标志错误	
53	征减免税方式错误	
54	税费标记错误	
55	电子账册标记错误	
56	报关单与电子监管证件不符	
二、下列项目按次记分:		
57	未加盖报关专用章及其他印章,或者使用印章不规范的,记1分	
58	未按规定在纸质报关单及随附单证上签名盖章或由其他人代表签名盖章的,记1分	
59	拒不解释、说明或补充材料,导致海关退单的,记2分	
60	自报关单接到海关"现场交单"或"放行交单"通知之日起10日内,不递交书面单证并办理相关海关手续的,记5分	
61	在海关签印放行后,海关发现因报关员填制报关单不规范,报关单币值或者价格填报与实际不符,且两者差额在100万元人民币以下;数量与实际不符,且有四位数以上差值,经海关确认不属伪报,但影响海关统计的,记5分	
62	将报关员证件出借使用或借用他人报关员证件或涂改报关员证件内容的,记10分	
63	在海关签印放行后,海关发现因报关员填制报关单不规范,报关单币值或者价格填报与实际不符,且两者差额在100万元人民币以上;数量与实际不符,且有四位数以上差值,经海关确认不属伪报,但影响海关统计的,记10分	
64	因为违反海关监管规定行为被海关予以行政处罚,但未被海关暂停执业、取消报关从业资格的,记20分	
65	因为走私行为被海关予以行政处罚,但未被海关暂停执业、取消报关从业资格的,记30分	

八、报关员的法律责任

报关员在报关工作中，其报关行为是职务行为，法律后果应由单位承担，但是《海关法》同时也规定了报关员在下列情况下仍然要承担相应的法律责任：

(1)报关员因工作疏忽造成应当申报的项目未申报或者申报不实的，海关可以暂停其6个月以内报关执业，情节严重的，取消从业资格。

(2)被暂停职业期间，恢复从事报关业务后1年内再次被暂停报关执业的，海关可以取消其报关从业资格。

(3)非法代理他人进行报关或者超出海关准予的从业范围的，处5万元以下罚款，暂停其6个月以内报关执业，情节严重的，取消报关从业资格。

(4)向海关工作人员行贿的，取消其报关从业资格，并处10万元以下罚款。构成行贿罪的，不得重新取得报关从业资格。

(5)提供虚假资料骗取海关注册登记、报关从业资格的，取消其报关从业资格，并处30万元以下罚款。

(6)海关予以警告，并处人民币2 000元以下罚款的情形：

1)有报关员执业禁止行为的；

2)报关员海关注册内容发生变更，未按规定向海关办理变更手续的。

对于未取得报关从业资格从事报关业务的，予以取缔，没收违反所得，可以并处10万元以下罚款。

附表1

实习备案单

____海关：

____已经通过报关员资格全国统一考试，取得《报关员资格证书》，开始在我单位进行报关业务实习。我单位负责指导其报关业务知识学习和实际操作练习。张吉的基本情况如下：

身份证件号：3102××××××××××××××；《报关员资格证书》编

号:2××××。

特此向你关申请备案。

（报关单位公章）

年 月 日

海关备案记录

备案日期:2012年2月6日。

经办关员(签章):×××

备注:

说明:

1. 本备案单一式两份,由报关单位在申请实习备案时向备案海关提交,海关审核签注后,一份退回报关单位,一份海关留存。

2. 实习起始日期以海关签注的接受备案日期为准。

3. 报关单位出具实习证明材料的,应当将本备案单作为证明材料的附件同时提供。

4. 报关单位申请终止实习备案的,应当将本备案单原件交回海关。

5. 终止备案的,海关在本备案单备注栏签注终止日期并签章。

附表2

报关员注册申请书

________海关:

本人已具备《中华人民共和国海关报关员执业管理办法》(以下简称《管理办法》)所列报关员注册条件,保证不存在《管理办法》第八条所列情形,并备齐申请材料,承诺所提交的材料真实、合法、有效。现向你关提出报关员注册申请,请予以受理。

<table>
<tr><td>姓名</td><td colspan="2"></td><td>性别</td><td colspan="2"></td><td>学历</td><td></td><td rowspan="4">照片</td></tr>
<tr><td colspan="2">出生日期</td><td colspan="2">年　月　日</td><td colspan="3">资格证书编号</td><td></td></tr>
<tr><td colspan="2">身份证件号码</td><td colspan="6">□□□□□□□□□□□□□□□□□□</td></tr>
<tr><td colspan="2">报关类别</td><td colspan="6">□报关企业　　□进出口货物收发货人</td></tr>
<tr><td colspan="2">固定电话</td><td colspan="3"></td><td colspan="2">移动电话</td><td colspan="2"></td></tr>
<tr><td colspan="2">传真</td><td colspan="3"></td><td colspan="2">电子邮箱</td><td colspan="2"></td></tr>
<tr><td colspan="2">报关单位名称</td><td colspan="7"></td></tr>
<tr><td colspan="2">报关单位地址</td><td colspan="7"></td></tr>
<tr><td colspan="2">注册编码</td><td colspan="3"></td><td colspan="2">邮政编码</td><td colspan="2"></td></tr>
<tr><td colspan="9">报关单位公章：　　　　　　　　　　　　申请人签章：
年　月　日　　　　　　　　　　　　　　年　月　日</td></tr>
<tr><td colspan="9">经办人员审核意见：
年　月　日</td></tr>
<tr><td colspan="9">主管科长审核意见：
年　月　日</td></tr>
</table>

附表 3

实习证明

________海关：

____自____年____月____日在你关实习备案以来已经在我单位实习满三个月。

实习期间，我单位指导其进行了报关业务知识学习和实际操作练习。________已经具备报关员执业所需的技能和业务知识。

特此证明。

附《实习备案单》。

（报关单位公章）

年　月　日

附表 4

报关员注册(延续、变更)材料签收表

项 目	名 称	确认(√)	备 注
许可申请	《报关员注册申请书》		
	报关单位的报关注册登记证书复印件		
	《报关员资格证书》复印件		
	劳动合同复印件		
	身份证件复印件		
	缴纳社会保险证明复印件		
	报关业务实习证明材料(首次申请用)		
	海关报关业务岗位考核合格的证明材料		
	《台港澳人员就业证》复印件(台港澳人员申请用)		
许可延续申请	《报关员注册延续申请书》		
	报关单位的报关注册登记证书复印件		
	《报关员资格证书》复印件		
	劳动合同复印件		
	身份证件复印件		
	《报关员证》复印件		
	缴纳社会保险证明复印件		
许可变更	《报关员注册变更申请书》		
	《报关员资格证书》(已变更的)		
	《报关员证》		

注:1. 申请人所在报关单位为非企业性质的,注册(延续)申请时可以提交聘用合同复印件或者人事证明;2. 申请人为台湾居民或者香港、澳门居民中的中国公民的,注册(延续)时还应提交台港澳人员就业证复印件。

提交人: 接收海关:(行政许可专用章)

联系电话: 海关经办关员:

接收时间: 年 月 日

附表 5

报关员注册变更申请书

______海关：

本人因故申请变更下列报关员注册内容：

项　目	现　为	拟变更为
姓　名		
身份证件号码		
报关单位名称		
报关单位海关编码		

现提交下列材料的原件及复印件：

1.《报关员资格证书》(报关员个人信息变更的,应提交已变更的资格证书)。

2.《报关员证》。

3. 其他：

本人承诺所提交的材料真实、合法、有效。现向你关提出报关员注册变更申请,请予以受理。

联系电话：

申请人签章

年　月　日

海关经办人员审核意见：

年　月　日

主管科长审核意见：

年　月　日

附表 6

报关员注册延续申请书

________海关：

本人已具备《中华人民共和国海关报关员执业管理办法》（以下简称《管理办法》）所列报关员注册延续条件，保证不存在《管理办法》第八条所列情形，并备齐申请材料，承诺所提交的材料真实、合法、有效。现向你关提出报关员注册延续申请，请予以受理。

姓名		性别		学历	
出生日期	年 月 日	资格证书编号			
身份证件号码	□□□□□□□□□□□□□□□□□□				
报关类别	□报关企业 □进出口货物收发货人				
固定电话		移动电话			
传真		电子邮箱			
报关单位名称					
报关单位地址					
注册编码		邮政编码			
报关单位公章： 年 月 日			申请人签章： 年 月 日		
海关经办人员审核意见： 年 月 日					
主管科长审核意见： 年 月 日					

附表 7

注销报关员注册申请书

（报关员申请用）

________海关：

本人姓名________，报关员注册号________，因下列情形，向你关提出注销报关员注册申请，请予以受理。

□不再从事报关业务；

□辞职；

□报关单位解除与本人的劳动合同关系、聘用合同关系或者人事关系；

□所在报关单位申请注销海关注册登记；

□其他情形。

本人已备齐申请材料，并承诺所提交的材料真实、合法、有效。申请材料如下：

1.《报关员证》；

2.《报关员资格证书》复印件。

注：不能提交《报关员证》的，应当提交在报刊刊登的作废声明。不能提交《报关员资格证书》的，应当提交报刊声明和说明材料。

报关单位公章：　　　　申请人签章：

年　月　日　　　　年　月　日

海关经办人员审核意见：

年　月　日

主管科长审核意见：

年　月　日

附表 8

注销报关员注册申请书

（报关单位申请用）

<table>
<tr><td>

________海关：

我单位报关员________离职，报关员注册号________，未按规定申请海关注销其报关员注册。因此，我单位按照《中华人民共和国海关报关员执业管理办法》和《中华人民共和国海关对报关单位注册登记管理规定》的规定，备齐申请材料，并承诺所提交的材料真实、合法、有效，现向你关提出注销该报关员注册申请，请予以受理。申请材料如下：

1.《报关员证》；

2.《报关员资格证书》复印件。

注：不能提交《报关员证》的，应当提交在报刊刊登的作废声明。不能提交《报关员资格证书》的，应当提交报刊声明和说明材料。

报关单位公章：
年　月　日
</td></tr>
<tr><td>海关经办人员审核意见：

年　月　日</td></tr>
<tr><td>主管科长审核意见：

年　月　日</td></tr>
</table>

复习思考题

一、单选题

1. 某报关员遗失了报关员证，应及时向注册地海关书面说明情况，并登报声明作废。海关应当自收到情况说明和登报声明之日起( )内予以补发。

A. 7 日　　B. 15 日　　C. 0 日　　D. 30 日

2. 根据《中华人民共和国海关法》的规定,报关人员向海关工作人员行贿的,下列处罚正确的是( )。

A. 暂停其报关从业资格,并处 5 万元以下罚款

B. 取消其报关从业资格,并处 10 万元以下罚款

C. 注销其报关注册登记,并处 3 万元以下罚款

D. 责令改正,予以警告

3. 下列关于报关单位和报关员关系的理解错误的是( )。

A. 报关员不可以同时在两个或者两个以上报关单位执业

B. 报关单位的进出口报关事宜应由报关员代表本单位向海关办理

C. 报关员基于所在企业授权的报关行为,其法律责任应由报关员承担

D. 对脱离报关员工作岗位和被企业解聘的报关员,报关单位应及时收回其报关员证件,交海关办理注销手续,因未办理注销手续而发生的经济法律责任由报关单位负责

4. 报关员的记分周期从每年( )。

A. 1 月 1 日至 6 月 30 日止　　B. 1 月 1 日至 12 月 31 日止

C. 3 月 1 日至 4 月 1 日止　　D. 6 月 1 日至 12 月 31 日止

5. 报关员对记分的行政行为有异议的,应当自收到电子或纸质告知单之日起( )日内向作出该记分行政行为的海关部门提出书面申辩;海关应当在接到申辩申请( )日内作出答复,对记分错误的应当及时予以更正。

A. 7;15　　B. 7;7　　C. 15;15　　D. 15;20

6. 记分达到( )的报关员,海关中止其报关员证效力,不再接受其办理报关手续。

A. 10 分　　B. 20 分　　C. 30 分　　D. 40 分

7. 海关对于未取得报关从业资格的人员从事报关业务( )。

A. 予以取缔,没收违法所得,可以并处 10 万元以下罚款

B. 予以取缔,没收违法所得,可以并处 10 万元以下罚款,且规定其 3 年内不得参加报关员资格全国统一考试

C. 以走私行为论处,给予相应的行政处罚

D. 无权处理该人员,但可以对其所属报关单位处以罚款

8. 李某供职于某报关行,2011 年参加了报关员资格全国统一考试,未获通

过,故又报名参加今年的报关员资格全国统一考试并通过了报名确认。李某于今年5月份即开始借用该单位其他报关员的名义向海关报关。根据海关现行规定,对李某这一行为,海关可以(　)。

A. 以走私行为论处,并给予行政处罚

B. 对李某不予处罚,但应暂停该报关行的报关资格

C. 取缔其非法报关活动,没收违法所得,可以并处10万元以下罚款

D. 取消其参加今年报关员资格全国统一考试的资格

9. 报关员注册有效期为(　),海关在有效期届满前对于报关员的延续申请予以审查,符合条件的,准予延续(　)有效期。

A. 2年;2年　　B. 3年;3年　　C. 2年;3年　　D. 3年;2年

10. 报关员办理注册后,由于所在的公司变更公司名称,该报关员应在变更事实发生之日起(　)日内到注册所在地海关书面申请变更报关员注册。

A. 7　　B. 10　　C. 15　　D. 20

11. 报关员办理报关员注册延续手续的,应当在注册有效期届满(　)日前向海关提出。

A. 7　　B. 15　　C. 20　　D. 30

12. 某报关企业李某报关时,由该公司同事张某代为在纸质报关单及随附单证上签名盖章,海关对李某一次记分的分值为(　)。

A. 1分　　B. 2分　　C. 5分　　D. 10分

13. 按照海关对报关员记分考核管理的有关规定,一次记10分的情形是(　)。

A. 在海关签印放行前,因报关单填制不规范,被海关退单的

B. 未按规定在随附单上加盖报关专用章的

C. 电子数据报关单的有关项目填写不规范,海关退回责令更正的

D. 出借本人报关员证件的

二、多选题

1. 下列哪些人员,不能够报名参加报关员资格考试(　)。

A. 因故意犯罪,受到刑事处罚的

B. 有走私行为或严重违规行为,海关依法撤销报关从业资格的

C. 向海关工作人员行贿,被海关撤销报关注册登记、取消报关从业资格的

D. 曾被宣布考试成绩无效,并被撤销报关员资格、吊销资格证书,不满3年的

2. 报关员代表所属企业向海关办理报关业务时,应履行哪些义务(　)。

A. 熟悉所申报货物的基本情况,提供进出口报关单向海关办理报关手续

B. 海关查验进出口货物时,配合海关查验

C. 可以私自接受社会各类企业、单位委托办理报关手续

D. 配合海关对走私违规案件的调查

3. 报关员是代表一个企业向海关办理报关事项的人员,他既要对本企业负责,也要认真履行其职责,配合海关做好工作。按照规定,报关员在报关活动中应履行下列哪些义务(　)。

A. 持报关员证办理报关业务,海关核对时,应当出示

B. 配合海关对走私违规案件的调查

C. 在规定的时间内办理缴纳所报进出口货物的各项税费手续

D. 妥善保管海关核发的报关员证件和相关文件

4. 小李是一名报关员,请指出他在 2011 年的工作中哪些行为是正确的(　)。

A. 4 月份受一个朋友(在另一报关行从事报关工作)的邀请,借报关员证给其报关时使用

B. 合法权益因海关违法行为受到损害,依法要求赔偿

C. 协助本企业完整保存各种原始报关单证、票据等业务资料

D. 年末在整理报关单证时发现海关关员赵某涉嫌走私,由于业务上的关系,在有关部门调查时未予以配合

5. 报关员报关行为过程中,有下列情形之一的记 1 分(　)。

A. 电子数据报关单的有关项目填写不规范,海关退回责令更正的

B. 在海关签印放行前,因为报关员原因造成申报差错,报关单位向海关要求修改申报单证及其内容,经海关同意修改,但未对国家贸易管制政策的实施、税费征收及海关统计指标等造成危害的

C. 未按照规定在纸质报关单及随附单证上加盖报关专用章及其他印章或者使用印章不规范

D. 未按照规定在纸质报关单及随附单证上签名盖章或者由其他人代表签名盖章的

6. 报关员报关行为过程中,有下列情形之一的记 2 分(　)。

A. 在海关签印放行前,因为报关员填制报关单不规范,报关单位向海关申请撤销申报单证及其内容,经海关同意撤销,但未对国家贸易管制政策的实施、

税费征收及海关统计指标等造成危害的

B. 海关人员审核电子数据报关单时，要求报关员向海关解释、说明情况、补充材料或者要求提交货物样品等有关内容的，海关告知后报关员拒不解释、说明、补充材料或者拒不提供货物样品等有关内容，导致海关退回报关单的

C. 电子数据报关单的有关项目填写不规范，海关退回责令更正的

D. 出借本人报关员证件、借用他人报关员证件或者涂改报关员证件内容的

7. 报关员报关行为过程中，有下列情形之一的记5分(　　)。

A. 报关员自接到海关"现场交单"或者"放行交单"通知之日起10日内，没有正当理由，未按照规定持打印出的纸质报关单，备齐规定的随附单证，到货物所在地海关递交书面单证并办理相关海关手续，导致海关撤销报关单的

B. 在海关签印放行后，因为报关员填制报关单不规范，报关单位向海关申请修改或者撤销报关单，经海关同意且不属于走私、偷逃税等违法违规性质的

C. 在海关签印放行后，海关发现因为报关员填制报关单不规范，报关单币值或者价格填报与实际不符，且两者差额在100万元人民币以下；数量与实际不符，且有四位数以下差值，经海关确认不属伪报，但影响海关统计的

D. 在海关签印放行后，海关发现因报关员填制报关单不规范，报关单币值或者价格填报与实际不符，且两者差额在100万元人民币以上；数量与实际不符，且有四位数以上差值，经海关确认不属伪报的

8. 在同一家报关企业工作的张某和李某，由于李某未取得报关员证。因此张某将自已的《报关员证》借给同事李某进行报关。根据海关现行规定，下列说法正确的是(　　)。

A. 海关对于张某的行为，责令其改正，并一次记分10分，并可以处人民币2 000元以下的罚款

B. 海关对于张某的行为，责令其改正，并一次记分20分，并可以处人民币1 000元以上5 000元以下的罚款

C. 海关对于李某的行为，没收违法所得，可以并处10万元以下罚款

D. 海关对于李某的行为，以走私行为论处，可以并处10万元以下罚款

9. 报关员有下列(　　)行为，海关予以警告，责令其改正，并处以人民币2 000元以下罚款。

A. 故意制造海关与报关单位、委托人之间的矛盾和纠纷

B. 同时在两个或两个以上报关单位执业

C. 将报关员证转借或者转让他人，允许他人持本人报关员证执业

D. 报关员海关注册内容发生变更，未按规定向海关办理变更手续的

10. 下列属于首次申报关员注册所应具备的条件是(　)。

A. 必须通过报关员资格全国统一考试，取得报关员资格证书

B. 必须与所在单位建立劳动合同关系或者聘用合同关系

C. 应当经过海关报关业务岗位考核合格

D. 应当经过在一个报关单位连续 3 个月的报关业务实习

三、判断题

1. 报关员是指企业派出到海关办理有关业务或者与海关业务部门打交道的人员。(　)

2. 只要参加报关员资格全国统一考试并取得《报关员资格证书》，即成为报关员。(　)

3. 报关员更换工作单位的，应当注销原报关员注册，重新申请报关员注册。(　)

4. 报关员有权向海关查询其办理的报关业务情况。(　)

5. 因向海关工作人员行贿构成犯罪的，刑罚执行完毕后 5 年，可以参加报关员资格考试。(　)

6. 因为违反海关监管规定行为被海关予以行政处罚，但未被暂停执业、取消报关从业资格的，记 30 分。(　)

7. 因为走私行为被海关予以行政处罚，但未被暂停执业、取消报关从业资格的，记 30 分。(　)

8. 关于报关员的记分周期，报关员在海关注册登记之日起至当年 12 月 31 日不足 1 年的，按一个记分周期计算。(　)

9. 报关员一个记分周期期满后，记分分值累加未达到 30 分的，该周期内的记分分值予以消除，不转入下一个记分周期。但报关员在一个记分周期内办理变更注册登记报关单位或者注销手续的，已记分值在该记分周期内不予以消除。(　)

10. 报关员非法代理他人报关或者超过本企业的报关业务范围报关，尚未构成走私、偷逃税行为的，海关责令其改正，处 2 000 元以下罚款，暂停其 6 个月以内报关执业，情节严重的，取消其报关从业资格。(　)

11. 报关员在填写报关单时有申报不实行为，其责任应由报关员本人承担，其所在报关单位不对此类报关行为负法律责任。(　)

12. 亿新鞋业有限公司和怡新鞋业有限公司是在海关注册的两家中外合资企业,两家企业的法人代表都是孙某。老板考虑到两家公司都是自己的,为了节约成本,决定只聘请一个报关员为这两家公司办理报关业务,根据现行规定这是允许的。( )

13. 海关规定,除进出口货物的申报外,申请办理加工贸易合同备案、变更和核销等报关业务也应由依法取得报关员从业资格,并在海关注册登记的报关员办理。( )

14. 海关对在报关员记分考核中记分达30分的报关员,可以处以暂停其6个月以内从事报关业务的处罚。( )

15. 符合报名条件,参加报关员资格全国统一考试并取得《报关员资格证书》者即成为报关员。( )

16. 获得《报关员资格证书》后,申请报关员注册的,不能由本人办理提出申请,而是由所在单位向报关单位所在地隶属海关提出申请。( )

17. 报关员在办理报关业务时未按规定在纸制报关单上加盖报关专用章的,海关对其一次记分的分值为2分。( )

18. 报关员注册有效期为3年,有效期届满报关员需要继续从事报关业务的,应当在有效期届满20日前向海关提出延续报关员注册的申请。( )

19. 报关员姓名、身份证件号码、所在报关单位名称和海关编码发生变更,以及报关员更换报关单位的,应当向海关申请办理报关员注册变更手续。( )

20. 报关员对记分执行海关的记分行政行为有异议的,可向记分执行海关提请行政复议。( )

第四讲　报关活动相关人

学习要点

1. 了解报关活动相关人的含义；
2. 熟悉报关活动相关人的分类；
3. 熟悉报关活动相关人的法律责任。

关键术语：报关活动相关人　分类　法律责任

一、报关活动相关人的含义

报关活动相关人主要指的是经营海关监管货物仓储业务的企业、保税货物的加工企业、转关运输货物的境内承运人等。这些企业、单位虽然不具有报关资格，但与报关活动密切相关，承担着相应的海关义务和法律责任。

二、报关活动相关人的分类

（一）海关监管货物仓储企业

经营海关监管货物仓储业务的企业，目前主要有以下几种类型：

（1）在海关监管区内存放海关监管货物的仓库、场所，一般存放海关尚未放行的进口货物和已办理申报、放行手续尚待装运离境的出口货物。

（2）保税仓库，主要存放经海关监管现场放行后按海关保税制度继续监管的货物。

（3）出口监管仓库，主要专门存放已向海关办完全部出口手续并已对外卖断结汇的出口货物。

（4）其他经海关批准存放海关监管货物的仓库、场所。

经营海关监管货物仓储的企业必须经海关批准,办理海关注册登记手续。其仓储的海关监管货物必须按照海关的规定收存、交付。在保管期间造成海关监管货物损毁或者灭失的,除不可抗力外,仓储企业应承担相应的纳税义务和法律责任。

(二)从事加工贸易生产加工的企业

从事加工贸易的加工企业是指具有法人资格的企业接受加工贸易经营单位的委托,将进口料件按经营单位与外商签订的加工贸易合同规定加工成品后,交由其委托人即经营单位办理成品出口手续的生产加工企业。这一类企业虽然没有报关权,但因其从事保税料件的加工,也需向海关办理登记手续,接受海关监管。

(三)转关运输货物的境内承运人

转关运输货物的境内承运人须经海关批准,并办理海关注册登记手续。其从事转关运输的运输工具和驾驶人员也须向海关注册登记。运载转关运输货物的运输工具、装备应具备密封装置和加封条件。在运输期间转关运输货物损毁或者灭失的,除不可抗力外,承运人应承担相应的纳税义务和法律责任。

(四)其他报关活动相关人

如保税区、出口加工区内的部分企业、使用减免税进口货物的企业等。

三、报关活动相关人的法律责任

根据《海关法》的规定,海关准予从事有关业务的企业,违反《海关法》有关规定的,由海关责令改正,可以给予警告、暂停其从事有关业务,直至撤销注册。

报关活动相关人在从事与报关相关的活动中,违反《海关法》和有关法律、法规的,要承担相应的行政、刑事法律责任。

报关活动相关人对与之有关的海关监管货物承担相应的法律责任:

(1)海关监管货物是未办结海关手续的货物,在尚未缴纳关税和进口环节税,属国家限制进口未交验进口许可证等情况下,应当由控制货物的当事人向国家承担在该货物被用于境内使用或消费时缴纳税款和交验许可证的责任。

(2)如果货物在收发货人的控制之下,收发货人应承担上述责任。但如果收发货人将货物交由海关监管的仓储企业存储或加工生产企业加工或境内承运企业转关运输等，则货物应处于保管人或加工人或承运人的实际控制下，收发货人无法预见，也无法防止货物灭失的情形发生，所以保管人或加工人或承运人应承担控制的责任，并对非因不可抗力造成的灭失向国家承担纳税和呈验许可证件的责任。

(3)海关监管货物总是在某一特定当事人的实际控制之下。因此，对货物负有保管或加工或承运义务的境内企业不仅对货物本身负有保管的民事责任，而且应对国家负有不让该货物擅自被使用和一旦被使用向海关纳税、呈验许可证的责任。

(4)在某些情况下，海关尚无法知晓货物的收发货人，更应由货物的实际控制人，即报关活动相关人承担相应的法律责任。

TIPS：报关活动相关人需要向海关办理注册登记吗？

报关活动相关人如监管货物仓储企业、保税加工企业、转关运输货物的境内承运人等，不具有报关资格，但承担相应的海关义务和法律责任。它们必须经海关批准并注册登记，但不是海关报关注册登记。

复习思考题

一、判断题

报关活动相关人必须向所在地海关登记注册。(　)

二、简答题

1. 成为境内转关货物承运人需要具备哪些条件，如何办理相关手续？

2. 保税加工企业如果在保税加工期间发生火灾，使保税货物受到了损失，请问该企业应承担何种责任？

第二篇　报关与外贸管制

第五讲　对外贸易管制概述

学习要点

1. 了解外贸管制的含义和目的；
2. 熟悉外贸管制的分类和特点；
3. 掌握外贸管制与报关的关系；
4. 熟悉外贸管制法律法规体系。

关键术语：外贸管制　外贸管制的目的　外贸管制的分类

一、外贸管制的含义

外贸管制是“对外贸易管制”的简称，又可称为进出口贸易管制，是指一国政府从国家的宏观经济利益和对内对外政策需要出发，在遵循国际贸易有关规则的基础上，对本国的进出口活动采取的禁止、限制或鼓励的各种贸易政策、制度或措施的总称。

国家对进出口贸易的管制措施由来已久。早在罗马时代，古代雅典城邦国家就曾对其谷物出口加以限制，14 世纪发端于英国并盛行于 15 ~ 17 世纪的重商主义和贸易保护主义都主张用国家权力手段对进出口贸易实施管制。第一次世界大战前，各国政府主要是用关税措施限制他国商品的输入。第二次世界大战以后，又出现了许多非关税措施，如许可证制度、配额制度、复杂的通关手续、苛刻的产品质量与卫生安全标准、各种形式的政府补贴措施等。目前，通过关税和非关税措施实行对外贸易管制已成为世界各国的一项重要政府职能。

二、外贸管制的目的

各国实行外贸管制的目的主要是保护本国国内市场和本国经济利益，发展本国经济，它是各国经济政策的重要体现；另外，一国实行外贸管制有时也是为了达到本国的政治或军事目的，它也是一国推行外交政策的有效手段；外贸管制还可以涉及一国的自然资源、环境保护、社会安全保障等方面。总之，一国外贸管制各类制度和措施的强制性可以体现该国在政治、经济、科技、社会、环境等各方面的国家职能。

三、外贸管制的分类

对外贸易管制按不同的分类标准，可以有不同的分类内容：按管制目的的不同，可分为进口贸易管制和出口贸易管制；按管制手段的不同，可分为关税措施和非关税措施；按管制对象的不同，可分为货物进出口管制、技术进出口管制、国际服务贸易管制。

四、外贸管制的特点

对外贸易管制是各国政府为保护和促进国内生产与发展、适时限制进出口而采取的鼓励或限制措施，或为政治目的对进出口采取禁止或限制的措施。它体现了国家的意志，因而成为各国政府的一项重要职能。其特点集中体现在以下方面：

(1)对外贸易管制以实现国家对内对外政策目标为基本出发点，同时也是一国对外政策的体现。

(2)贸易管制政策会因时间、形势的变化而变化。

(3)对外贸易管制是国家管制，是政府的一种强制性行政管理行为。

(4)对外贸易管制所涉及的法律制度属于强制性法律制度，贸易当事人必须遵守。

五、外贸管制与报关

外贸管制的政策、法规是国家政治和经济利益的集中体现，而海关监管正是实现对外贸易管制的重要手段，海关监管的前提是从事进出口业务的单位或报关企业能够依法办理报关手续，报关是海关确认进出口货物合法性的先决条件，这是因为海关管理活动离不开“单”、“证”、“货”，只有在确认达到“单单相符”、“单货相符”、“单证相符”、“货证相符”的情况下，海关才可放行货物，从而保证国家外贸管制政策的实现。

国家进出口贸易管制政策是通过外经贸及国家其他行业主管部门依据国家贸易管制政策发放各类许可证件，最终由海关依据许可证件和其他单证，对实际进出口货物合法性的监督管理来实现的，因此贸易管制海关管理离不开单、证、货。

六、外贸管制法律法规

外贸管制是一种国家管制，其法律渊源不包括地方性法规、地方性规章及各民族自治区政府的地方条例和单行条例。外贸管制所涉及的法律渊源只限于宪法、法律、行政法规、行政规章以及相关的国际条约。其中，《中华人民共和国对外贸易法》是核心。

1. 法律

法律是指由国家最高权力机关全国人民代表大会或它的常务委员会制定，由国家主席颁布的规范性文件的总称。我国现行的与外贸管制有关的法律主要有：

(1)《中华人民共和国对外贸易法》。

(2)《中华人民共和国海关法》。

(3)《中华人民共和国进出口商品检验法》。

(4)《中华人民共和国进出境动植物检疫法》。

(5)《中华人民共和国固体废物污染环境防治法》。

(6)《中华人民共和国国境卫生检疫法》。

(7)《中华人民共和国野生动物保护法》。

(8)《中华人民共和国药品管理法》。

(9)《中华人民共和国文物保护法》。

(10)《中华人民共和国食品安全法》。

2. 行政法规

行政法规是指国务院为了实施宪法和其他相关法律，在自己职权范围内制定的基本行政管理规范性文件的总和。我国现行的与外贸管制有关的行政法规主要有：

(1)《中华人民共和国货物进出口管理条例》。

(2)《中华人民共和国技术进出口管理条例》。

(3)《中华人民共和国进出口关税条例》。

(4)《中华人民共和国知识产权海关保护条例》。

(5)《中华人民共和国核出口管制条例》。

(6)《中华人民共和国野生植物保护条例》。

(7)《中华人民共和国外汇管理条例》。

(8)《中华人民共和国反倾销条例》。

(9)《中华人民共和国反补贴条例》。

(10)《中华人民共和国保障措施条例》。

3. 行政规章

行政规章是国务院各部门根据法律和国务院的行政法规、决定和命令,在本部门权限范围内发布的规范性文件的总和。我国现行的与外贸管制有关的行政规章主要有:

(1)《货物进口许可证管理办法》。

(2)《货物自动进口许可管理办法》。

(3)《进口药品管理办法》。

(4)《中华人民共和国精神药品管理办法》。

(5)《中华人民共和国放射性药品管理办法》。

(6)《进口兽药管理办法》。

(7)《外商投资企业自动进口许可管理实施细则》。

(8)《出口收汇核销管理办法》。

(9)《货物出口许可证管理办法》。

(10)《货物自动进口许可管理办法》。

(11)《出口收汇核销管理办法》。

(12)《中华人民共和国放射性药品管理办法》。

(13)《两用物项和技术进出口许可证管理办法》。

4. 国际条约

国际条约是指国家及其他国际法主体间所缔结的以国际法为准则,并确定其相互关系中的权利和义务的一种国际书面协议。

由于各国在通过国内立法实施本国进出口贸易管理和管制的各项措施的同时,必然要与其他国家协调立场,确定相互之间在国际贸易活动中的权利与义务关系,以实现其外交政策和对外贸易政策所确立的目标,因此国际贸易条约与协定便成为各国之间确立国际贸易关系立场的重要的法律形式。

我国目前所签订生效的各类国际条约,虽然不属于我国国内法的范畴,但就其效力而言可将其视为我国的法律渊源之一。

目前我国所加入或缔结的涉及外贸管制的国际条约主要有:

(1)我国加入世界贸易组织(WTO)所签订的有关双边或多边的各类贸易协定。

(2)《京都公约》——关于简化和便利海关手续的国际公约。

(3)《濒危野生动植物种国际公约》。

(4)《蒙特利尔议定书》——关于消耗臭氧层物质的国际公约。

(5)《精神药物国际公约》。

(6)《伦敦准则》——关于化学品国际贸易资料交流的国际公约。

(7)《鹿特丹公约》——关于在国际贸易中对某些危险化学品和农药采用事先知情同意程序的国际公约。

(8)《巴塞尔公约》——关于控制危险废物越境转移及其处置的国际公约。

(9)《国际纺织品贸易协定》。

(10)《建立世界知识产权组织公约》。

复习思考题

一、多选题

1. 下列属于对外贸易管制目的的是( )。

A. 保护本国经济利益　　B. 推行本国的外交政策

C. 实现其国家职能　　D. 发展本国经济

2. 下列属于贸易管制所涉及的法律渊源的是( )。

A. 宪法　　B. 法律

C. 行政法规　　D. 相关的国际条约

3. 我国对外贸易管制的法律渊源包括( )。

A. 由国家最高权力机关制定并由国家主席颁布实施的规范性文件

B. 由国家最高行政机关制定并由国务院总理颁布实施的规范性文件

C. 由我国民族自治区政府制定的地方条例和单行条例

D. 我国加入或缔结的相关国际条约

4. 我国对外贸易管制制度是由一系列管理制度构成的综合管理制度,其中包括(　)。

A. 进出口许可制度　　B. 海关监管制度

C. 出入境检验检疫制度　　D. 出口退税制度

5. 对外贸易管制按管制手段不同可分为(　)。

A. 关税措施　　B. 非关税措施

C. 货物进出口管制　　D. 技术进出口管制

二、判断题

1. 对外贸易管制是由国家最高权力机关制定法律等规范性文件来保证实施的。(　)

2. 对外贸易管制是政府的一种强制性行政管理行为。我国对外贸易管制按管制对象可分为货物进出口贸易管制、技术进出口贸易管制和国际服务贸易管制。(　)

第六讲　进口许可证申请与使用

学习要点

1. 了解进口许可证的含义；
2. 熟悉进口许可证的申领程序；
3. 掌握进口许可证的使用规范。

关键术语：进口许可证　申请　使用规范

一、进口许可证的含义

进口许可证制度是指一国为加强对外贸易管制，规定某些商品的进口需由进口商向进口国有关当局提出申请，经过审查批准获得许可证后方可进口的一种制度。进口许可证制度是国际贸易中的数量限制措施，作为一种非关税措施，是各国管制贸易特别是进口贸易的常用做法。

进口许可证是指国家规定的某些商品进口时必须事先向有关主管部门申请领取的一种允许进口的证明文件。在向海关申报进口时必须提交该证明。

二、2012 年实行进口许可证管理的货物

根据《货物进口许可证管理办法》（商务部令 2004 年第 27 号）、《重点旧机电产品进口管理办法》（商务部、海关总署、质检总局令 2008 年第 5 号）和《2011 年进口许可证管理货物目录》（商务部、海关总署、质检总局公告 2011 年第 99 号），发布《2012 年进口许可证管理货物分级发证目录》（见表 2－1），自 2012 年 1 月 1 日起执行。

表 2－1　2012 年进口许可证管理货物目录

	重点旧机电产品进口目录		
货物种类	海关商品编号	商品名称及备注	单　位
一、化工设备	8419409090	其他蒸馏或精馏设备	台
	8419609010	液化器(将来自级联的 UF6 气体压缩并冷凝成液态 UF6)	台
	8419899010	带加热装置的发酵罐(不发散气溶胶,且容积＞20 升)	台
二、金属冶炼设备	8454100000	金属冶炼及铸造用转炉	台
	8454309000	其他金属冶炼及铸造用铸造机	台
三、工程机械类	8425319000	其他电动卷扬机及绞盘	台
	8426200000	塔式起重机	台
	8426411001	55 吨轮胎式起重机	台
	8426411090	其他轮胎式起重机	台
	8426419000	其他带胶轮的自推进起重机械	台
	8426491000	履带式自推进起重机械	台
	8426499000	其他不带胶轮的自推进起重机械	台
	8426910000	供装于公路车辆的其他起重机械	台
	8426990000	其他起重机械	台
	8427201000	集装箱叉车	台

续表

	重点旧机电产品进口目录		
货物种类	海关商品编号	商品名称及备注	单　位
三、工程机械类	8427209000	其他机动叉车及有升降装置工作车(包括装有搬运装置的机动工作车)	台
	8427900000	其他叉车及可升降的工作车(工作车指装有升降或搬运装置)	台
	8428101001	无障碍升降机	台
	8428101090	其他载客电梯	台
	8428109000	其他升降机及倒卸式起重机	台
	8428400000	自动梯及自动人行道	台
	8428602900	非单线循环式客运架空索道	台
四、起重运输设备	8426193000	龙门式起重机	台
	8426194100	门式装卸桥	台
	8426194200	集装箱装卸桥	台
	8427101000	有轨巷道堆垛机	台
	8427102000	无轨巷道堆垛机	台
	8428602100	单线循环式客运架空索道	台
五、造纸设备	8439100000	制造纤维素纸浆的机器	台
	8439200000	纸或纸板的抄造机器	台
	8439300000	纸或纸板的整理机器	台

续表

货物种类	重点旧机电产品进口目录		
	海关商品编号	商品名称及备注	单　位
六、电力、电气设备	8501610000	输出功率≤75KVA 交流发电机	台,千瓦
	8501620000	75KVA＜输出功率≤375KVA 交流发电机	台,千瓦
	8501630000	375KVA＜输出功率≤750KVA 交流发电机	台,千瓦
	8501641000	750KVA＜输出功率≤350MVA 交流发电机	台,千瓦
	8501642000	350MVA＜输出功率≤665MVA 交流发电机	台,千瓦
	8501643000	输出功率＞665MVA 交流发电机	台,千瓦
	8502110000	输出功率≤75KVA 柴油发电机组(包括半柴油发电机组)	台,千瓦
	8502120000	75KVA＜输出功率≤375KVA 柴油发电机组(包括半柴油发电机组)	台,千瓦
	8502131000	375KVA＜输出功率≤2MVA 柴油发电机组(包括半柴油发电机组)	台,千瓦
	8502132000	输出功率＞2MVA 柴油发电机组(包括半柴油发电机组)	台,千瓦
	8502200000	装有点燃式活塞发动机的发电机组(内燃的)	台,千瓦
	8502390000	其他发电机组(风力驱动除外)	台,千瓦
	8515211000	直缝焊管机(全自动或半自动的)	台
	8515219000	其他全自动或半自动电阻焊接机器(包括焊接装置)	台
	8515290000	其他电阻焊接机器及装置	台
	8515311000	螺旋焊管机(全自动或半自动的)	台
	8515319000	其他全自动或半自动电弧(包括等离子弧)焊接机及装置	台
	8515390000	其他电弧(等离子弧)焊接机器及装置(非全自动或半自动的)	台
	8515800010	电子束、激光自动焊接机[将端塞焊接于燃料细棒(或棒)的自动焊接机]	台
	8515800090	其他焊接机器及装置	台

续表

货物种类	重点旧机电产品进口目录		
	海关商品编号	商品名称及备注	单　位
七、食品加工及包装设备	8419810000	加工热饮料、烹调、加热食品的机器	台
	8421220000	过滤或净化饮料的机器及装置(过滤或净化水的装置除外)	台
	8422301001	乳品加工用自动化灌装设备	台
	8422301090	其他饮料及液体食品灌装设备	台
	8434200000	乳品加工机器	台
	8438100010	糕点生产线	台
	8438100090	通心粉、面条的生产加工机器(包括类似产品的加工机)	台
	8438500000	肉类或家禽加工机器	台/千克
八、农业机械类	8433510001	功率≥160 马力的联合收割机	台
	8433510090	功率<160 马力的联合收割机	台
	8433599090	其他收割机及脱粒机	台
	8434100000	挤奶机	台
九、印刷机械类	8443120000	办公室用片取进料式胶印机(片尺寸不超过 22 厘米×36 厘米,用品目 84.42 项下商品进行印刷的机器)	台
	8443140000	卷取进料式凸版印刷机,但不包括苯胺印刷机(用品目 84.42 项下商品进行印刷的机器)	台

续表

	重点旧机电产品进口目录		
货物种类	海关商品编号	商品名称及备注	单　位
九、印刷机械类	8443150000	除卷取进料式以外的凸版印刷机，但不包括苯胺印刷机（用品目 84.42项下商品进行印刷的机器）	台
	8443160001	苯胺印刷机，线速度≥300 米/分钟，幅宽≥800 毫米（柔性版印刷机，用品目 84.42 项下商品进行印刷的机器）	台
	8443160002	机组式柔性版印刷机，线速度≥160 米/分钟，250 毫米≤幅宽＜800 毫米（具有烫印或全息或丝网印刷功能单元的）	台
	8443160090	其他苯胺印刷机（柔性版印刷机，用品目 84.42 项下商品进行印刷的机器）	台
	8443198000	未列名印刷机（网式印刷机除外，用品目 84.42 项下商品进行印刷的机器）	台
十、纺织机械类	8446304000	织物宽度＞30 厘米的喷水织机	台
	8447202000	平型纬编机	台
	8451400000	其他洗涤、漂白或染色机器	台
	8453100000	生皮、皮革的处理或加工机器（包括鞣制机）	台
十一、船舶类	8901101010	高速客船（包括主要用于客运的类似船舶）	艘
	8901101090	其他机动巡航船、游览船及各式渡船（包括主要用于客运的类似船舶）	艘

续表

	重点旧机电产品进口目录		
货物种类	海关商品编号	商品名称及备注	单　位
十一、船舶类	8903100000	充气的娱乐或运动用快艇(包括充气的划艇及轻舟)	艘
	8903920001	8 米 < 长度 < 90 米的汽艇(装有舷外发动机的除外)	艘
	8903920090	其他汽艇(装有舷外发动机的除外)	艘
	8903990001	8 米 < 长度 < 90 米的娱乐或运动用其他机动船舶或快艇(包括划艇及轻舟)	艘
	8903990090	娱乐或运动用其他船舶或快艇(包括划艇及轻舟)	艘
	8901109000	非机动巡航船、游览船及各式渡船(以及主要用于客运的类似船舶)	艘
	8901909000	非机动货运船舶及客货兼运船舶	艘
十二、矽鼓	8443999010	其他印刷(打印)机、复印机及传真机的感光鼓和含感光鼓的碳粉盒	千克
	消耗臭氧层物质		
	2903191010	1,1,1 - 三氯乙烷(甲基氯仿),用于清洗剂的除外	千克
	2903191090	1,1,1 - 三氯乙烷(甲基氯仿),用于清洗剂的	千克
	2903399020	溴甲烷(甲基溴)	千克
	2903710000	一氯二氟甲烷	千克
	2903720000	二氯三氟乙烷	千克
	2903730000	二氯一氟乙烷	千克
	2903740000	一氯二氟乙烷	千克

续表

货物种类	海关商品编号	商品名称及备注	单　位
		消耗臭氧层物质	
	2903750010	1,1,1,2,2－五氟－3,3－二氯丙烷	千克
	2903750020	1,1,2,2,3－五氟－1,3－二氯丙烷	千克
	2903750090	其他二氯五氟丙烷	千克
	2903760010	溴氯二氟甲烷	千克
	2903760020	溴三氟甲烷	千克
	2903771000	三氯氟甲烷	千克
	2903772011	二氯二氟甲烷	千克
	2903772012	三氯三氟乙烷,用于清洗剂的除外(CFC－113)	千克
	2903772014	二氯四氟乙烷(CFC－114)	千克
	2903772015	一氯五氟乙烷(CFC－115)	千克
	2903772016	一氯三氟甲烷(CFC－13)	千克
	2903791011	一氟二氯甲烷	千克
	2903791012	1,1,1,2－四氟－2－氯乙烷	千克
	2903791013	三氟一氯乙烷	千克
	2903791014	1－氟－1,1－二氯乙烷	千克
	2903791015	1,1－二氟－1－氯乙烷	千克
	2903791090	其他氟和氯的甲烷、乙烷及丙烷的卤化衍生物	千克

续表

货物种类	海关商品编号	商品名称及备注	单位
	消耗臭氧层物质		
	3824710011	二氯二氟甲烷和二氟乙烷的混合物（R－500）	千克
	3824710012	一氯二氟甲烷和二氯二氟甲烷的混合物（R－501）	千克
	3824710013	一氯二氟甲烷和一氯五氟乙烷的混合物（R－502）	千克
	3824710014	三氟甲烷和一氯三氟甲烷的混合物（R－503）	千克
	3824710015	二氟甲烷和一氯五氟乙烷的混合物（R－504）	千克
	3824710016	二氯二氟甲烷和一氟一氯甲烷的混合物（R－505）	千克
	3824710017	一氟一氯甲烷和二氯四氟乙烷的混合物（R－506）	千克
	3824710018	二氯二氟甲烷和二氯四氟乙烷的混合物（R－400）	千克
	3824740011	二氟一氯甲烷、二氟乙烷和一氯四氟乙烷的混合物（R－401）	千克
	3824740012	五氟乙烷、丙烷和二氟一氯甲烷的混合物（R－402）	千克
	3824740013	丙烷、二氟一氯甲烷和八氟丙烷的混合物（R－403）	千克
	3824740014	二氟一氯甲烷、二氟乙烷、一氯二氟乙烷和八氟环丁烷的混合物（R－405）	千克
	3824740015	二氟一氯甲烷、2－甲基丙烷（异丁烷）和一氯二氟乙烷的混合物（R－406）	千克
	3824740016	五氟乙烷、三氟乙烷和二氟一氯甲烷的混合物（R－408）	千克
	3824740017	二氟一氯甲烷、一氯四氟乙烷和一氯二氟乙烷的混合物（R－409）	千克
	3824740018	丙烯、二氟一氯甲烷和二氟乙烷的混合物（R－411）	千克

续表

货物种类	海关商品编号	商品名称及备注	单　位
	消耗臭氧层物质		
	3824740019	二氟一氯甲烷、八氟丙烷和一氯二氟乙烷的混合物（R－412）	千克
	3824740021	二氟一氯甲烷、一氯四氟乙烷、一氯二氟乙烷和2－甲基丙烷的混合物（R－414）	千克
	3824740022	二氟一氯甲烷和二氟乙烷的混合物（R－415）	千克
	3824740023	四氟乙烷、一氯四氟乙烷和丁烷的混合物（R－416）	千克
	3824740024	丙烷、二氟一氯甲烷和二氟乙烷的混合物（R－418）	千克
	3824740025	二氟一氯甲烷和八氟丙烷的混合物（R－509）	千克
	3824740026	二氟一氯甲烷和一氯二氟乙烷的混合物	千克
	3824740090	其他含甲烷、乙烷或丙烷的氢氯氟烃混合物（不论是否含甲烷、乙烷或丙烷的全氟烃或氢氟烃，但不含全氯氟烃）	千克

2012年实行进口许可证管理的货物共2种，由商务部配额许可证事务局（以下简称许可证局）和商务部授权的地方商务主管部门发证机构（以下简称地方发证机构）负责签发相应货物的进口许可证。

（1）许可证局负责签发重点旧机电产品的进口许可证。

（2）地方发证机构负责签发消耗臭氧层物质的进口许可证；在京中央企业的进口许可证由许可证局签发。

（3）消耗臭氧层物质的进口许可证实行“一批一证”制。

（4）发证机构应严格按照《货物进口许可证管理办法》、《重点旧机电产品进口管理办法》、《2012年进口许可证管理货物目录》和《进口许可证签发工作规范》（商配发〔2007〕360号）等有关规定签发进口许可证。

三、进口许可证申领

（一）申领进口许可证应提交的一般文件和材料

1. 各类进出口企业在申领进口许可证时，应向发证机关提供的一般文件和材料

（1）进口许可证申请表。申请表（正本）需填写清楚并加盖申领单位公章。所写内容必须规范。

（2）申领单位的公函或申领人的工作证；代办人员应出示委托单位的委托函。

（3）非外贸单位（指没有外贸经营权的机关、团体和企事业单位）申领进口许可证，需提供其主管部门（司、局级以上）证明。

（4）第一次办理进口许可证的申领单位，应提供外经贸部或经其授权的地方外经贸主管部门批准企业进出口经营权的文件（正本复印件）。

（5）外商投资企业第一次申领进口许可证，应提供政府主管部门批准该企业的批准证书和营业执照（复印件），由发证机关存档备案。

2. 一般贸易项下进口，应提交的材料

（1）配额管理的进口商品：机电产品，应提交国家机电产品进口办公室（以下简称国家机电办）签发的《进口配额证明》；一般商品，应提交国家计委授权的配额管理部门签发的《一般商品进口配额证明》。

（2）非配额管理的进口商品：粮食、植物油、农药、酒和彩色感光材料，应提交国家计委授权的进口登记部门签发的《特定商品进口登记证明》；碳酸饮料，应提交国家经贸委签发的《进口证明》；军民通用化学品，应提交化工部的批件；易制毒化学品，应提交外经贸部的批件。

3. 外商投资企业申领进口许可证,应提交的文件和材料

(1)外商投资企业作为投资、自用而进口实行配额管理的一般商品,应提交各地外经贸主管部门批准的进口设备、物料清单;如进口实行许可证管理的特定登记商品,应提交各地外经贸主管部门批准的进口设备、物料清单。

(2)外商投资企业为生产内销产品而进口实行配额管理的一般商品,应提交各外经贸主管部门签发的《外商投资企业进口配额证明》;为生产内销产品进口特定登记商品,应提交各地外经贸主管部门签发的《外商投资企业特定商品进口登记证明》。

(3)外商投资企业作为投资、自用和生产内销产品进口成品油,应提交国家计委授权的进口配额管理部门签发的《一般商品进口配额证明》。

(4)外商投资企业为生产内销产品而进口实行配额管理的机电产品,应提交国家机电办签发的《进口配额证明》。

4. 华侨、台港澳同胞捐赠项下商品申领进口许可证,应提交的文件和材料

(1)配额管理的一般商品进口,应提交国家计委授权的进口配额管理部门签发的《一般商品进口配额证明》。粮食、植物油、农药、酒和彩色感光材料进口,应提交国家计委授权的进口登记部门签发的《特定商品进口登记证明》。

(2)国务院规定的实行限额管理的机电产品,应提交省、市侨办的批准文件。国务院未规定限额的属进口许可证管理的机电产品,应提交国家机电办签发的《进口配额证明》。

5. 其他贸易方式项下申领进口许可证,应提交的文件和材料

(1)其他贸易方式包括:补偿贸易、边境小额贸易、利用国外政府贷款或国际金融组织贷款、国际组织或政府间无偿援助、经贸往来赠送、我国驻外机构及劳务承包调回、来料加工或进料加工而进口生产用机电设备或因故转内销等。

(2)配额管理的机电产品,应提交国家机电办签发的《出口配额证明》。

(3)配额管埋的一般商品,申领单位应提交国家计委授权的配额管理部门签发的《一般商品进口配额证明》。粮食、植物油、农药、酒和彩色感光材料进口,应提交国家计委授权的进口登记部门签发《特定商品进口登记证明》。

6. 配额管理的机电产品,应提交国家机电办签发的《进口配额证明》。

非配额管埋的机电产品,应提交该机电产品归口管理部门的批件。

(二)进口许可证申请表内容规范

凡申领进口许可证的单位,应按以下规范填写进口许可证申请表。

进口商:应填写经商务主管部门批准或核定的进出口企业名称及编码。外商投资企业进口也应填写公司名称及编码;非外贸单位进口,应填写“自购”,编码为“00000002”;如接受国外捐赠,此栏应填写“赠送”,编码为“00000001”。

收货人:应填写配额指标单位,配额指标单位应与批准的配额证明一致。

进口许可证号:由发证机关编排。

进口许可证有效截止日期:一般为一年(另有规定者除外)。

贸易方式:此栏的内容有一般贸易、易货贸易、补偿贸易、协定贸易、进料加工、来料加工、外商投资企业进口、国际租赁、国际贷款进口、国际援助、国际招标、国际展销、国际拍卖、捐赠、赠送、边境贸易、许可贸易等。

外汇来源:此栏的内容有银行购汇、外资、贷款、赠送、索赔、无偿援助、劳务等。外商投资企业进口、租赁等,应填写“外资”;对外承包工程调回设备和驻外机构调回的进口许可证管理商品、公用物品,应填写“劳务”。

报关口岸:应填写进口到货口岸。

出口国(地区),即外商的国别(地区)。

原产地国:应填写商品进行实质性加工的国别、地区。

商品用途:可填写自用、生产用、内销、维修、样品等。

商品名称和编码:应按外经贸部公布的实行进口许可证管理商品目录填写。

规格、型号:只能填写同一编码商品不同规格型号的4种,多于4种应另行填写许可证申请表。

单位:指计量单位。各商品使用的计量单位由商务部统一规定,不得任意变动。合同中使用的计量单位与规定的计量单位不一致时,应换算成统一计量单位。非限制进口商品,此栏以“套”为计量单位。

数量:应按外经贸部规定的计量单位填写,允许保留一位小数。

单价(币值):应填写成交时用的价格或估计价格并与计量单位一致。

(三)进口许可证更改、展期、遗失的处理

各类进出口企业领取进口许可证后,因故需要对进口许可证更改、延期时,应按以下规定办理:

申领单位因故需要更改进口许可证,应在有效期内进行。申领单位应填写进口许可证更改申请表,按表中要求填写清楚,连同原许可证第一、二联交原发证机关。

更改进口商、收货单位、商品名称、规格和数量等内容,须重新申领进口许可证。

进口许可证有效期需要延期,申领单位一般应在有效期内提出申请并提供

进口合同。如确实签订了进口合同,发证机关可视情况给予延期,最长延期半年,延期后不得再展期;如在有效期内未签订合同,不得再申请展期。

申领单位如丢失许可证,应及时向发证机关和该证的报关口岸海关挂失。由发证机关审查确属丢失后按规定办理。

四、进口许可证的使用

(1)进口许可证的有效期为一年。

(2)进口许可证当年有效。特殊情况需要跨年度使用时,有效期最长不得超过次年3月31日。

(3)进口许可证应当在有效期内使用,逾期自行失效,海关不予放行。

进口许可证因故在有效期内未使用的,经营者应当在进口许可证有效期内向原发证机构提出延期申请。发证机构应当将原证收回,在进出口许可证计算机管理系统中注销原证后,重新签发进口许可证,并在备注栏中注明延期使用和原证证号。

进口许可证因故在有效期内未使用完的,经营者应当在进口许可证有效期内向原发证机构提出未使用部分的延期申请,发证机构收回原证,在发证系统中对原证进行核销,扣除已使用的数量后,重新签发进口许可证,并在备注栏内注明延期使用和原证证号。

进口许可证只能延期一次,延期最长不超过三个月。

未在进口许可证有效期内提出延期申请的,进口许可证自行失效,发证机构不再受理延证手续,该进口许可证则视为持有者自动放弃。

进口许可证一经签发,不得擅自更改证面内容。如需更改,经营者应当在许可证有效期内提出更改申请,并将许可证交回原发证机构,由原发证机构重新换发许可证。

许可证更改内容如涉及经营者,进口商品税号、数量、金额、价格、原产地、进口用途、外汇来源、贸易方式、报关口岸等栏目,如原批准机构有相应限制,经营者应当提供原批准机构同意更改的文件。

已领取的进口许可证如果丢失,经营者应当立即向许可证证面注明的进口口岸地海关及相关发证机构书面报告挂失,声明作废,并及时向公安机关报案。发证机构收到经营者遗失报告,经核实该证确未通关使用后,可撤销原进口许可证并核发新证。

海关、工商、公安、纪检、法院等单位需要向发证机构查询或者调查进口许可证，应当依法出示有关证件，发证机关应当接受查询。

进口许可证管理商品在调整发证机构时，自调整之日起，原发证机构不得再签发该商品的进口许可证，并将经营者在调整前的申领情况报调整后的发证机构。经营者在调整前申领的许可证在有效期内继续有效。有效期内未使用或者未全部使用的进口许可证，按规定到调整后的发证机构办理延期手续。

五、申领单位的法律责任

申领单位不得伪造、变造、买卖进口许可证，对违反者，将按《中华人民共和国对外贸易法》和《中华人民共和国海关法》追究刑事责任。

表 2－2　中华人民共和国进口许可证申请表

<table>
<tr><td colspan="3">1. 进口商：　　代码</td><td colspan="3">3. 进口许可证号：</td></tr>
<tr><td colspan="3">2. 收货人：</td><td colspan="3">4. 进口许可证有效截止日期：
年　月　日</td></tr>
<tr><td colspan="3">5. 贸易方式：</td><td colspan="3">8. 出口国(地区)：</td></tr>
<tr><td colspan="3">6. 外汇来源：</td><td colspan="3">9. 原产地国(地区)：</td></tr>
<tr><td colspan="3">7. 报关口岸：</td><td colspan="3">10. 商品用途：</td></tr>
<tr><td colspan="3">11. 商品名称：</td><td colspan="3">商品编码：</td></tr>
<tr><td>12. 规格、型号</td><td>13. 单位</td><td>14. 数量</td><td>15. 单价(币别)</td><td>16. 总值(币别)</td><td>17. 总值折美元</td></tr>
<tr><td></td><td></td><td></td><td></td><td></td><td></td></tr>
<tr><td></td><td></td><td></td><td></td><td></td><td></td></tr>
<tr><td></td><td></td><td></td><td></td><td></td><td></td></tr>
<tr><td>18. 总计：</td><td></td><td></td><td></td><td></td><td></td></tr>
<tr><td colspan="2">19. 领证人姓名：
联系电话：
申请日期：

下次联系日期：</td><td colspan="4">不能获准原因：
1. 公司无权经营；　6. 币别有误；
2. 公司编码有误；　7. 漏填第(　)项；
3. 到港不妥善；　8. 第(　)项须补充说明函；
4. 品名与编码不符；　9. 第(　)项与批件不符；
5. 单价(高)低；　10. 其他。</td></tr>
</table>

中华人民共和国商务部监制　　　　第二联(副本)取证凭证

表 2－3　中华人民共和国进口许可证更改申请表

<table>
<tr><td colspan="3">1. 申请单位：
（盖章）</td><td colspan="2">2. 原许可证编号：</td></tr>
<tr><td colspan="3">3. 商品名称：</td><td>商品数量</td><td></td></tr>
<tr><td rowspan="6">4. 更改项目与内容</td><td>项　目</td><td>更改前</td><td colspan="2">更改后</td></tr>
<tr><td>第　项</td><td></td><td colspan="2"></td></tr>
<tr><td>第　项</td><td></td><td colspan="2"></td></tr>
<tr><td>第　项</td><td></td><td colspan="2"></td></tr>
<tr><td>第　项</td><td></td><td colspan="2"></td></tr>
<tr><td>第　项</td><td></td><td colspan="2"></td></tr>
<tr><td>5. 更改理由</td><td colspan="4"></td></tr>
<tr><td rowspan="5">审批意见</td><td colspan="2" rowspan="5"></td><td colspan="2">交表日期：　年　月　日</td></tr>
<tr><td colspan="2">领证人单位：</td></tr>
<tr><td colspan="2">领证人姓名：
联系电话：</td></tr>
<tr><td colspan="2">* 下次联系日期：</td></tr>
<tr><td colspan="2">接办人：
签章：　年　月　日</td></tr>
</table>

中华人民共和国商务部监制　　　　发证机关留存备案

表 2 – 4　中华人民共和国进口货物许可证

IMPORT LICENCE THE PEOPLE'S REPUBLIC OF CHINA

<table>
<tr><td colspan="3">1. 我国货物成交单位　　编码
Importer</td><td colspan="3">3. 进口许可证编号
Licence No.</td></tr>
<tr><td colspan="3">2. 收货单位
Consignee</td><td colspan="3">4. 许可证有效期
Validity</td></tr>
<tr><td colspan="3">5. 贸易方式
Terms of trade</td><td colspan="3">8. 进口国家(地区)
Country of destination</td></tr>
<tr><td colspan="3">6. 外汇来源
Terms of foreign exchange</td><td colspan="3">9. 商品原产地
Country of origin</td></tr>
<tr><td colspan="3">7. 到货口岸
Port of destination</td><td colspan="3">10. 商品用途
Use of commodity</td></tr>
<tr><td colspan="3">11. 唛头—包装件数
Marks & numbers – number of packages</td><td colspan="3"></td></tr>
<tr><td colspan="3">12. 商品名称
Description of commodity</td><td colspan="3">商品编码
Commodity No.</td></tr>
<tr><td>13. 商品规格、型号
Specification</td><td>单位
Unit</td><td>14. 数量
Quantity</td><td>15. 单价(USD)
Unit price</td><td>16 总值(USD)
Amount</td><td>17. 总值折美元
Amount in USD</td></tr>
<tr><td></td><td></td><td></td><td></td><td></td><td></td></tr>
<tr><td></td><td></td><td></td><td></td><td></td><td></td></tr>
<tr><td></td><td></td><td></td><td></td><td></td><td></td></tr>
<tr><td></td><td></td><td></td><td></td><td></td><td></td></tr>
<tr><td>18. 总计 Total</td><td></td><td></td><td></td><td>95 000.00</td><td>95 000.00</td></tr>
<tr><td colspan="3">19. 备注
Supplementary details</td><td colspan="3">20. 发证机关盖章
Issuing authority's stamp & signature
发证日期
Date</td></tr>
</table>

中华人民共和国商务部监制　　　　本证不得涂改,不得转让

复习思考题

一、单选题

浙江省粮油进出口公司计划进口泰国大米500吨，该公司在报关时须向海关提供的官方单证是(　)。

A. 进口配额证明　　B. 进口许可证

C. 国家计委证明　　D. 国家粮食主管部门证明

二、多选题

进出口许可制度基本内容包括(　)。

A. 进出口经营权及经营范围的审批

B. 国家限制进出口商品的配额管理和许可证管理

C. 进出口商品的分类管理

D. 对外贸易国别政策的贯彻实施

三、判断题

1. 在填制《中华人民共和国出口许可证》时，为了简便，通常单价一栏免填。(　)

2. 进口许可证有效期为一年，延期最长不超过6个月。(　)

第七讲　出口许可证申请与使用

学习要点

1. 了解出口许可证的含义；
2. 熟悉出口许可证的申领程序；
3. 掌握出口许可证的使用规范。

关键术语：出口许可证　申请　使用规范

一、出口许可证的含义

在国际贸易中，根据一国出口商品管制的法令规定，由有关当局签发的准许出口的证明文件通常被称作出口许可证。出口许可证制度是一个国家对出口到国外的货物实行管制的一项措施。一般而言，某些国家对国内生产所需的原料、半制成品以及国内供不应求的一些紧俏物资和商品实行出口许可证制。通过签发许可证进行控制，限制出口或禁止出口，以满足国内市场和消费者的需要，保护民族经济。此外，某些不能复制、再生的古董文物也是各国保护对象，严禁出口；根据国际通行准则，鸦片等毒品或各种淫秽物品也禁止出口。

二、出口许可证的使用范围

根据国家规定，凡是国家宣布实行出口许可证管理的商品，不论任何单位或个人，也不分任何贸易方式，出口前均须申领出口许可证；非外贸经营单位或个人运往国外的货物，不论该商品是否实行出口许可证管理，价值在人民币1 000元以上的，一律须申领出口许可证；属于个人随身携带出境或邮寄出境的商品,除符合海关规定自用、合理数量范围外,也都应申领出口许可证。

目前,我国执行审批并签发出口许可证的机关为:商务部及其派驻在主要口岸的特派员办事处;各省、自治区、直辖市以及经国务院批准的计划单列市的对外经贸行政管理部门,实行按商品、按地区分级发证办法。

三、申领出口许可证的流程

出口许可证是由国家对外经贸行政管理部门代表国家统一签发的、批准某项商品出口的具有法律效力的证明文件,也是海关查验放行出口货物和银行办理结汇的依据。

(一)办理申领出口许可证的基本程序

1. 申请

申请,即由申领单位或个人(以下简称"领证人")向发证机关提出书面申请函件。申请的内容包括:出口商品(货物)名称、规格、输往国别地区、数量、单价、总金额、交货期、支付方式(即出口收汇方式)等项目。同时,还须向发证机关交验有关证件或材料。

外贸公司凭合同正本(或复印件),非外贸单位凭主管部门(厅、局级)的批准件。文物,凭文物主管部门的批准料件;书刊,凭出版主管部门的批准件;名人字画(只限近代、现代),凭文化部的批准件;黄金白银(不含饰品),凭中国人民银行总行的批准件;专利、诀窍、传统技艺,凭国家专利局或主管部门的批准件;居民或村民,凭街道办事处或村民委员会出具的说明情况的证明函和购货发票办理有关手续方可出境。属于下列情况的,还须提供有关证件或材料:

(1)经批准享有出口经营权的外贸企业,第一次向发证机关申领出口许可证时应提交主管部门批准成立公司(企业)的批文、公司(企业)章程、营业执照以及出口商品经营目录等复印件一套;

(2)经批准成立的外商投资企业,第一次向发证机关申领出口许可证时,应提交有关部门关于项目合同的批件、营业执照以及经国家对外经贸部认可的年度出口计划等复印件一套。

2. 审核、填表

发证机关收到上述有关申请材料后进行审核。经同意后,由领证人按规定要求填写《中华人民共和国出口许可证申请表》。

3. 输入电脑

填好的出口许可证申请表，由申请单位加盖公章后送交发证机关，经审核符合要求的，由发证机关将申请表各项内容输入电脑。

4. 发证

发证机关在申请表送交后的三个工作日内，签发中华人民共和国出口许可证，一式四联，将第一、二、三联交领证人，凭以向海关办理货物出口报关和银行结汇手续。同时，收取一定的办证费用。

(二) 申领出口许可证应提供的文件和材料

(1)各类进出口企业申领出口许可证时，应向发证机关提供的一般文件和材料：

出口许可证申请表。申请表(正本)需填写清楚并加盖申领单位公章。所填写内容必须规范。

出口合同(正本复印件)。

申领单位的公函或申领人的工作证，代办人员应出示委托单位的委托函。

非外贸单位(指没有外贸经营权的各机关、团体和企事业单位，下同)申领出口许可证，需提供其主管部门(司、局级以上)证明。

第一次办理出口许可证的申领单位，应提供外经贸部或经其授权的地方外经贸主管部门批准企业进出口经营权的文件(正本复印件)。

外商投资企业第一次出口申领许可证，应提供政府主管部门批准该企业的批准证书和营业执照(复印件)，由发证机关存档备案。

(2)一般贸易项下出口，还应分别提交以下材料：

属配额管理商品，国家部委各类进出口企业应提交外经贸部出口配额审批部门批件，各地各类进出口企业应提交各地外经贸主管部门出口配额审批文件；

属军民通用化学品，应提交化工部的批件；

易制毒化学品应提交外经贸部的批件；

重水应提交外经贸部的批件；

计算机应提交外经贸部批准的《出口计算机技术审查表》。

属配额有偿招标商品，应提交有关招标委员会下发的《申领配额有偿招标商品出口许可证证明书》；对无偿招标商品，应提交有关招标委员会下发的中标证明书。

(3)承包工程带出商品(配额有偿招标商品按招标的有关规定办理),国家部委各类进出口企业应提交外经贸部的项目批件及出口单位的合同;各地各类进出口企业应提交各地外经贸主管部门项目批件及出口单位的合同。出口合同应列明承包工程需带出的许可证商品的品类、数量。

(4)进料加工复出口,属占用出口额度的商品,国家部委各类进出口企业应提交商务部批准的出口配额文件和进料加工的文件;各地各类进出口企业应提交各地外经贸主管部门批准的出口配额和进料加工的文件。非占用额度的进料加工复出口商品,国家部委各类进出口企业应提交商务部的批准文件和进料加工登记手册。钢材、生铁、锌、食糖等商品的进料加工复出口,全国各类进出口企业应提交商务部的批件及进料加工登记手册。

(5)非贸易项下出口,应提交的文件和材料:

① 出运样品。

非外贸单位出口货样时,每批货样价值高于人民币5 000元、不超过人民币1万元的,应提交上级主管部门(司、局级以上)出具的公函。

各类进出口企业,出运实行许可证管理的货样,每批货样价值高于人民币5 000元的,应按一般贸易管理规定申领出口许可证。

② 出运展品。

非外贸单位主办出国展销会所带物品,凡需要在外销售或展后不带回国的,应提交经外经贸部批准的举办展览会的批件。

外经贸部授权的部委直属总公司主办出国展览会所带在外销售的物品,属许可证管理商品,应提交经外经贸部批准的举办展览会的批件。

(三)出口许可证申请表填写规范

凡申领出口许可证的单位,应按以下规范填写出口许可证申请表。

(1)出口商:

配额管理出口商品,应填写出口配额指标单位的进出口企业全称;

一般许可证管理出口商品,应填写有出口经营权的各类进出口企业的全称;

还贷、补偿贸易项目出口,应填写有出口经营权的代理公司全称;

非外贸单位经批准出运货物,此栏填写该单位名称;

企业编码,应按外经贸部授权的发证机关编定的代码填写(下同)。

(2)发货人:

配额招标商品(包括有偿和无偿招标)的发货人与出口商必须一致;

其他出口配额管理商品的发货人原则上应与出口商一致,但与出口商有隶属关系的可以不一致。

还贷出口、补偿贸易出口和外商投资企业委托代理出口时,发货人与出口商可以不一致。

(3)出口许可证号:由发证机关编排。

(4)出口许可证有效截止日期:

实行"一批一证"制的商品,其许可证有效期自发证之日起最长为三个月。供港澳(不包括转口)鲜活冷冻商品的许可证有效期为一个月。

不实行"一批一证"制的商品、外商投资企业和补偿贸易项下的出口商品,其许可证有效期自发证之日起最长为六个月。

许可证证面有效期如需跨年度时,可在当年将许可证日期填到次年,最迟至二月底。

(5)贸易方式:此栏的内容有一般贸易、易货贸易、补偿贸易、进料加工、来料加工、外商投资企业出口、边境贸易、出料加工、转口贸易、期货贸易、承包工程、归还贷款出口、国际展销、协定贸易、其他贸易。

进料加工复出口,此栏填写进料加工。

外商投资企业进料加工复出口时,贸易方式填写外商投资企业出口。

非外贸单位出运展卖品和样品每批价值在5 000元以上的,此栏填写"国际展览"。

各类进出口企业出运展卖品,此栏填写"国际展览",出运样品填写一般贸易。

(6)合同号:指申领许可证、报关及结汇时所用出口合同的编码。

原油、成品油及非贸易项下出口,可不填写合同号。

展品出运时,此栏应填写外经贸部批准办展的文件号。

(7)报关口岸:指出运口岸。

此栏允许填写三个口岸,但仅能在一个口岸报关。

(8)进口国(地区):指最终目的地,即合同目的地,不允许使用地域名(如欧洲等)。

(9)支付方式:此栏的内容有信用证、托收、汇付、本票、现金、记账和免费等。

(10)运输方式:

可填写海上运输、铁路运输、公路运输、航空运输、邮政运输、管道运输。

(11)商品名称和编码：

按外经贸部发布的出口许可证管理商品目录的标准名称填写。

(12)规格等级：

规格等级栏，用于对所出商品作具体说明，包括具体品种、规格（如水泥标号、钢材品种等）、等级（如兔毛等级）。同一编码商品规格型号超过四种时，应另行填写出口许可证申请表。“劳务出口物资”也应按此填写。

出运货物必须与此栏说明的品种、规格或等级相一致。

(13)单位：指计量单位。

非贸易项下的出口商品，此栏以“批”为计量单位，具体单位在备注栏中说明。

(14)数量、单价及总值：

数量表示该证允许出口商品的多少。此数值允许保留一位小数，凡位数超出的，一律以四舍五入进位。计量单位为“批”的，此栏均为1。

单价是指与计量单位相一致的单位价格，计量单位为“批”的，此栏则为总金额。

(15)备注：

此栏填写以上各栏未尽事宜。

四、出口许可证更改、展期、遗失的处理

各类进出口企业领取许可证后，因故需要对出口许可证更改、展期时，应按以下规定办理：

出口许可证一经签发，任何机关不得更改任何证面内容；如确需更改某一项目，出口单位应填写出口许可证申请表，提供出口合同，提交原出口许可证，由发证机关换发新证。

出口许可证在有效期内未使用或未使用完，出口单位可申请延期，并将原出口许可证退还原发证机关。由原发证机关按规定对未使用完的许可证做换证处理。出口许可证的有效期最迟可延期到次年的二月底。

申领单位如丢失出口许可证，应及时向发证机关和该证的报关口岸海关挂失。重新申领出口许可证时，应向发证机关提供未报关证明和遗失报告，发证机关按规定办理。

申领单位的法律责任：

申领单位不许伪造、变造、买卖出口许可证，对违反者，将按《中华人民共和国对外贸易法》和《海关法》追究刑事责任。

五、出口许可证管理的货物

根据商务部、海关总署2011年第98号公告，对2012年的出口货物许可证进行了调整，具体如下：

(1)2012年实行出口许可证管理的49种货物，分别实行出口配额许可证、出口配额招标和出口许可证管理。

1)实行出口配额许可证管理的货物是：小麦、玉米、大米、小麦粉、玉米粉、大米粉、棉花、锯材、活牛(对港、澳)、活猪(对港、澳)、活鸡(对港、澳)、煤炭、焦炭、原油、成品油、稀土、锑及锑制品、钨及钨制品、锌矿砂、锡及锡制品、白银、铟及铟制品、钼、磷矿石。

2)实行出口配额招标的货物是：蔺草及蔺草制品、碳化硅、滑石块(粉)、镁砂、矾土、甘草及甘草制品。

3)实行出口许可证管理的货物是：活牛(对港、澳以外市场)、活猪(对港、澳以外市场)、活鸡(对港、澳以外市场)、冰鲜牛肉、冻牛肉、冰鲜猪肉、冻猪肉、冰鲜鸡肉、冻鸡肉、消耗臭氧层物质、石蜡、锌及锌基合金、部分金属及制品、铂金(以加工贸易方式出口)、汽车(包括成套散件)及其底盘、摩托车(含全地形车)及其发动机和车架、天然砂(含标准砂)、钼制品、柠檬酸、维生素C、青霉素工业盐、硫酸二钠。

(2)对港、澳出口的活牛、活猪、活鸡实行全球许可证下的国别(地区)配额许可证管理；对港、澳、台地区出口天然砂实行出口许可证管理，对标准砂实行全球出口许可证管理。

(3)对玉米、大米、煤炭、原油、成品油、棉花、锑及锑制品、钨及钨制品、白银实行国营贸易管理。

(4)实行出口配额招标的货物，无论何种贸易方式，各授权发证机构均凭商务部下发的中标企业名单及其中标数量和招标办公室出具的《申领配额招标货物出口许可证证明书》签发出口许可证。

(5)以加工贸易方式出口下列货物，按以下规定办理：

1)除本条第2、3、4、5款规定的以外，以加工贸易方式出口属出口配额许可证管理的货物，发证机构凭出口配额、《加工贸易业务批准证》及出口合同(正本复印件)核发出口许可证。

2)进口用于生产铂金的原料加工复出口铂金(铂或白金)，发证机构凭经营企业注册地商务主管部门的《加工贸易业务批准证》、海关加工贸易进口报关单、出口合同（正本复印件）核发出口许可证。

3）进口原油加工复出口石蜡，进口含白银货物（银粉、未锻造银等及银的半制成品除外）加工复出口白银，以加工贸易方式出口锌及锌基合金，发证机构凭经营企业注册地省级商务主管部门的《加工贸易业务批准证》、海关加工贸易进口报关单、出口合同（正本复印件）核发出口许可证。其中，白银《加工贸易业务批准证》凭商务部批件核发，发证机构加验商务部批件。

4）以加工贸易方式出口甘草及甘草制品，发证机构凭经营企业注册地省级商务主管部门的《加工贸易业务批准证》、中国医药保健品进出口商会的《申领加工贸易货物出口许可证证明书》、海关加工贸易进口报关单和出口合同（正本复印件）核发出口许可证。

5）进口原油加工复出口成品油，免领成品油出口许可证。关于加工贸易项下润滑油（脂）、润滑油基础油出口，按2008年商务部、发展改革委、海关总署第30号公告的有关规定执行。

6）本条第1、2、3、4款所述出口许可证的有效期，按《加工贸易业务批准证》核定的出口期限核发，但不得超过当年12月31日。如《加工贸易业务批准证》核定的出口期限超过当年12月31日，经营者应在原出口许可证有效期内向发证机构换发新一年出口许可证，发证机构收回原证，在发证系统中对原证进行注销，扣除已使用的数量后，按《加工贸易业务批准证》核定的出口期限重新签发新一年度出口许可证，并在备注栏中注明原证证号。

（6）根据国务院《关于边境贸易有关问题的通知》（国发[1996]2号），边境小额贸易企业凡出口配额招标的货物、消耗臭氧层物质、汽车（包括成套散件）及其底盘、摩托车（含全地形车）及其发动机和车架，仍按现行有关规定，在商务部授权的发证机构办理出口许可证。边境小额贸易企业出口许可证管理货物（附件2第1～28种）中属出口配额许可证管理的，由商务部授权的省（自治区）商务主管部门根据商务部下达的边境小额贸易出口配额签发出口许可证。边境小额贸易企业出口除本条所述以外的其余列入《2012年出口许可证管理货物目录》的货物，一律免领出口许可证。

（7）为保证进出口许可证联网核销的实施，对不实行"一批一证"管理的货物，发证机构在签发出口许可证时必须在许可证"备注"栏内填注"非一批一证"。

实行"非一批一证"管理的货物为：

1)外商投资企业出口货物;

2)加工贸易方式出口货物;

3)补偿贸易项下出口货物;

4)小麦、玉米、大米、小麦粉、玉米粉、大米粉、活牛、活猪、活鸡、牛肉、猪肉、鸡肉、原油、成品油、煤炭、汽车(包括成套散件)及其底盘、摩托车(含全地形车)及其发动机和车架。

"非一批一证"的出口许可证,可在同一口岸多次报关,但不得超过12次。12次报关后,出口许可证即使有余额,海关也停止接受报关。

(8)消耗臭氧层物质的货样广告品须凭出口许可证出口。

(9)企业以一般贸易、加工贸易、边境贸易和捐赠贸易方式出口汽车产品须申领出口许可证;企业以工程承包方式出口汽车产品应申领出口许可证,但不受出口资质管理限制。

(10)我国政府在对外援助项下提供的本目录产品不纳入配额和许可证管理。

六、出口许可证的使用管理

(1)出口许可证有效期6个月,当年有效,即不得超过当年12月31日。

(2)出口许可证一经签发,不得擅自更改。如需更改,需提出申请,由原发证机构重新换发许可证。

(3)出口许可证管理实行"一证一关"制,原则上实行"一批一证"制。如需实行"非一批一证",则要注明"非一批一证"字样,在有效期内最多使用12次,使用时由海关签注、核减。

(4)出口许可证上规定的如果是大宗、散装货物,溢短装数量不得超过5%;原油、成品油不得超过3%。

"非一批一证"的使用,逐批据实核减并签注许可证的"海关验放签注栏",最后一批时,允许溢短装为许可证余量(注:许可证的幅度、非合同幅度或信用证幅度)的5%,原油、成品油为许可证余量的3%。

(5)部分出口商品要按指定口岸海关报关出口,具体规定如下:

① 锑及制品:黄埔、北海、天津海关。

② 轻重烧镁:大连特办发证。大连、青岛、天津、长春、满洲里部分海关出口报关。

③ 甘草：天津、宁波、大连海关出口报关，制品出口：天津、宁波海关。

④ 蚕丝：宁波、广州、深圳、成都、重庆、青岛、天津、大连、昆明、梧州、杭州部分海关。

⑤ 原木加工锯材复出口。

黑龙江：大连、绥芬河；

内蒙古：满洲里、二连浩特、大连、天津、青岛；

新疆：阿拉山口、天津、宁波。

福建：福州、厦门、莆田、漳州。

表 2－5　中华人民共和国出口许可证申请表

<table>
<tr><td colspan="3">1. 出口商：　　代码：
领证人姓名：　　电话：</td><td colspan="3">3. 出口许可证号：</td></tr>
<tr><td colspan="3">2. 发货人：　　代码：</td><td colspan="3">4. 出口许可证有效截止日期：
年　月　日</td></tr>
<tr><td colspan="3">5. 贸易方式：</td><td colspan="3">8. 进口国(地区)：</td></tr>
<tr><td colspan="3">6. 合同号：</td><td colspan="3">9. 付款方式：</td></tr>
<tr><td colspan="3">7. 报关口岸：</td><td colspan="3">10. 运输方式：</td></tr>
<tr><td colspan="6">11. 商品名称：　　　　商品编码：</td></tr>
<tr><td>12. 规格、等级</td><td>13. 单位</td><td>14. 数量</td><td>15. 单价(币别)</td><td>16. 总值(币别)</td><td>17. 总值折美元</td></tr>
<tr><td></td><td></td><td></td><td></td><td></td><td></td></tr>
<tr><td></td><td></td><td></td><td></td><td></td><td></td></tr>
<tr><td></td><td></td><td></td><td></td><td></td><td></td></tr>
<tr><td></td><td></td><td></td><td></td><td></td><td></td></tr>
<tr><td>18. 总　计</td><td></td><td></td><td></td><td></td><td></td></tr>
<tr><td colspan="3" rowspan="2">19. 备　注
申请单位盖章
申领日期：</td><td colspan="3">20. 签证机构审批(初审)：
经办人：</td></tr>
<tr><td colspan="3">终审：</td></tr>
</table>

填表说明：1. 本表应用正楷逐项填写清楚，不得涂改、遗漏，否则无效。

2. 本表内容需打印多份许可证的，请在备注栏内注明。

3. 本表填写一式二份。

表 2－6 中华人民共和国出口许可证

<table>
<tr><td colspan="3">1. 申领许可证单位 编码 Exporter</td><td colspan="3">3. 出口许可证编号
License No.</td></tr>
<tr><td colspan="3">2. 发货单位
Consignee</td><td colspan="3">4. 许可证有效期
Validity</td></tr>
<tr><td colspan="3">5. 贸易方式
Terms of trade</td><td colspan="3">8. 输往国家(地区)
Country of destination</td></tr>
<tr><td colspan="3">6. 合同号
Contract No.</td><td colspan="3">9. 收款方式
Terms of payment</td></tr>
<tr><td colspan="3">7. 出运口岸
Port of shipment</td><td colspan="3">10. 运输方式
Means of transport</td></tr>
<tr><td colspan="3">11. 唛头—包装件数
Marks & numbers—number of packages</td><td></td><td></td><td></td></tr>
<tr><td colspan="6">12. 商品名称
Description of commodity
商品编码
Commodity No.</td></tr>
<tr><td>13. 商品规格、型号
Specification</td><td>单位
Unit</td><td>14. 单位
Quantity</td><td>15. 单价
Unit price</td><td>16. 总值
Amount</td><td>17. 总值折美元
Amount in USD</td></tr>
<tr><td></td><td></td><td></td><td></td><td></td><td></td></tr>
<tr><td></td><td></td><td></td><td></td><td></td><td></td></tr>
<tr><td>18. 总计 Total</td><td></td><td></td><td></td><td></td><td></td></tr>
<tr><td colspan="3">19. 备注
Supplementary details</td><td colspan="3">20. 发证机关盖章
Issuing Authority's stamp & signature

发证日期
Signature Date</td></tr>
</table>

复习思考题

一、单选题

《敏感物项和技术出口许可证》实行(　　)制度。

A. “一证一关”和“一批一证”

B. “非一证一关”和“一批一证”

C. “一证一关”和“非一批一证”

D. “非一证一关”和“非一批一证”

二、多选题

1. 进出口许可制度的基本内容包括(　)。

A. 进出口经营权及经营范围的审批

B. 国家限制进出口商品的配额管理和许可证管理

C. 进出口商品的分类管理

D. 对外贸易国别政策的贯彻实施

2. 对于《敏感物项和技术出口许可证管理目录》,由国家(　)联合颁布。

A. 商务部　　B. 质检总局　　C. 海关总署　　D. 国务院

三、判断题

1.《出口许可证》中的商品名称有时候也可以采用与其他单据无矛盾的统称。(　)

2. 进出口许可证只要手续齐全,就可以进行转让。(　)

3. 来料加工装配下的成品出口,免领出口货物许可证。但外商或加工企业在我国境内购买供加工成品出口,凡属于出口许可证管理的商品,需要申领出口许可证。(　)

第八讲 其他贸易管制制度

学习要点

1. 了解对外贸易经营者管理制度；
2. 了解贸易救济措施的基本概念；
3. 熟悉三检合一制度；
4. 熟悉反倾销、反补贴和保障措施的实施期限。

关键术语：外贸经营资格　三检合一制度　反倾销　反补贴保障措施

一、对外贸易经营者管理制度

为履行我国加入世贸组织的承诺，加快建立社会主义市场经济体制，规范内资企业从事进出口业务，促进对外贸易发展，2001年7月10日，原外经贸部发布了《关于进出口经营资格管理的有关规定》。商务部于2003年7月30日发出《关于调整进出口经营资格标准和核准程序的通知》，于2003年9月1日实行。

(一)取得外贸经营权的规定

1. 核准或登记对外贸易经营权的原则与授权发证机关

除对注册在中西部地区包括河北、山西、内蒙古、吉林(含长春)、黑龙江(含哈尔滨)、安徽、江西、河南、湖北(含武汉)、湖南、广西、海南、重庆、四川(包括成都)、贵州、云南、西藏、陕西(含西安)、甘肃、青海、宁夏、新疆(新疆生产建设兵团)的内资企业申请进出口经营资格实行优惠条件外，对在中华人民共和国关境内注册的所有内资企业在进出口经营资格管理方面实行统一的政策。

商务部授权各省、自治区、直辖市、计划单列市及哈尔滨、长春、沈阳、西安、成都、南京、武汉、广州、珠海、汕头市，新疆生产建设兵团，苏州工业园区管委会商务主管部门（以下统称授权管理机关）进行进出口经营资格的核准或登记并核发中华人民共和国进出口企业资格证书。

中华人民共和国进出口企业资格证书（以下简称资格证书）是内资企业进出口经营资格的唯一有效凭证。任何企业、其他组织和个人不得伪造、涂改、出租、出借、转让、出卖资格证书。

2. 对外贸易经营权的管理

对企业的进出口经营资格，按登记或核准的经营范围实行如下分类管理：

内资企业的进出口经营资格分为外贸流通经营资格和生产企业自营进出口资格两种（边贸企业的现行政策不变）。其经营范围分别为：

（1）外贸流通经营资格。经营各类商品和技术的进出口（不另附进出口商品目录），但国家指定公司经营或禁止进出口的商品及技术除外。外贸流通经营资格实行核准制。

（2）生产企业自营进出口资格。经营本企业自产产品的出口业务和本企业所需的机械设备、零配件、原辅材料的进口业务（不另附进出口商品目录），但国家指定公司经营或禁止进出口的商品及技术除外。生产企业自营进出口资格实行登记制。

获得对外贸易经营权的企业可以按照经营范围在中国全部关境内以国家规定的各种贸易方式自由从事进出口业务。

（二）申请进出口经营资格的企业资格条件和需要提交的材料

1. 申请外贸流通经营资格的条件

（1）经工商行政管理部门登记注册并领取企业法人营业执照；

（2）注册资本（金）不低于100万元人民币（注册在中西部地区的内资企业不低于50万元人民币）；

（3）已办理税务登记，依法纳税；

（4）法定代表人在3年内未曾担任过被撤销进出口经营资格的企业的法定代表人或负责人。

2. 申请外贸流通经营资格需要提交的材料

（1）书面申请；

（2）企业法人营业执照副本复印件；

（3）税务登记证复印件；

(4)组织机构代码证书复印件;

(5)法定代表人的身份证复印件;

(6)证明其符合申请外贸流通经营资格条件的其他材料。

3. 生产企业申请自营进出口资格的条件

(1)经工商行政管理部门登记注册并领取企业法人营业执照或营业执照;

(2)注册资本(金)不低于50万元人民币;

(3)已办理税务登记,依法纳税;

(4)法定代表人或负责人在3年内未曾担任过被撤销进出口经营资格的企业的法定代表人或负责人。

4. 生产企业申请自营进出口资格需要提交的材料

(1)书面申请;

(2)企业法人营业执照或营业执照副本复印件;

(3)税务登记证复印件;

(4)组织机构代码证书复印件;

(5)法定代表人或负责人的身份证复印件;

(6)非法人企业需提供会计事务所出具的验资报告复印件;

(7)证明其符合申请自营进出口资格条件的其他材料。

(三)办理进出口经营权的登记和核准程序

办理内资企业进出口经营资格的核准和登记,应按照下列程序和要求进行:

(1)企业申请进出口经营资格,到企业注册地所在地区的受权管理机关办理。企业应通过商务部政府网站(www. mofcom. gov. cn)或中国国际电子商务网(www. ec. com. cn)提交电子申请并向受权管理机关提交书面申请材料。企业提交的电子申请和书面申报材料齐备无误后,受权管理机关予以受理,并在10个工作日内作出核准、登记与否的决定。对准予核准、登记的,授权管理机关应在此期间内通过商务部的"进出口经营资格管理系统"向企业颁发资格证书;不准予核准、登记的,应在此期间内书面向企业告知理由。

(2)办理进出口经营资格核准登记后,受权管理机关应将企业提交的书面申请材料连同资格证书复印件存档。

(3)企业凭资格证书到工商、海关、质检、外汇、税务等部门办理开展进出口业务所需的有关手续。

(四)对外贸易企业的经营行为

规范各类进出口企业经营行为,企业取得进出口经营资格后,应当遵守法律、法规和有关规定从事进出口业务,依照国家有关规定报关、报验、结汇、用汇和办理出口退税。

(1)各类进出口企业不得以挂靠、借权经营方式让其他企业以自己名义对外签订进出口合同,办理报关、报验、结汇、用汇和出口退税。企业要强化内部管理,建立健全权责分明、有效制约的经营机制,防止出卖或变相出卖进出口经营资格,防范走私、逃套汇和骗取出口退税等违法违规行为。

(2)从事国家实行配额、许可证管理商品的进出口业务,应依据法律、法规和有关规定申请办理配额、许可证。

(3)按规定加入进出口商会。

(五)对外贸经营权的管理

各授权发证机关要加强与工商、海关、质量监督检验检疫、外汇管理、税务等部门的沟通协作,建立相应的联系制度,完善《资格证书》年审办法,积极配合有关部门的工作。

(1)每年1月1日至4月30日,授权发证机关进行《资格证书》年审。有条件的地方,各有关部门实行联合年审。

(2)授权发证机关根据企业提交的年审材料,以及海关、质量监督检验检疫、外汇管理、税务等部门提供的该企业依法经营的材料,确认该企业是否具备继续从事进出口业务的资格。

(3)完善对企业的信用管理和档案管理,对受到行政处罚的企业,授权发证机关在其《资格证书》上记载违法违规经营行为和受到的行政处罚,并将有关数据通过网络报送商务部。

授权发证机关应及时向海关、税务、工商、外汇等有关部门通报受罚企业名单,对有不良记录企业的经营活动实施预防性管理。

(4)企业的名称、经营场所、法定代表人或负责人、进出口经营范围变更,应到授权发证机关办理《资格证书》变更手续。授权发证机关将有关数据通过网络报送商务部。

(5)《资格证书》不得伪造、涂改、出租、出借、转让、出卖。企业使用《进出口企业资格证书》复印件,须加盖授权发证机关印章方为有效。

（六）对违反外贸经营权管理规定的处罚

1. 对违规外贸企业的处罚

加强和完善监管体系，严格依法对违法违规企业实施行政处罚，建立有准入有退出的进出口经营资格管理体制。

（1）对构成走私和违反海关监管的进出口企业，依据《对外贸易法》和《对违规、走私企业给予警告、暂停或撤销对外贸易、国际货运代理经营许可行政处罚的暂行规定》给予相应的行政处罚。

（2）对构成逃套汇的进出口企业，依据国务院《关于坚决打击骗取出口退税严厉惩治金融和财税领域违法乱纪行为的决定》（以下简称《决定》）和原外经贸部《对逃、套汇外经贸企业给予行政处罚的暂行规定》（以下简称《暂行规定》）给予相应的行政处罚。

（3）对构成骗取出口退税的进出口企业，依据《决定》和《关于对骗取出口退税企业给予行政处罚的暂行规定》给予相应的行政处罚。

（4）对伪造、变造、买卖进出口许可证、配额、进出口原产地证明文件的进出口企业，依据《对外贸易法》和《暂行规定》给予相应的行政处罚。

（5）对本企业出口产品被控倾销而不参加应诉的企业，依据原外经贸部《出口产品反倾销应诉规定》给予相应的行政处罚。

（6）对出口伪劣商品的企业，经海关、工商行政管理部门、质量监督检验检疫部门或司法部门认定后，视情节轻重给予不同的行政处罚。

（7）对有商标侵权行为的企业，给予以下行政处罚：因商标侵权行为被海关或工商行政管理等部门处罚，但尚未构成犯罪的，给予暂停 1 年对外贸易经营权的处罚；对发生严重侵权行为、给商标所有人造成重大经济损失并经司法部门认定或经仲裁机构裁定的，给予撤销对外贸易经营权行政处罚。

（8）被撤销对外贸易经营权的企业，自被撤销之日起 3 年内不予重新办理进出口经营资格的登记或核准。

（9）对未按规定办理《资格证书》申领和年审的企业，视同自动放弃并注销其进出口经营资格，自注销之日起 1 年内不得重新办理进出口经营资格的登记或核准。

2. 对违规工作人员的处罚

（1）商务部和授权发证机关工作人员违反规定，弄虚作假、严重失职、滥用职权、营私舞弊、索贿受贿的，根据情节给予行政处分；触犯刑法的，由司法机关依法追究刑事责任。

(2)授权发证机关发现企业法定代表人或负责人有《企业法人法定代表人登记管理规定》中规定的不得担任企业法定代表人的情形,又未按有关规定办理法定代表人或负责人变更的企业,应向工商行政管理部门检举。属于已获得进出口经营资格的,应注销其进出口经营资格;属于申请办理进出口经营资格的,不予办理。

二、出入境检验检疫制度

(一)出入境检验检疫制度的含义

出入境检验检疫制度是我国贸易管制制度的重要组成部分,其目的是维护国家声誉和对外贸易有关当事人的合法权益,保证国内生产、促进对外贸易健康发展,保护我国的公共安全和人民生命财产安全等,是国家主权的具体体现。

出入境检验检疫制度是指由国家进出境检验检疫部门依据我国有关法律和行政法规以及我国政府所缔结或者参加的国际条约、协定,对进出境的货物、物品及其包装物、交通运输工具、运输设备和进出境人员实施检验检疫监督管理的法律依据和行政手段的总和,其主管部门是国家质量监督检验检疫总局。

(二)出入境检验检疫的职责范围

(1)我国出入境检验检疫制度实行目录管理,即国家质检总局根据对外贸易需要,公布并调整《出入境检验检疫机构实施检验检疫的进出境商品目录》(又称《法检目录》)。《法检目录》所列名的商品称为法定检验商品,即国家规定实施强制性检验的进出境商品。

(2)对于法定检验以外的进出境商品是否需要检验,由对外贸易当事人决定。对外贸易合同约定或者进出口商品的收发货人申请检验检疫时,检验检疫机构可以接受委托,实施检验检疫并制发证书。此外,检验检疫机构对法检以外的进出口商品,可以以抽查的方式予以监督管理。

(3)对关系国计民生、价值较高、技术复杂或涉及环境及卫生、疫情标准的重要进出口商品,收货人应当在对外贸易合同中约定,在出口国装运前进行预检验、监造或监装,以及保留到货后最终检验和索赔的条款。

(三)出入境检验检疫制度的组成(三检合一制度)

我国出入境检验检疫制度的内容包括进出口商品检验制度、进出境动植物检疫制度以及国境卫生监督制度。

1. 进出口商品检验制度

进出口商品检验制度是根据《中华人民共和国进出口商品检验法》及其实施条例的规定,国家质量监督检验检疫总局及其口岸进出境检验检疫机构对进出口商品所进行品质、质量检验和监督管理的制度。

商品检验机构实施进出口商品检验的内容包括商品的质量、规格、数量、重量、包装以及是否符合安全、卫生的要求。我国商品检验的种类分为四种,即法定检验、合同检验、公证鉴定和委托检验。

对法律、行政法规、部门规章规定有强制性标准或者其他必须执行的检验标准的进出口商品,依照法律、行政法规、部门规章规定的检验标准检验;法律、行政法规未规定有强制性标准或者其他必须执行的检验标准的,依照对外贸易合同约定的检验标准检验。

2. 进出境动植物检疫制度

进出境动植物检疫制度是根据《中华人民共和国进出境动植物检疫法》及其实施条例的规定,国家质量监督检验检疫总局及其口岸进出境检验检疫机构对进出境动植物、动植物产品生产、加工、存放过程实行动植物检疫的进出境的监督管理制度。

我国实行进出境检验检疫制度的目的是防止动物传染病、寄生虫病和植物危险性病、虫、杂草以及其他有害生物传入、传出国境,保护农、林、牧、渔业生产和人体健康,促进对外经济贸易的发展。

口岸进出境检验检疫机构实施动植物检疫监督管理的方式有实行注册登记、疫情调查、检测和防疫指导等。其管理主要包括进境检疫、出境检疫、过境检疫、进出境携带和邮寄检疫以及进出境运输工具检疫等。

3. 国境卫生监督制度

国境卫生监督制度是指进出境检验检疫机构根据《中华人民共和国国境卫生检疫法》及其实施细则,以及国家其他的卫生法律、法规和卫生标准,在进出口口岸对进出境的交通工具、货物、运输容器以及口岸辖区的公共场所、环境、生活设施、生产设备所进行的卫生检查、鉴定、评价和采样检验的制度。

我国实行国境卫生监督制度是为了防止传染病由国外传入或者由国内传

出，实施国境卫生检疫，保护人体健康。其监督职能主要包括进出境检疫、国境传染病检测、进出境卫生监督等。

主管部门为国家质量监督检验检疫总局。

三、进出口货物收付汇管理措施

进出口货物收付汇的主管部门是国家外汇管理局。

(1)外汇管理范围：经常项目外汇业务、资本项目外汇业务、金融机构外汇业务、人民币汇率的生成机制、外汇市场的监督管理。外汇管理的主要形式：通过核销单实行外汇核销。

(2)出口收汇管理：目的是防止截留外汇，提高收汇率，依据是《出口收汇核销管理办法》和《出口收汇核销管理办法实施细则》。

具体内容是：外汇管理局发出核销单，发货人或货代填写，海关签注，外管部门凭此和报关单核销联进行收汇核销。

(3)进口付汇管理：目的是防止付汇不进口的逃汇行为。

具体办法是：进口前申请进口付汇核销单，进口时海关签注，进口人凭之与进口报关单付汇证明联到指定行办法付汇业务。

四、对外贸易救济措施

世界贸易组织允许其成员方在进口产品倾销、补贴和过激增长等给其国内产业造成损害的情况下，可以采用反倾销、反补贴和保障措施等以保护其国内产业不受损害。

反补贴、反倾销和保障措施都属于贸易救济措施。反补贴和反倾销措施针对的是价格歧视这种不公平的贸易行为，保障措施针对的是进口产品激增的情况。

为充分利用 WTO 规则，维护国内市场国内外商品的自由贸易和公平竞争秩序，我国依据 WTO 有关《反倾销协议》、《补贴与反补贴措施协议》、《保障措施协议》以及我国《对外贸易法》的有关规定，制定颁布了《中华人民共和国反补贴条例》、《中华人民共和国反倾销条例》以及针对保障措施的有关规定。

(一)反倾销措施

倾销一般是指一国出口商以低于产品正常价值的价格，将产品出口到另一国市场的行为。出口国为了占有进口国市场,用价格手段扰乱进口国市场,打击进口国竞争对手,使进口国的相关产业因不堪低价竞争而纷纷关闭,造成进口国一系列的问题,如国内产品市场份额的减少、工业萎缩、就业机会减少等,同时还会严重影响进口国的经济发展和国家财政。因此,各国往往通过国内立法进行反击。

我国依据 WTO 关于《反倾销协议》以及《中华人民共和国反倾销条例》实施反倾销措施。反倾销措施包括临时反倾销措施和最终反倾销措施。

1. 临时反倾销措施

临时反倾销措施是指进口方主管机构经过调查,初步认定被指控产品存在倾销,并对国内同类产业造成损害,据此可以依据 WTO 所规定的程序进行调查,在全部调查结束之前,采取临时性的反倾销措施,以防止在调查期间国内产业继续受到损害。

临时反倾销措施有两种形式:一是征收临时反倾销税;二是要求提供现金保证金、保函或者其他形式的担保。

征收临时反倾销税,由国务院外经贸主管部门提出建议,国务院关税税则委员会根据其建议作出决定,由国务院外经贸主管部门予以公告。要求提供现金保证金、保函或者其他形式的担保,由国务院外经贸主管部门作出决定并予以公告。海关自公告规定实施之日起执行。

临时反倾销措施实施的期限,自临时反倾销措施决定公告规定实施之日起,不超过 4 个月;在特殊情形下,可延长至 9 个月。

2. 最终反倾销措施

对终裁确定倾销成立并对进口过产业产生巨大损害的,可以在正常海关税费之外征收反倾销税。征收反倾销税,须经外经贸主管部门提出建议,国务院关税税则委员会根据其建议作出决定,由国务院外经贸主管部门予以公告。海关自公告规定实施之日起执行。

反倾销税的征收自决定征收之日起不超过 5 年。

案 例

轻工行业反倾销案例分析:中企临阵脱逃致美对织带征反倾销税

我国轻工行业近年来在海外市场连连受挫,已连续 15 年成为全球反倾销调查的重点，出口欧盟、美国、日本的产品也屡屡成为召回/通报目标。作为一个轻工产品出口大国，在国外应对倾销指控，在国内采取反倾销措施以维护我国企业的合法权益这两个方面仍然任重道远，需要研究国内外反倾销的立法和实践，深入研究 WTO 有关反倾销的规则，总结出有益的经验教训，应用于我国的反倾销实践工作，不断提高我国的反倾销水平，在实际案例中看乾坤。

2010 年 2 月 6 日，美国商务部公布对华窄幅织带反倾销反补贴合并调查倾销部分的初裁结果，两家强制应诉企业中，厦门姚明织带饰品有限公司（下称"姚明织带"）倾销幅度为 0，另一家由于未应诉，被裁定为 231.40% 的惩罚性税率。13 家获得平均税率资格的企业被裁定为 115.70% 的税率，其他未应诉企业的全国统一税率为 231.40%。

"2009 年 7 月得知被告时，我们完全懵了。"姚明织带负责跟进此官司的副总经理卢远超在接受采访时谈道，他们是在对"双反"一窍不通的情况下一步步去应战的。

到目前为止，姚明织带为这起官司已花费了 200 多万元，这对一个年销售额仅 1 亿多元的企业来说是不小的开支。"更令我们头痛的是其中过程非常复杂琐碎。一些企业放弃应诉，估计与这些都有关系。"卢远超称。织带业的关税一旦超过 30%，美国客户就基本不可能接受。裁决一出，意味着除了姚明织带可以继续进入美国市场外，其他企业的织带全都被高额的税率挡在门外。

1. 五个月艰辛奋战

2009 年 7 月 9 日，美国宾夕法尼亚州拥有 65 年历史的比威客·奥弗瑞公司连同其全资子公司狮子绸带公司向美国商务部提出申请，要求对中国产窄幅织带发起反倾销反补贴调查。

2009 年 7 月 23 日，美国对此作出立案决定，这是美国对中国纺织品发起的首起"双反"调查，也是后配额时代美国对中国纺织品采取的第一起贸易救济措施。

于是，这个原先在纺织业并不被关注的小类别一下被推到风口浪尖。中国内地有 15 家织带企业参与了这场应诉。根据美方的做法，选择行业中输美出口量排名第一、第二名的中方企业作为代表强制应诉。姚明织带即名列其中。成立不过 5 年的姚明织带对此毫无心理准备。

"在商务部门以及纺织品协会的指导下，我们才弄清楚'双反'的概念以及相关程序，至于是否能打赢这场官司，心中却是没底的。高额的费用是次要的，关键是胜诉的概率。国内企业自 2005 年以来接到的类似反倾销官司很多，胜诉的比例只有三成左右。"卢远超说,"我们走访了福建一些曾参与过反倾销的家具、鞋等企业,取取经。了解到一点是,假如去应诉,就有机会争取到低税率,而不应诉,将会彻底地丢掉美国市场。"

权衡之下,姚明织带决定打这场硬战,美国是其第一大出口市场,销售额700万美元左右,占公司海外市场总销售额的60%以上,一旦失守,将受到重创。

在宁波一家有专业经验的律师事务所的指导下,姚明织带开始与美国商务部"交战"。为了证明自己的清白,就必须填写一大堆美国方面的调查问卷以及提供相关的资料。应诉工作之繁重,超出了这家企业的想象。从订单、形式发票、商业发票、装箱单、出厂单、提单以及中国与美国两方海关的报关单,甚至连公司与客户之间的信函来往等情况都要提交。一大堆数据要一一核对,工作非常烦琐,而且还不能有任何的闪失,否则就会前功尽弃。

几个月的努力没有白费,终于换来初步的胜利。不过遗憾的是,姚明织带初步告捷的战果,却未能与同行一齐分享。

2. 两家企业临阵脱逃

得知美国对中国织带"双反"初裁结果,北京小耘律师事务所合伙人张毅觉得非常懊恼,他是15家应诉企业中一家企业的代理律师。"本来,我们的应诉工作进行还挺顺利的,却因两家抽样调查的企业临阵脱逃而被拖累,被征收高额的反倾销和反补贴税。现在,我的客户已无法进入美国市场。"张毅说。

张毅所指的两家企业,就是与姚明织带一起被美国选中为强制性应诉反补贴的漳州长泰荣树纺织有限公司,以及与姚明织带一起被选中为反倾销调查的宁波金田贸易有限公司。

据张毅分析,可能是由于织带企业大多规模不大,而打这类官司需面临重重困难以及相对较高的费用,容易被吓倒。如果平时经营管理上不大规范,应诉就会更烦琐,费用也会更高。

正因这两家公司放弃应诉,抬高了中国内地织带的"双反"税率,13家没有被抽中单独调查的应诉企业的税率,是取强制性应诉企业所获税率的平均值,而没有参加应诉的企业,被征收最高额的税率。

张毅谈道,美国在这起织带官司中,对中国台湾地区相关产品只征收不超过4.54%的税款,除了与美国承认中国台湾地区市场经济地位外,与台湾企业整体积极应对也有关系。

对外经贸大学中美经贸研究院高级研究员周世俭也强调企业积极应诉的必要性。在前几年美国对中国对虾反倾销官司中，湛江国联经过积极应对，拿下了零税率，而在美国对中国卧木家具反倾销官司里，中国企业也经过积极应对拿下很低的税率。

在周世俭看来，这只是美国在2009年取消对中国纺织品配额后的小试牛刀。2010年中美“贸易战”可能继续升温，尤其是纺织服装将是“双反”的重灾区，此外还有汽车零配件，相关企业要时刻绷紧这根神经。

简评：进口国发起反倾销调查并不可怕，可怕的是我们的企业不敢应对、不会应对、不知如何应对，通过上述案例，我们应清醒地认识到，只有积极主动应诉，充分学会并利用WTO规则，才能更有效地保护自己。

案例来源：http://cn. china. cn/article/d743202,79c7e3,d2098_7470,2. html

（二）反补贴措施

补贴是指由政府或公共机构对企业提供财政资助或任何形式的收入、价格支持，使本国产业或企业得到利益的措施。补贴作为公共经济政策的重要组成部分，为各国广泛采用。但补贴措施如使用不当也会导致不公平竞争，对进口方或第三方的相关产业或其他合法利益造成损害。

反补贴与反倾销的措施相同，也分为临时反补贴措施和最终反补贴措施。

进口方主管机构应国内相关产业的申请，对受补贴的进口产品进行反补贴调查。初裁确定补贴成立，并由此对国内产业造成损害的，可以采取临时反补贴措施。临时反补贴措施采取以现金保证金或者保函作为担保的征收临时反补贴税的形式。

采取临时反补贴措施，由国务院外经贸主管部门提出建议，国务院关税税则委员会根据其建议作出决定，由国务院外经贸主管部门予以公告。海关自公告规定实施之日起执行。

临时反补贴措施实施的期限，自临时反补贴措施决定公告规定实施之日起不超过4个月。

（三）保障措施

保障措施是指成员在进口激增并对其国内产业造成严重损害或严重损害威胁时，依据《1994年GATT》所采取的进口限制措施。该措施是成员政府在正常贸易条件下维护本国国内产业利益的一种重要手段，它与针对不公平贸易的措施不同。设置该措施的目的在于:使成员所承担的国际义务具有一定灵活性,以便其在特殊情况出现时免除其在有关 WTO 协定中应当承担的义务,从而对已造成的严重损害进行补救或避免严重损害之威胁可能产生的后果。

1. 实施保障措施的条件

实施保障措施时,应当具备以下条件:

(1)进口激增。

协议规定的进口激增,是指进口产品的数量激增,包括"相对增加"与"绝对增加"。绝对增加是进口产品数量的实际增长。如某产品的进口量从 1 000 吨增加为 2 000 吨。而相对增加是相对于进口国国内生产总量而言,进口产品的市场份额的增加;并且,实际进口量不一定发生改变。如某一进口国每年进口彩电 1 000 台,其国内彩电生产量从 4 000 台/年降到 2 000 台/年;在进口量不变的情况下,进口产品的市场份额从 20% 上升为 33. 3% 。

(2)进口激增的原因。

进口激增的原因乃为《1994 年 GATT》所规定的"意外情形"和"进口成员承担 WTO 义务结果"。一般认为,"意外情况"是指有关缔约国在承担总协定有关义务之后所发生的,且是不曾预见的情况,即承担义务之后的情势与承担义务之时的情势相比发生了意料之外的变化。由此可见,意外情形就是一成员在承担 WTO 协定义务过程中所发生的、订立这些协定时所不能合理预见到的情形,它是情势变更原则的具体表现。

所谓"进口成员承担 WTO 义务结果",是指成员履行 WTO 义务时,其中最主要的是有关关税减让和削减非关税壁垒义务,提高了进口产品的竞争力,从而导致进口产品数量急剧增加的结果。

(3)进口激增的后果。

进口激增的后果是,导致进口国国内产业造成严重损害或严重损害威胁。所谓严重损害,是指对一成员某一国内产业总体状态上造成的重大损害。严重损害威胁是指显而易见的、迫近的损害威胁的存在的事实,该威胁不是可想象、推测或远期的可能发生的事实。

在确定或判定是否对进口国国内产业造成严重损害或严重损害威胁时,主管机构应当评估或衡量影响该国内产业状况的、客观和可量化的所有相关因素。这些相关因素主要包括:有关进口产品绝对增加或相对增加的比例和数量,进口产品在国内市场上所占的市场份额,国内产业的销售水平、总产量、生产率、设备利用率、盈亏以及就业变化等。

2. 保障措施的实施

进口当局在调查、确认了进口急剧增加、原因及后果，并履行了通知与磋商义务后，进口成员政府即可采取保障措施。

第一，保障措施的实施方式。保障措施的实施方式主要有：提高关税、实行关税配额以及数量限制等。但保障措施应在防止或救济严重损害或严重损害威胁的必要限度内。

鉴于非关税措施对国际贸易的扭曲作用较大，协议第5条对实施数量限制和配额措施作了限制规定，即实施数量限制，不得使进口数量低于过去三个有代表性年份的平均进口水平，除非进口方有正当理由表明有必要采用与此不同的进口水平。在实施配额限制时，进口方应与有利害关系的出口方就配额分配进行磋商。若磋商未果，则进口方应基于出口方前一有代表年份的进口份额进行分配，除非在保障措施委员会主持磋商中证明，不按该方法进行分配时有正当理由的。

第二，保障措施的实施期限。协议要求，保障措施实施期限一般不应超过4年。如果需要以保障措施防止损害或救济受损害产业，或有证据证明该产业正在进行调整，则可延长实施期限。但保障措施实施的全部期限（包括临时保障措施）不得超过10年。

第三，临时保障措施。协议规定，在紧急状况下，如果迟延采取措施会造成难以弥补的损害，进口方可不经磋商而采取临时保障措施。该临时保障措施的实施条件是：①进口当局只能初步裁定进口急剧增加已经或正在造成严重损害或严重损害威胁时，方可采取临时保障措施。②临时保障措施的实施期限不得超过200天，且该期限计入保障措施总期限内。③临时保障措施应以关税形式为主。如果随后的调查不能证实进口急剧增加对国内产业已造成的严重损害或严重损害威胁，则征收的关税应迅速退还。④成员在实施临时保障措施前应通知保障措施委员会，在采取该措施后应尽可能与各利害关系方进行磋商。

（四）对外贸易救济中的关税税率

按照有关法律、行政法规的规定对进口货物采取反倾销、反补贴、保障措施的，其税率的适用按照《中华人民共和国反倾销条例》、《中华人民共和国反补贴条例》和《中华人民共和国保障措施条例》的有关规定执行。

复习思考题

一、单选题

我国目前对对外贸易经营者的管理实行(　　)。

A. 自由进出制　　B. 登记和核准制

C. 审批制　　D. 备案登记制

二、多选题

根据我国法律,商检机构对进出口商品实施检验的标准包括(　　)。

A. 法律、行政法规规定的强制性标准

B. 外贸合同约定的检验标准

C. 样品标准

D. 生产国标准

三、判断题

1. 反补贴、反倾销和保障措施都属于贸易救济措施。反补贴、反倾销措施针对的是进口产品激增的情况,保障措施针对的是价格歧视这种不公平贸易行为。(　)

2. 对外贸易经营者只能在国家允许的范围内为本企业从事对外贸易经营活动,不可以接受他人的委托,在经营范围内代为办理对外贸易业务。(　)

第三篇　报关程序详解

第九讲 报关程序概述

学习要点

1. 了解报关程序的含义；
2. 熟悉报关三个阶段分别适应于哪些进出口货物；
3. 掌握电子通关和海关监管货物的分类。

关键术语：报关程序　电子口岸系统　海关监管货物

一、报关程序的含义

报关程序是指进出口货物收、发货人，运输工具负责人，物品所有人或其代理人按照海关的规定，办理货物、物品、运输工具进出境及相关海关事务的手续和步骤。

不同国家（单独关税区）海关各自都规定了货物进出境报关程序。为适应国际贸易发展的需要，世界各国海关不断努力进行谈判，力求简化和协调海关的监管制度和报关程序，取得了很大的成绩，并在1999年通过了世界海关组织主持修订的新《京都公约》，即《关于简化和协调海关制度的国际公约》。我国从1994年就开始参加公约的修订工作，2000年6月，签署了公约的修正议定书。

报关程序的三个阶段：

我国海关规定，进出境货物经过海关接受申报并经审单、审价、统计、征税、查验、放行六个海关作业环节即完成通关。与之相适应，进出口货物收发货人或其代理人应当按程序办理相应的进出口申报、配合查验、缴纳税费、提取或装运货物等手续，货物才能进出境。有些货物，如加工贸易进口料件，进口前应经国家外经贸主管部门审批，在海关事先备案，才能进口；

特定减免税货物，在进口前应向海关办理征免税审批手续，由直属海关签发征免税证明，进口报关时，凭直属海关签发的征免税证明才可以享受免税待遇等。这些必须在进口前办理的海关手续，是海关监管前期阶段的内容。对于加工贸易成品出口，货物放行也不是最后结关，海关放行后还应进行核销；特定减免税货物，进口地海关放行后也不是表示结关，海关应继续进行监管至监管期满。因此，海关监管体系分为前期管理阶段、现场管理阶段和后期管理阶段。

1. 前期管理阶段

前期管理阶段是指根据海关对保税加工货物、特定减免税货物、暂准进出口货物的监管规定，进出口货物收发货人或其代理人在货物进出境以前，向海关办理上述货物合同、许可等备案手续的过程。

需在前期管理阶段办理相应海关手续的货物种类有：

保税加工货物：进出口货物收发货人或其代理人应在货物进口前办理加工贸易合同的备案申请、加工贸易登记手册的申领等手续；

特定减免税货物：进口货物收发货人或其代理人应在货物进口前，向海关办理企业减免税备案登记、货物减免税申请、减免税证明的申领等手续；

暂准进出口货物：暂准进出口货物的收发货人应在货物进境前办理货物的备案、担保等海关手续。

其他进出口货物中的出料加工货物，在出口前发货人或其代理人应向海关办理备案手续。

2. 进出境现场管理阶段

进出境现场管理阶段的海关管理制度适用于所有进出口货物。在此阶段，进出口货物收发货人或其代理人，在货物进出境时应向直属海关办理货物的电子申报，向进出境地海关递交纸质报关单证，配合进出境地海关查验货物，缴纳税费（保税进出口货物、减免税进出口货物和暂时进出口货物除外），提取或装运货物等海关手续。

3. 后续管理阶段

根据海关规定，对加工贸易进出口货物、特定减免税货物、暂准进出口货物的收发货人或其代理人应在货物进出境储存、加工、装配使用后，在规定的期限内，向海关办理上述货物的核销、销案、申请解除海关监管等海关手续。

二、报关方式的分类

《海关法》规定:办理进出口货物的海关申报手续,应当采用纸质报关单和电子数据报关单的形式。这一规定明确了我国采用纸质报关单和电子数据报关单形式是法定申报的两种基本方式。在一般情况下,进出口货物收发货人或其代理人应当履行这两项义务,即先向直属海关计算机系统发送电子数据报关单,直属海关计算机系统进行审核后,发送“接受申报”电子报文,即海关已接受申报,申报单位凭以打印纸质报关单,并随附其他有关单证向进出境地海关进行申报。

在没有实行计算机管理的边远地区或在特殊情况下经海关批准,报关单位也可以单独使用纸质报关单向海关申报;经海关批准,报关单位也可以单独使用电子数据报关单向海关申报。

电子数据报关单和纸质报关单具有同等的法律效力。

1. 电子报关的会议

电子报关是一种新型、现代化的报关方式,是指进出口货物的收发货人或者其代理人通过计算机,利用现代通信和网络技术,向直属海关传送规定格式的报关单电子数据,并根据海关计算机系统反馈的审核及处理结果向进出境地海关办理相应海关手续的方式。

2. 电子报关的申报方式

(1)终端申报方式。

报关单位使用联结海关计算机系统的电脑终端录入报关单内容,直接向直属海关发送报关单电子数据。

(2)EDI 申报方式。

经海关批准,报关人在计算机中安装 EDI 申报系统,在该系统中录入报关单内容,由计算机转换成标准格式的数据报文向直属海关发送报关单电子数据;直属海关审核后即下达放行指令,报关人在海关规定的时间内递交纸质报关单证,并办理其他报关事宜。

(3)网上申报方式。

经海关批准,报关人在计算机中安装“中国电子口岸”系统,登录“中国电子口岸”网站,在“联网申报”系统中录入报关单内容,通过“中国电子口岸”向直属海关发送报关单电子数据。

目前，在一般情况下，报关单位采用委托口岸预录入单位的计算机终端向海关进行电子申报的情况较多。

案　例

企业通关迈入“E”时代

企业不需要办理纸质单证报关手续，直接通过电子报关，既省时间又省钱。“直通车”接访开进深圳海关，深圳海关副关长陈振冲会同8位企业代表及市民，就“通关单电子放行”、企业的海关信用等级、个人物品申报等政策与问题进行了交流和沟通。

在活动中记者了解到，2011年，深圳海关与深圳出入境检验检疫局共同推进了“出境法定检验检疫货物通关单电子放行”改革试点项目，并于8月18日，以中兴、华为两家公司为试点企业，正式启动该项目，企业通关正式迈入“E”时代。

海关介绍，“通关单电子放行”是指海关、检验检疫部门在通关单电子数据联网核查的基础上，深圳检验检疫部门对检验检疫合格的试点企业出境法定检验检疫货物实行无纸报检，不再出具纸质通关单；深圳海关对试点企业出口货物实行“单证暂存”或“事后交单”的无纸报关，凭经通关单联网核查数据比对正常的通关单电子数据办理出境货物报关手续。

“企业无须申领、交验通关单；纳入试点范围的出口货物不用缴纳通关单签证费”，深圳海关负责人介绍，“通关单电子放行”模式简化了企业手续办理，降低了企业成本，同时缩短了企业出口业务通关作业周期。

如何成为试点企业呢？面对来访企业的疑惑，深圳海关负责人解释，试点企业主要是从现有的海关“事后交单”、“单证暂存”企业和国检高资信企业里甄选出来，“前期试点的中兴、华为就符合这一资质”。下一阶段，深圳海关还将进一步增加试点企业数量，让更多的企业享受便利。

简评：随着网络时代的到来和计算机技术的发展，通关电子化、便利化也已成为一种趋势，海关系统将不断推出新型通关模式，以更好地体现“为国把关、为民服务”的宗旨。

资料来源：深圳海关网 http://shenzhen.customs.gov.cn/publish/portal109/tab31107/info325727.htm

三、电子口岸系统

中国电子口岸是一个公众数据中心和数据交换平台，随时提供国家各行政管理部门进行跨部门、跨行业、跨地区的数据交换和联网核查，并向企业提供应用互联网办理报关、收付汇核销、出口退税、网上支付等实时在线服务，具体使用与操作流程请登录中国电子口岸主页“www. chinaport. gov. cn”查询。

四、口岸电子通关报关规范

一般说来，口岸电子通关报关分为电子申报，集中审单，现场通关—接单—查验—税费征收—单证放行，口岸海关—实货放行，签发进口货物报关单8个方面，现详述如下：

1. 电子申报

第1步：货物的收货人或其代理人根据《中华人民共和国海关进出口货物报关单填制规范》和海关监管、征税、统计等要求录入电子报关数据并通过网络传输方式向海关传输电子数据，进行电子申报。

2. 集中审单

第2步：海关计算机系统根据预先设定的各项参数对电子报关数据的规范性、有效性和合法性进行电子审核，审核结果将通过现场大屏幕显示器或计算机网络等通信手段通知申报人。审核结果有以下三种情况：

(1)符合计算机自动审核条件的，计算机自动完成审征环节的全部作业，向现场海关下达作业指令，同时向申报人发出“到现场海关办理货物验放手续”的回执或通知。

(2)需人工审核的报关单数据，计算机将按设定的派单条件，将报关单数据派入通关管理处审单中心相应的人工审单岗位，同时向申报人员发出“等待处理”的回执或通知。

(3)对因申报不规范而不能通过计算机综合审核的报关单数据，计算机自动退单，向申报人发出回执或通知，并在回执或通知中注明退单原因。

第3步：通关管理处审单中心对需人工审单的报关单数据进行人工审核，并将审核结果通知申报人。审核结果有以下三种情况：

(1)审核通过：如报关单数据经审核符合海关审征作业要求，即预审核通过，通关管理处审单中心向业务现场海关发送有关指令和数据，同时向申报人发出“到现场海关办理货物验放手续”的回执或通知。

(2)人工退单：对明显不符合海关统计、征税、监管等有关业务要求且又不构成伪报瞒报的报关单电子数据，予以退单处理，并向申报人发出注明退单原因的通知或回执。申报人应根据有关退单原因，作出修改后，重新申报。

(3)挂起：在审核过程中，审单关员认为有必要与申报人或有关部门联系，以了解或确定报关单数据有关内容的，可采用报关单挂起的措施，并向申报人发出“与海关联系”或“待海关通知”的通知或回执。申报人在收到“与海关联系”的通知或回执时应根据通知或回执中的联系电话，及时与通关管理处审单中心取得联系，说明有关情况或按通关管理处审单中心要求提供有关资料；在收到“待海关通知”的通知或回执时，则静待进一步的审核通知。

3. 现场通关—接单

第4步：口岸海关和浦江海关航交所通关现场以及区域海关为进口接单现场，申报人到现场海关接单窗口或派单窗口(一些业务量较大的现场)递交书面单证，办理单证审核手续。申报人通常应递交以下单证：

(1)报关员证；(2)代理报关委托书；(3)预录入报关单(指预录入公司录入、打印，并联网将录入数据传送到海关，由申报单位向海关申报的报关单)；(4)发票、装箱单、合同、提单/运单等随附单据，对于实施“提前报关、实货放行”通关模式的空运货物无法提供正本提单或运单的，可随附提单或运单的复印件；(5)加工贸易需提供加工贸易手册；(6)海关依据对外贸易管理制度规定，对进口实施实际监管的各种许可证件。主要有：进口许可证、重要工业品进口登记证明、机电产品进口证明、机电产品进口登记表、进口废物批准证书、检验检疫入境货物通知单、濒危物种进口允许证、精神药物进口准许证、音像制品进口管理许可证明等；(7)其他有特殊监管条件的有关单证以及海关要求出示的单证。

第5步：海关验核申报人的报关资格，验核通过的，现场接单关员进行接单。有派单窗口的现场派单人员则核对书面单证是否齐全并分派接单窗口。

第6步：现场接单关员验核书面单证。

审核书面单证的各项内容是否单单(报关单与随附单证)、单机(报关单与电子数据)相符。对申报价格、商品归类等项目进行复核。按作业要求对有关单证进行批注。如发现单证不齐全、不合法，应及时查明原因，并按有关规定处理。

4. 现场通关—查验

第7步:申报人持查验通知单、报关单备用联、提单场站收据、海运提单、发票、装箱单(复印件),到现场海关查验受理部门办理查验计划(一般当天安排第二天的查验计划),申报人员应做好查验准备。

第8步:海关对需要查验的货物实施现场查验。进口货物的收货人、出口货物的发货人或其代理人应派员到场协助查验,协助查验人员应出示有效证件并负责搬移货物,开拆和重封货物的包装,当海关对相关单证或货物有疑问时应负责解答。注意:法律规定,当海关认为必要时,可以径行开验、复验或者提取货样。

第9步:查验结束后,申报人应在查验记录单上签名、确认。签名应真实有效,对海关查验过程与结果是否认同应如实填写。

5. 现场通关—税费征收

第10步:办理税费征收手续:

对应税货物征收税款(关税、增值税、消费税),对列为反倾销货物的征收反倾销税,并打印税款缴款书;对逾期纳税货物征收滞纳金,打印滞纳金缴款书。

对减免税货物、保税货物按规定征收监管手续费,对超出规定期限向海关办理报关手续的进口货物征收滞报金,打印海关行政事业性专用票据,到指定银行缴款;对暂时进出口货物或根据有关规定需征收保证金的,打印保证金收据;对交纳的税费进行核销。

6. 现场通关—单证放行

第11步:接单现场单证复核关员对电子报关数据、书面单证及批注情况进行复核,对于情况正常,未设定查验的,办理单证放行手续,并在提货单或运单上加盖"单证专用章"及"工号章",报关单备用联和提货单退还货主或其代理人;对已设定查验的,直接在提货单或运单上加盖"单证专用章"和"工号章",报关单备用联和提货单退还货主或其代理人。接单现场对查验的单证不再制作关封。

7. 口岸海关—实货放行

第12步:在获得运输工具到港信息后,货主或其代理人持提货单或运单及报关单备用联交口岸风险管理/放行部门,根据计算机的提示进行放行处理。如计算机提示"货物未到港",则不予办理放行手续;如计算机提示"与实卸情况不符或未找到实卸记录",海关根据实际情况办理放行手续。对无须查验的,海关在处理完计算机操作后即在正本提货单或运单上加盖"放行章",计算机自动将有关实货放行电子信息传送至港区或机场货代，货主即可办理放行手续。对需查验的货物，放行关员在提货单或运单上加盖“查验章”退还货主，由货主带至查验点接受海关对货物的查验。

8. 签发进口货物报关单

第13步：申报人到业务现场办理报关单证明联的签证手续：进口货物放行后，海关向申报人签发进口付汇证明联和加工贸易海关核销联。

五、海关监管货物的含义及分类

海关监管货物是指自进境起到办结海关手续止的进口货物，自向海关申报起到出境止的出口货物，以及自进境起到出境止的过境、转运和通运货物等应当接受海关监管的货物。这是海关对进出境货物实施监督管理法律意义上的时间、范围的限制规定。

根据货物进出境的不同目的，海关监管货物可以分成5大类：

1. 一般进出口货物

办结海关手续直接进入国内生产、消费领域流通的进口货物，是一般进口货物；办结海关手续到境外生产、消费领域流通的出口货物，是一般出口货物。

2. 保税货物

经海关批准未办理纳税手续进境，在境内储存、加工、装配后复运出境的货物，是保税货物。保税货物又可以分为保税加工货物和保税物流货物两大类。

3. 特定减免税货物

经海关依法准予免税进口的用于特定地区、特定企业，有特定用途的货物，是特定减免税货物。

4. 暂准进出境货物

经海关批准凭担保进境，在境内使用后原状复运出境的货物是暂准进境货物；经海关批准凭担保出境，在境外使用后原状复运进境的货物是暂准出境货物。

5. 其他进出境货物

由境外启运，通过中国境内继续运往境外的货物，以及其他尚未办结海关手续的进出境货物是其他进出境货物。

海关按照对监管货物的不同要求，分别建立了相应的海关监管业务制度。

表 3－1 进出境货物类别和报关阶段对比表

报关阶段 货物的类别	前期阶段 （进出境前办理相应的海关手续）	进出境阶段 （进出境时需要实际办理的海关基本手续的四个环节）	后续阶段 （进出境后需要继续办理才能结关的海关手续）
一般进出口货物	/	进出口申报 （海关决定是否受理申报）配合查验（海关决定是否查验、决定查验的形式和查验方法）	/
保税进出口货物	加工贸易备案和申领手册		核销
特定减免税货物	申领减免税证明		解除海关监管
暂准进出境货物	展览品进境备案	缴纳税费 （海关决定征、减、缓、免税费提取或装运货物）（海关签印放行）	销案
出料加工等其他	“出料加工”备案		销案

复习思考题

一、单选题

1. 货物进出境阶段，进出口货物收发货人或其代理人应当按照哪些步骤完成报关工作（ ）。

A. 进出口申报—配合查验—缴纳税费—提取或装运货物

B. 提取或装运货物—进出口申报—配合查验—缴纳税费

C. 进出口申报—配合查验—提取或装运货物—缴纳税费

D. 提取或装运货物—配合查验—进出口申报—缴纳税费

二、多选题

1. 报关程序按时间先后可以分为（ ）。

A. 前期阶段　　B. 进出境阶段　　C. 提货阶段　　D. 后续阶段

2. 根据货物进出境的不同目的，海关监管货物分为（　）。

A. 一般进出口货物　　B. 保税货物

C. 特定减免税货物　　D. 暂准进出口货物

3. 海关电子通关系统有（　）。

A. 海关 H883/EDI 通关系统　　B. 海关 H2000 通关系统

C. 中国电子口岸系统　　D. 中国电子商务网站

三、判断题

1. 报关程序是指进出口货物的收发货人，运输负责人，物品所有人或其代理人按照海关的规定，办理货物、物品、运输工具进出境及相关海关事务的手续和步骤。（　）

2. 所有的货物进出口都要经过前期的申报备案阶段。（　）

3. 特定减免税货物在进口之前，进口货物收发货人或其代理人应当办理加工贸易备案和登记手册的手续。（　）

4. 对于特定减免税货物，进口货物收发货人或其代理人向海关办理后续的手续是，向海关申请办理解除海关监管的手续。（　）

第十讲 一般进出口货物报关流程

学习要点

1. 了解一般进出口货物的含义;
2. 熟悉海关查验与放行的相关规定;
3. 掌握一般进出口货物报关的基本程序。

关键术语:一般进出口货物 申报期限 报关单证

一、一般进出口货物的含义

一般进出口货物是一般进口货物和一般出口货物的合称,是指在进出境环节缴纳了应征的进出口税费并办结了所有必要的海关手续,海关放行后不再进行监管,可以直接进入生产和消费领域流通的进出口货物。

一般进出口货物是从海关监管的角度来划分的,一般进出口货物海关放行后不再进行监管。这里的一般进出口货物是相对于保税货物、特定减免税货物、暂准进出口货物而言的,因为这些货物都需要经过前期和和后续的监管阶段。

TIPS:一般进出口货物和一般贸易货物的区别

一般进出口货物是按照海关监管方式划分的进出口货物,是海关的一种监管制度的体现,是相对于保税货物、暂准进出口货物、特定减免税货物而言。

一般贸易货物是按照国际贸易方式划分的进出口货物,也就是说一般贸易是属于国际贸易方式中的一种。

国际贸易方式主要有:一般贸易、补偿贸易、进料加工、来料加工、易货贸易、寄售、招标、拍卖等。

二、一般进出口货物的特征

1. 进出境时缴纳进出口税费

一般进出口货物的收发货人应当按照《海关法》和其他有关法律、行政法规的规定，在货物进出境时向海关缴纳应当缴纳的税费。

2. 进出口时提交相关的许可证件

货物进出口应受国家法律、行政法规管制的，进出口货物收发货人或其代理人应当向海关提交相关的进出口许可证件。

3. 海关放行即办结了海关手续

海关征收了全额的税费，审核了相关的进出口许可证件，并对货物进行实际查验（或作出不予查验的决定）以后，按规定签章放行。这时，进出口货物收发货人或其代理人才能办理提取进口货物或者装运出口货物的手续。对一般进出口货物来说，海关放行就意味着海关手续已经全部办结，海关不再监管，可以直接进入生产和消费领域流通。

三、一般进出口货物的范围

实际进出口货物，除特定减免税货物外，都属于一般进出口货物的范围，主要包括：

(1)不批准保税的一般贸易进口货物。

(2)转为实际进口的保税货物。

(3)转为实际进口的暂准进境货物或转为实际出口的暂准出境货物。

(4)易货贸易、补偿贸易进出口货物。

(5)不批准保税的寄售代销贸易货物。

(6)承包工程项目实际进出口货物。

(7)外国驻华商业机构进出口陈列用的样品。

(8)外国旅游者小批量订货出口的商品。

(9)随展览品进境的小卖品。

(10)实际进出口货样广告品。

(11)免费提供的进口货物，如外商在经济贸易活动中赠送的进口货物，外商在经济贸易活动中免费提供的试车材料等，我国在境外的企业、机构向国内单位赠送的进口货物。

四、一般进出口货物的报关程序

一般进出口货物通关的基本手续，通常是在进出境环节向海关申报、配套海关查验、缴纳进出口税费和提取或装运货物4个基本环节组成。

一般进出口货物报关的程序不需要经过前期阶段，也不需要经过后续阶段，只需要经过进出境阶段，包括四个环节，即进出口申报—配合查验—缴纳税费—提取或装运货物。

五、进出口货物申报

(一)申报的概念

报关，是指进出境运输工具的负责人、进出口货物和物品的收发货人或者他们的代理人，在进出口货物通过海关监管的口岸时，在海关规定的期限内，以书面或者电子数据交换(EDI)方式向海关报告其进出口货物的情况，并随附有关货运和商业单据，申请海关审查放行，并对所报告内容的真实性、准确性承担法律责任的行为。

(二)对进出口货物的申报资格、时间、单证、内容的规定

1. 申报资格

必须是经海关审核准予注册的专业报关企业、代理报关企业和自理报关单位及其报关员。

2. 申报时间

进口货物是在运输工具申报进境之日起14日内，出口货物应在运抵海关监管区，装货的24小时以前向海关申报(海关特准的除外)。

3. 申报内容

按照进出口货物报关单中所列示的项目进行申报，包括进出口口岸名称、经营单位、收发货单位、申报单位、运输方式、贸易方式、贸易国别以及货物的实际状况(主要包括名称、规格型号、数量、重量、价格等内容)。

4. 申报方式

办理进出口货物的申报手续，应当采用纸质报关单和电子数据报关单的形

式。两种形式均为法定申报，具有相同的法律效力。根据海关要求，收发货人应当采用纸质报关单和电子数据报关单向海关申报。因此，无论是何种申报方式，对收发货人来说，都必须承担因申报数据不实而引起的有关法律责任。

5. 接受并配合海关查验货物或样品

进出口货物、物品应当接受海关查验。海关查验货物时，进口货物的收货人，出口货物的发货人或其代理人应当到场，并负责搬移货物，开拆和重封货物的包装。海关认为必要时，可以径行开验、复验或者提取货样。经收发货人申请，海关总署批准，进出口货物可以免验。

6. 申报单证

一般情况下，报关单证可分为主要单证、基本单证、特殊单证、预备单证四大单证类别。

(1)主要单证，是指报关单，即进出口货物收发货人或其代理人，按照海关规定的格式对进出口货物的实际情况作出书面申明，以此要求海关对其货物按适用的海关制度办理通关手续的法律文书。

(2)基本单证，主要是指与出口货物报关单及其相关的商业和货运单证，包括："发票"、"装箱单"、"提货单"或"装货单"(海运进口或出口)、"运单"(空运)"出口收汇核销单"，海关签发的出口货物减税、免税证明，进口货物除上述单证外，还需提供盖的收货人印章的一程船提单、报检委托书、包装证明等单证。

(3)特殊单证，主要是指国家有关法律法规规定实行特殊管制的证明，主要包括：《配额许可证》、《进出口许可证》、机电产品进口证明文件，商品检验、动植物检疫、药品检验等主管部门签发的证件及其他各类特殊管理证件。

(4)预备单证，主要是指在办理进出口货物手续时，海关认为必要时需查阅或收取的证件，主要包括：贸易合同、货物原产地证明、委托单位的工商营业执照证书、委托单位的账册资料及其他有关单证，如《保证函》等。

六、海关查验

海关查验也即验关，是指海关接受申报后，对进口或出口的货物进行实际的核对和检查，以确定货物的自然属性，货物的数量、规格、价格、金额以及原产地等是否与报关单所列一致。

海关查验，一方面是要复核申报环节中所申报的单证及货物是否一致，通过实际的查验发现审单环节不能发现的问题，以及走私、违规、逃漏关税等问题；另一方面，通过查验货物才能保证关税的依率计征。因为进口货物税则分类号列及适用税率的确定，申报的货价，海关是否予以接受，都决定于查验的结果。如查验不实，税则分类及估价不当，不仅适用的税率可能发生差错，且估价或高或低，因而使税负不公，国家或进口厂商将蒙受损失。

1. 查验范围、方法和地点

(1)查验范围。

进出口货物，除海关总署特准免验的以外，都应接受海关查验。海关查验主要是检查进出口货物的名称、品质规格、包装、数量、重量、标记唛码、生产或贸易国别等项目是否与报关单和其他证件相符，防止非法进出口，检查货物中是否有走私违规等事件的发生。

(2)查验方法。

海关查验方法有两种，即一般查验和重点查验，或者说外形查验与开箱查验。对属于正常往来的进出口货物可以不予查验或者进行一般性的检查，即所谓外形查验，如核对货名、规格、生产国别和收发货单位等标志是否与报关单相符，检查外包装是否有开拆、破损痕迹以及有无反动字样、黄色文字图像等。根据货物的品种、性质、贵重程度，以及国内外走私违规动态，收发货单位经营作风等历史资料，分析数量或其他可能有问题和存在走私嫌疑（如进口成套组装散件，伪报为零部件化整为零进口等）的货物，对此类货物则应进行开箱检查，必要时可以逐件细查细验。

(3)查验地点。

查验一般在设有海关的码头、机场、车站等海关监管场所进行。为了加速验放，方便外贸运输，根据货物性质，海关对海运进出口的散装货物（如矿砂、粮食、原油、原木等），大宗货物（如化肥、水泥、食糖、钢材等），危险品和鲜活商品等，结合装卸环节，在船边现场验放。对于成套设备、精密仪器、贵重物资、急需急用的物资和“门对门”运输的集装箱货物等，在海关规定地区进行查验有困难的，经进出口货物收发货人的申请，海关核准，海关可以派员到监管区域以外的地点进行查验，就地查验放行货物。

2. 查验时报关人员的职责

(1)代表货主到场。

海关查验货物时，进出口货物的收发货人或他们的代理人应到达货物查验现场，并按照海关的查验要求，负责搬移、开拆和重封货物的包装等。为了较好地完成这一任务，报关人在代理报关以前，对被代理报关的货物应有一定的了解，对各种单证应进行初步的审查，有不清楚或不符合规定的地方应向被代理人了解或指出。在海关查验现场回答海关人员提出的有关问题，并配合海关的查验监管活动。

(2)缴付规费。

海关根据所在地港口、车站、国际航空港、国界孔道和国际邮件交换站进出境货物、旅客行李、邮件以及运输工具的实际情况，规定其监管区域。在海关监管区域执行任务不收规费。但若进出境货物的收、发货人及其代理人要海关派员到海关监管区域以外的地方（如货主的仓库、工厂、施工工地或铁路专用线、专用码头、专用机场等）办理海关手续，执行监管任务时，应事先向海关提出申请，经海关同意，并按海关的规定缴付规费。

3.《海关法》对货物查验损失赔偿的规定

海关查验进出口货物造成损失时，进出口货物的收、发货人或其代理人可以要求海关予以赔偿。

(1)赔偿的范围。

《海关法》第94条规定："海关在查验进出境货物、物品时，损坏被查验的货物、物品的，应当赔偿实际损失。"这里所说的"实际损失"是指，由于海关关员的责任造成被查验货物、物品损坏的，海关应当依照《海关法》的规定赔偿当事人的直接经济损失。赔偿直接经济损失的金额，根据被损坏的货物、物品或其他部件受损程度或修理费用确定。必要时，可凭公证机构出具的鉴定证明确定。

(2)不予赔偿的范围。

在下述情况下，海关对被查验货物造成的损失不予赔偿：

① 由于收发货人或其代理人搬移、开拆、重封包装或保管不善造成的损失；

② 易腐及易失效货物、物品在海关正常工作程序所需要时间内（含扣留或代保管期间）所发生的变质或失效，当事人未事先向海关声明的；

③ 海关正常检查产生的不可避免的磨损；

④ 在海关查检之前已发生的损坏和海关查验之后发生的损坏；

⑤ 由于不可抗力的原因造成货物、物品的毁坏和损失。

4. 海关赔偿的程序和方式

(1)若海关关员在查验货物、物品时，损坏被查验的货物、物品，应如实填写《中华人民共和国海关查验货物、物品损坏报告书》一式两份，由查验人员和当事人双方签字，一份交当事人，一份留海关存查。海关依法进行开验、复验或者提取货样时,应会同有关货物、物品保管人共同进行,如造成货物、物品损坏,查验人员应请在场的保管人员作为见证人在“损坏报告书”上签字,并及时通知货主。

(2)进出口货物的收发货人或其代理人在收到“损坏报告书”后,可与海关共同协商确定货物、物品的受损程度。受损程度确定后,以海关审定的完税价格为基数,确定赔偿金额。报关人和海关对赔偿金额有争议时,可向法院起诉,由法院裁定或判决赔偿金额。

(3)赔偿金额确定后,由海关填发“中华人民共和国海关损坏货物、物品赔偿通知单”,报关人自收到“赔偿通知单”之日起3个月内凭单向海关领取赔偿款,或将银行账号通知海关划拨,逾期海关不予赔偿。赔偿一律用人民币支付。海关查验货物、物品后交给货主时,货主如没有提出异议,则视为货物、物品完好无损。以后发现损坏,海关不负赔偿责任。

(4)赔偿的方式通常有:金钱赔偿、恢复原状、返还原物,以及消除影响、恢复名誉和赔礼道歉等。

进出口货物在办完向海关申报、接受查验、完纳税款等手续以后,由海关在货运单据上签印放行。收发货人或其代理人必须凭海关签印放行的货运单据才能提取或发运进、出口货物。未经海关放行的海关监管货物,任何单位和个人不得提取或发运。

案例

南京海关查验“牵出”3.3亿元冻品走私大案

自2010年起,我国先后对原产于美国的冻鸡产品根据不同厂商征收不同税率的反倾销税和反补贴税,高额的“两反税”率使得冻鸡产品进口环节综合税率达到70%至100%,巨大的境内外价格差异,令不少走私分子不惜铤而走险。

2011年3月以来,南京海关以一起简单案件线索为契机,一举破获了系列具有行业性走私特点的大案,在不到一个月的时间内,先后立案侦办了4起冻品走私案件,案值3.33亿元,涉税1.56亿元,抓捕犯罪嫌疑人12名,成功摧毁了以包税、伪报原产地、伪报品名等为手法的行业性走私团伙。

1.“简单”案件揭开冻品走私大案面具

3月22日,苏州甲食品公司向南京海关隶属张家港海关申报进口一票原产国为美国的冻鸡杂翼。张家港海关关员在查验时发现,该公司提供的生产厂商为美国A公司，而货物外包装标明生产厂商却为美国B公司，虽然两家公司适用的“两反税”率都相同，这类既不涉许可证又不涉税的申报不实行为也属于违法行为，现场严谨的关员在3月30日将此作为案件线索移交张家港海关缉私分局处理。

3月30日当天，张家港海关缉私分局派出查私科与侦查科民警组成的联合调查小组对该线索进行初步核查，当侦查人员赶到码头对货物再次开箱查验时，却没有发现其他疑点。

“难道这真是一起简单案件吗？既然税率相同，为什么会出现外包装标识与申报单证不符的情况呢”，调查小组的侦查员反复思考，依旧无法说服自己：“这里面肯定不简单，一定要再去这家企业看看！”3月31日一大早，满腹疑虑的调查小组赶到苏州市该食品公司所在地，开始一轮更为细致的核查。企业负责人李某故作镇静地热情接待调查小组，并“痛快”承认了自己申报当中的“工作失误”，甚至还主动提出接受处罚，尽快处理好。但细心的侦查员没有被这些现象迷惑。因为在与李某谈话时明显感到他的心虚，而这家规模很小的公司，却有大量不明往来的资金流动，对侦查员要求提供的一些其他材料，当事人似乎遮遮掩掩，不大情愿，更可疑的是，侦查人员还发现该食品公司存在高报价格进口这一极不寻常现象。调查小组在核查间隙向张家港海关缉私分局领导汇报了上述情况，该局领导当机立断，命令调查小组将该公司负责人李某及单证员王某带回分局进一步审查。

返回海关后，张家港海关缉私分局首先对调取的海关数据和该公司提供的有关材料进行了梳理，随后安排精干力量，开始对李某和王某进行谈话审查。很快涉案人员在谈话中提到该公司以包税方式在广东口岸进口了大量美国冻鸡产品这一重要情况。同时，材料梳理小组也反映该食品公司确有大量与香港某贸易公司的结算单，并有不少从广东口岸以包税方式进口的单据，单据上申报的原产地多为巴西、阿根廷等非“两反税”适用国家。该公司明显存在以伪报原产地手法进口美国产冻鸡产品，有偷逃巨额“两反税”的嫌疑。张家港海关缉私分局遂于当日对该食品公司走私行为进行立案侦查，由此揭开了破获系列冻品走私大案的面具。

2. 专案组南下牵出连环案

虽然案件找到了突破口，但接下来的审讯工作超乎想象的艰难。一方面李某拒不承认有走私行为，反复强调广东口岸进口的冻鸡产品系包税公司所为，甲公司只是在广州的某冻品市场购买这些产品后再进行国内销售，这些采购事宜由他们公司驻该市场办事处的负责人张某具体实施,他本人并不知情;另一方面单证员王某也推说包税进口事宜由办事处的人负责,平时他们之间没有什么联系,具体情况他不清楚。案情汇报受到南京海关的高度重视,南京海关副关长兼缉私局局长司永胜同志迅速指示南京海关缉私局侦查处驰援专案,一支由南京海关缉私局处长带队的11人小组在最短时间集结至张家港海关缉私分局,由张家港海关缉私分局领导挂帅的广东方向行动组当天飞赴羊城。

在广州海关的协助下,广东行动组很快找到了该公司办事处。所谓的办事处只是市场里一间很小的门面,公司人员已不知去向。4月2日凌晨5时许,只睡了不到五个小时的行动组侦查员再次来到这一地址,通过物业保安顺利地叫开房门,室内的两个人不解地望着侦查员。通过核对身份,李某所说的办事处负责人张某并不在其中,且居住于此的人也并不是甲食品公司广州办事处的人。难道线索就此断了?并不灰心的侦查员,仔细询问发现,此二人户籍竟与李某同一个村,更巧的是二人所属的苏州乙国际贸易公司广州办事处,同样有大量冻鸡产品的进口贸易。侦查员现场沉着应变,以核查的名义详细了解该公司的进口情况并发现乙贸易公司也是通过包税的方式进口了大量冻鸡产品,通过随后此公司广州办事处的负责人周某向侦查人员提供了有关的进口单证及销售记录,仅其中一张船期表上货物的偷逃税额就已超过了100万元!

行动组的收获立即传回南京海关,张家港海关缉私分局领导随即指示:一是第一时间立案侦查乙贸易公司;二是由行动组控制好对象,并切断其对外联系;三是对负责人周某实施突审。该分局本部也立即抽出人员核查相关数据,组织警力奔赴乙贸易公司苏州住所实施抓捕和搜查工作。后经查实,该贸易公司以包税方式走私进口美国冻鸡产品512柜11 700吨,案值1.49亿元,涉嫌偷逃税款7 900万元。走私“大鳄”浮出水面,为确保案件的深入开展,4月23日,张家港海关缉私分局将上述案件移交其他海关继续查办,短时间内又先后立案侦办近20起同类型案件,很快,在全国各地都打响了一场更大规模的打击冻产品伪报价格及原产地走私犯罪的专项行动。

虽然案件牵出了更多的线索与情况,但最初那家食品公司的案件仍然没有新的进展。在对周某的审讯中,周某交代他并不知道张某这个人,但他认识一个叫朱某的人,是甲食品公司广州办事处的人,住在市场附近的一个小区,也许找到这个人就能知道张某的去向。行动组侦查员历经曲折,经过多方查找,终于确定朱某的住址,并通过小区物业证实张某也居住于此,但此时朱某和张某已闻风而逃。

进入室内后警官发现，虽然该住处已被清理得很干净，但在大厅的沙发上还有一袋整理好的纸质材料，其中材料不仅证实了自2010年2月至2011年3月，甲食品公司通过包税方式以伪报原产地、伪报品名的手法走私进口美国冻鸡产品480柜11 000吨，案值1.41亿元人民币，涉嫌偷逃税款7 400万元的犯罪事实，还牵出了另一起伪报品名走私美国冻鸡产品的个人走私案（后经查实，2010年6月，犯罪嫌疑人宋某委托包税公司进口9柜冻鸡产品212.4吨，通过将原产地为美国的冻鸡爪伪报成原产地为阿根廷的冻鸡爪走私进口，案值280万元，涉嫌偷逃税款158万元，分局已另案处理）。面对如山铁证，李某与王某的讯问工作势如破竹。正所谓天网恢恢，据事后在杭州落网的朱某、张某交代，这袋材料应该是在他们逃跑时清理出来准备带走而又不慎遗漏在沙发上的。

随后侦查人员还发现李某以其妻子的名义成立了苏州乙食品公司，甲、乙两食品公司事实上是“两块牌子，一套班子”，连办公地点也在同一处，具体业务由同样的员工操作。通过扩线并案侦查发现，乙食品公司自2009年6月至2011年3月间，采取低报价格手法从宁波、张家港口岸走私进口冻鸡、冻猪产品2 300余吨。4月13日，张家港海关缉私分局依法对乙食品公司低报价格走私案立案侦查，经查实，此案案值3 800万元，涉嫌偷逃税款133万元，至此张家港海关缉私分局侦办的冻品系列走私案件已达4起，总案值超过3.3亿元，总涉税额近1.56亿元。

简评：查验是海关执行监管任务的重要环节，很多走私货物都是在查验环节被海关发现的，因而查验工作是体现海关执法的重要标志，通过查验，能更好做到单货一致、证货一致，最大限度地保护国家和当事人的利益。

资料来源：http://news.qq.com/a/20111207/000055.htm

七、缴纳税费

一般进出口货物的收发货人应当按照《海关法》和其他有关法律、行政法规的规定，在货物进出境时向海关缴纳应当缴纳的税费。

八、货物放行

货物的放行是海关对一般贸易进出口货物监管的最后一个环节。如果这一环节海关把关不严，把不该放行的货物放了，则会导致经济上的损失甚至产生不良的政治影响。所以,海关必须采取严肃认真的态度对待货物的进出口。放行前,由专人将该票货物的全部报关单证及查验货物记录等进行一次全面的复核审查并签署认可,然后在货运单据上盖印放行,交货主签收。但对违反进出口政策、法令规定,尚未缴纳应缴纳的税款以及根据上级指示不准放行的进出口货物,海关均不予以放行。

对一般进出口货物来说,放行意味着解除海关监管,进境货物可以由收货人自由处置,出境货物可以由发货人装船出运。但是,对于担保放行货物、保税货物、暂时进出口货物和海关给予减免税进口的货物来说,放行并不等于办结海关手续,还要在办理核销、结案或者补办进出口和纳税手续后,才能结关。也就是说,海关办理放行手续有两种方式,即结关式放行和非结关式放行。

放行的做法:在缴纳税费或提供担保后,海关在进口提货凭证(提单、提运单、运单)或出口装货凭证(站场收据、装货单、运单)签盖"海关放行章"。然后凭以从/在海关监管仓库提货或办理装运。必要时向海关申请出具报关单证明联。

"无纸通关"现场放行后,"海关放行"通知单同时发送给监管仓库和收发货人,收发货人打印出来,凭以转运或提货。

综上所述,海关对一般贸易进出境的货物、物品、运输工具进行监管的过程可分为申报、查验、征税、放行四个环节,对保税货物进出境的监管分为申报、查验、征税、放行、结关五个环节。为提高监督管理的质量,在实际工作中,这几个环节逐渐发展成为具有严格作业程序和工作方法的基本作业制度。其中申报、查验、放行构成海关监管制度的核心。

TIPS:海关查验货物的分类

海关查验货物的方法可以从不同角度来分类:

(1)从运用技术的角度来分类,应包括利用人体感官和利用仪器、设备、工具等来实施查验。

(2)从被查货物开拆包装的程度来分类,包括不开拆包装的查验(仅对外形进行查验,包括查看包装状况、核对唛头、清点件数等)、开拆包装至内包装的查验和开拆包装至货物的查验。

(3)从被查货物的数量来分类,包括查验全部货物、查验部分货物和查验最小计数单位的货物等。

复习思考题

一、单选题

1. 进口货物的收货人自运输工具申报进境之日起，超过(　)时间未向海关申报的，其进口货物由海关提取依法变卖处理。

A. 1 个月　　B. 3 个月　　C. 6 个月　　D. 1 年

2. 出口货物的发货人或其代理人除海关特准的外，根据规定应当在(　)向海关申报。

A. 装货前 24 小时　　B. 装货的 24 小时前

C. 货物运抵口岸 24 小时内

D. 承载的运输工具起运(或起航)的 24 小时前

3. 下列有关进出口货物的报关时限的说法正确的是(　)。

A. 进口货物自运输工具申报进境之日起 7 日内

B. 进口货物自运输工具申报进境之日起 14 日内

C. 货物运抵口岸 24 小时内

D. 货物运抵口岸 48 小时内

4. 一般情况下，进口货物应当在(　)海关申报。

A. 进境地　　B. 启运地　　C. 目的地　　D. 附近

5. 经海关批准允许集中申报的进口货物，在运输工具申报进境之日起(　)个月内办理申报。

A. 1　　B. 2　　C. 3　　D. 4

6. 申报日期是指(　)。

A. 向海关提交电子数据报关单的日期

B. 向海关提交纸质报关单的日期

C. 申报数据被海关接受的日期

D. 海关放行日期

7. 滞报金计征起始日为运输工具申报进境之日起第(　)日为起始日，海关接受申报之日为截止日。

A. 7　　B. 10　　C. 14　　D. 15

8. 某外贸公司以一般贸易方式从境外订购一批进口货物，在如实申报、接受查验、缴纳进口税费后由海关放行，该公司应凭下列哪种单据到海关监管仓库提取货物（　）。

A. 由海关签发的“进(出)口货物证明书”

B. 由海关加盖了“放行章”的货运单据

C. 由海关签发的“税款缴纳证”

D. 由海关签发的进口付汇核销专用报关单

9. 对需要在国家税务机构办理出口退税的货物，报关员应向海关申请签发（　）。

A. 出口货物证明书　　B. 出口收汇证明

C. 出口退税证明　　D. 出口收汇核销单

二、多选题

1. 根据货物进出境的不同目的，海关监管货物分为（　）。

A. 一般进出口货物　　B. 保税货物

C. 特定减免税货物　　D. 暂准进出口货物

2. 下列属于一般进出口货物的特征的是（　）。

A. 在进出境时缴纳应当缴纳的进出口税费

B. 进出口时如需提交许可证的，提交相关的许可证

C. 海关放行即办结了海关手续

D. 暂不纳税

3. 在通关申报环节，海关认为必要时，需查阅或收取的预备性单证是（　）。

A. 报关委托单位的工商营业执照　　B. 货物原产地证明

C. 贸易合同　　D. 加工贸易登记手册

4. 下列属于一般进出口货物的是（　）。

A. 易货贸易、补偿贸易进出口货物

B. 在展览会中展示或示范用的进口货物、物品

C. 边境小额贸易进出口货物

D. 承包工程项目实际进出口货物

5. 下列哪些货物属于一般进出口货物（　）。

A. 转为实际进口的保税进口货物

B. 转为实际进口或出口的暂准进出境货物

C. 享受特定减免税优惠的进口货物

D. 随展览品进境的小卖品

6. 下列免费提供的货物中,属于一般进出口货物的是( )。

A. 外交活动中,两个国家领导人互赠的纪念品

B. 外商在经济贸易活动中赠送的进口货物

C. 外商在经济贸易活动中免费提供的试车材料等

D. 我国在境外的企业、机构向国内单位赠送的进口货物

7. 下列单证中,属于基本单证的是( )。

A. 提单 B. 装箱单 C. 商业发票 D. 原产地证明书

8. 进出口货物申报的方式有( )。

A. 终端申报方式 B. 委托 EDI 方式

C. 自行 EDI 方式 D. 网上申报方式

三、判断题

1. 一般进出口货物就是一般贸易货物。( )

2. 一般进出口货物报关程序由进出口申报、配合查验、缴纳税费、提取或装运货物四个环节构成。( )

3. 报关单位收到海关发送的“接受申报”的报文和“现场交单”或“放行交单”通知,表示电子申报成功。( )

4. 一般进出口货物等同于一般贸易货物。( )

5. 对于一般进出口货物来说,海关放行意味着全部海关手续已经全部办结。( )

6. 在一般情况下,进出口货物收发货人或其代理人应当先用纸质的报关单向海关申报,然后再以电子数据报关单形式向海关申报。( )

第十一讲　保税加工货物报关流程

学习要点

1. 了解保税加工货物的概念；
2. 熟悉保税加工的经营企业、保税加工的监管模式；
3. 掌握纸质加工贸易手册管理报关程序的内容。

关键术语：保税货物来料加工　进料加工　电子账册

一、保税货物的含义和分类

保税货物是指经海关批准未办理纳税手续进境，在境内储存、加工、装配后复运出境的货物。保税制度在国际贸易中的广泛应用，使这一制度涉及的保税货物成为进出口货物中的一个重要内容。其通关程序与一般进出口货物有着明显区别。保税货物的一般含义是指"进入一国关境，在海关监管下未缴纳进口税捐，存放后再复运出口的货物"。

保税货物按其进境的目的不同，可以分为储存类保税货物和加工装配类保税货物（也叫加工贸易保税货物）。

加工贸易有两种形式：一是来料加工，二是进料加工。

来料加工是指进口料件由境外企业提供，经营企业不需要付汇进口，按照境外企业的要求进行加工或装配，只收取加工费，制成品由境外企业销售的经营活动。

进料加工是指进口料件由经营企业付汇进口，制成品由经营企业外销出口的经营活动。

二、保税货物的特征

从前述定义可看出,保税货物具有以下三个特征:

(一)特定目的

我国《海关法》将保税货物限定为两种特定目的而进口的货物,即进行贸易活动(储存)和加工制造活动(加工、装配),将保税货物与为其他目的暂时进口的货物(如工程施工、科学实验、文化体育活动等)区别开来。

(二)暂免纳税

《海关法》第59条规定:"经海关批准暂时进口或者暂时出口的货物,以及特准进口的保税货物,在货物收发货人向海关缴纳相当于税款的保证金或者提供担保后,准予暂时免纳关税。"保税货物未办理纳税手续进境,属于暂时免纳,而不是免税,待货物最终流向确定后,海关再决定征税或免税。

(三)复运出境

复运出境是构成保税货物的重要前提。从法律上讲,保税货物未按一般货物办理进口和纳税手续,因此,保税货物必须以原状或加工后产品复运出境,这既是海关对保税货物的监管原则,也是经营者必须履行的法律义务。保税货物的通关与一般进出口货物不同,它不是在某一个时间上办理进口或出口手续后即完成了通关,而是从进境、储存或加工到复运出境的全过程,只有办理了整个过程的各种海关手续后,才真正完成了保税货物的通关。

三、海关对保税加工货物的监管模式

海关对保税加工货物的监管模式有两大类:一类是物理围网的监管模式,包括出口加工区和跨境工业区;另一类是非物理围网的监管模式,采用纸质手册管理或计算机联网监管。

1. 物理围网监管

所谓物理围网监管,是指经国家批准,在关境内或关境线上划出一块地方,采用物理围网,让企业在围网内专门从事保税加工业务,由海关进行封闭的监管。在境内的保税加工封闭式监管模式为出口加工区，已经施行了多年，有一套完整的监管制度；在关境线上的保税加工封闭式监管模式为跨境工业区，目前只有一处，即珠澳跨境工业区，分澳门园区和珠海园区两部分，在澳门特别行政区的部分是澳门园区，在珠海经济特区的部分是珠海园区。

2. 非物理围网监管

非物理围网的监管模式主要有以下两种：

(1)纸质手册管理。

纸质手册管理是一种传统的监管方式，主要是用加工贸易纸质登记手册进行加工贸易合同内容的备案，凭以进出口，并记录进口料件和出口成品的实际情况，最终凭以办理核销结案手续。这种监管方式在海关对保税加工货物监管中曾经起过相当大的作用，但随着对外贸易和现代科技的调整发展，逐渐被联网监管模式所替代。

(2)计算机联网监管。

计算机联网监管是一种高科技的监管方式，主要是应用计算机手段实现海关对加工贸易企业实施联网监管，建立电子账册或电子手册，备案、进口、出口、核销，全部通过计算机进行。海关管理科学严密，企业通关便捷高效，受到普遍欢迎，正成为海关对保税加工货物监管的主要模式。这种监管方式分为两种：一种是针对大型企业的，以建立电子账册为主要标志，以企业为单元进行管理，不再执行银行“保证金台账”制度，这种方式已经实施了多年，形成了完整的监管制度；另一种是针对中小企业的，以建立电子手册为主要标志，继续以合同为单位，执行银行“保证金台账”制度，现在已开始施行，今后将逐渐取代纸质手册。

四、纸质手册管理下的保税加工货物及其报关程序（以合同为单元管理）

纸质手册管理模式到目前为止还是“常规监管模式”，以合同为单元的监管模式。

基本程序为：

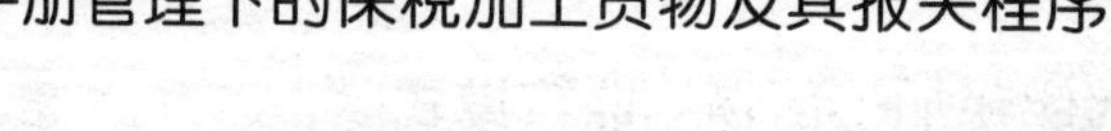

(一)合同备案

1. 合同备案的含义

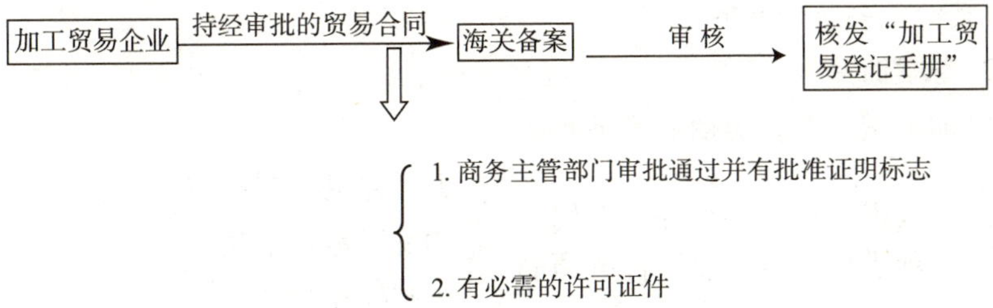

2. 合同备案的企业

经营企业:负责对外签订加工贸易进出口合同的各类进出口的企业,外商投资企业以及经批准获得来料加工经营许可的对外加工装配服务公司。加工企业:接受经营企业委托,负责料件加工或装配,具有法人资格的生产企业,以及由经营企业设立,不具备法人资格,实行相对独立核算,已办理工商执照的工厂。

3. 合同备案的步骤

(1)报商务主管部门审批合同,领取“加工贸易业务批准证”和“加工企业经营状况和生产能力证明”。

(2)需要领取许可证件的,向有关主管部门领取许可证。

(3)将合同相关内容预录入与主管海关联网的计算机。

(4)由海关审核确定是否准予备案,准予备案的,还要由海关确定是否需要开设“加工贸易银行保证金台账”,需要开设台账的,在海关领取“台账开设联系单”。

(5)不需要开设台账的,直接向海关领取“加工贸易登记手册”或其他备案凭证。

(6)需要开设台账的,凭“台账开设联系单”到银行开设台账,领取“台账登记通知单”,凭“台账登记通知单”到海关领取“加工贸易登记手册”。

4. 合同备案的内容

(1)备案单证。

1)商务主管部门签发“加工贸易业务批准证”和“加工贸易企业经营状况和生产能力证明”。

2)加工贸易合同或合同副本。

3)加工贸易备案申请表及企业加工合同备案呈报表。

4)需交验的主管部门的许可证件或复印件。

5)为确定单耗和损耗率所需的有关资料。

6)其他备案所需要的单证。

(2)备案商品

- 1)加工贸易禁止类商品不准备案
- 2)需提供进口许可证或两用物项进口许可证复印件的商品
  - ①消耗臭氧层物质
  - ②易制毒化学品
  - ③监控化学品
- 3)备案时需要提供其他许可证件的商品
  - ①进口音像制品、印刷品新闻出版总署印刷复制司的批准文件
  - ②进出口地图产品及附有地图产品,附有国家测绘司的批准文件
  - ③进口工业再生废料——国家环保总局“进口废物批准证书”

(3)保税额度

- 合同中准予备案的料件——全额保税
- 合同中不予备案的料件——按一般进口程序办理

(4)台账制度对企业和商品实行分类管理,对部分企业的开展加工贸易的部分料件中,银行要按照有关料件的进口税额征收保证金。

表3-2 海关对企业的分类管理制度

类别	分类标准	提供的便利/实施管理
A	1. 企业注册登记两年以上,无不良记录,信誉良好;连续6个月无走私违规行为记录;连续两年无拖欠海关税款;连续两年加工贸易合同按期核销,签订进口海关必检商品免验协议后两年内无申报不实记录。 2. 向海关提供的单据、证件真实、齐全有效。 3. 有正常的进出口业务(年进出口额在100万美元以上)。	1. 在海关业务现场设专门窗口,优先办理货物申报、查验和放行手续;并应企业要求,优先实行“门到门”验货。 2. 对从事加工贸易的企业,经海关总署批准,可实行海关派员驻厂监管或计算机联网管理。除国家另有规定者外,不实行银行保证金台账制度。 3. 对按规定允许担保的货物,海关凭企业提交的保函验放,免收保证金。 4. 对企业进口海关必检商品目录中的商品可免予取样化验。

续表

类　别	分类标准	提供的便利/实施管理
A	4. 会计制度完善,财务账册健全,科目设置合理,业务记录真实可信。 5. 指定专人负责海关事务。 6. 连续两年报关单差错率在5%以下。 7. 设有海关监管仓库的企业,其仓库管理制度健全,仓库明细账目清楚,入库单、出库单据实行专门管理,单货相符、账单相符。	5. 为企业优先提供EDI联网报关的便利。 6. 自营进出口生产企业和科研院所可向外经贸部申报成立进出口公司,海关优先为其办理报关注册登记手续。
B	凡经审核不符合A类管理条件,但又未发生C类和D类企业评估标准所列情形的。	实行常规管理制度。
C	1. 1年内两次出现违规行为,或逃税人民币5万元以上50万元以下的。 2. 拖欠海关税款100万元以下的。 3. 账册管理混乱,账簿、资料不能真实、有效地反映进出口业务情况的。 4. 遗失重要业务单证或拒绝提供有关账簿、资料致使海关无法监管的。 5. 不按规定办理加工贸易合同核销手续的。 6. 1年内报关单差错率在10%以上的。 7. 出借企业名义,供他人办理进出口货物报关纳税等事宜的。 8. 在进出口经营活动中被商务主管部门给予通报或警告等行政处罚的。	1. 对按规定允许担保的货物必须提交保证金。 2. 办理加工贸易合同登记备案必须按规定的比例缴纳保证金。 3. 对其经营行为列入稽查重点。 4. 对其进出口货物实行重点查验。 5. 不予办理异地报关备案。 6. 将有关情况通报商务部。
D	1. 2年内有走私逃税50万元人民币以上的(多次走私应累计)。 2. 伪造、涂改进出口许可证件的。 3. 走私国家禁止进出口物品的。 4. 拖欠海关税款100万元人民币以上的。 5. 利用假手册、假报关单、假许可证件骗取加工贸易税收优惠的。 6. 在承运监管货物的运输工具上私设夹层、暗格的。 7. 被商务主管部门暂停或撤销对外经营许可的。 8. 已构成走私罪并经司法机关依法追究刑事责任的。	1. 不予办理新的加工贸易合同备案。 2. 进出口货物逐票开箱查验。 3. 按有关规定暂停企业报关资格,或暂停企业载运海关监管货物业务资格,暂停企业保税存储业务资格。 4. 情节严重的按有关规定取消企业报关资格,或取消企业载运海关监管货物业务资格,取消企业保税存储业务资格。 5. 将有关情况通报商务部。由外经贸部或其授权的省级外经贸主管部门根据《对违规、走私企业给予警告、暂停或撤销对外贸易、国际货运代理经营许可行政处罚的暂行规定》,对企业进行行政处罚。

表 3－3　加工贸易银行保证金台账分类管理表

分　类	禁止类商品	限制类商品	允许类商品	1万美元及以下零星料件	5 000美元及以下78种辅料
AA类	不准	不转/领册	不转/领册	不转/领册	不转/免册
A	不准	空转/领册	空转/领册	不转/领册	不转/免册
B	不准	半实转/领册	空转/领册	不转/领册	不转/免册
C	不准	实转/领册	实转/领册	实转/领册	实转/免册
D	不准	不准	不准	不准	不准

不设台账　　不转
设台账不付保证金　　空转
设台账并付保证金　　实转

注：AA类是指采用A类管理，又是从事飞机、船舶等特殊行业加工贸易的企业或者年出口额3 000万美元、自营生产企业出口额1 000万美元及以上或年加工出口额1 000万美元以上的企业。

5. 合同备案的凭证

合同备案的凭证是指海关受理准予备案后，企业领取海关签章的“加工贸易登记手册”或其他准予备案的凭证。

6. 合同备案的变更

(1)合同变更应在合同有效期内报商务部原审批部门批准。

(2)小于1万美元(含1万美元)和延长不超过3个月的合同变更：不需经商务部门审批，由海关和银行办理。

(3)原1万美元及以下合同，变更后进口金额超1万美元的，A、B类企业重新开设台账，B类企业变更后涉及限制类，加征保证金。

(4)企业类别调整后，合同从“空转”转为“实转”的，应对原备案合同交付台账保证金，对原合同未出口部门收取台账保证金。

(5)管理类调整为D类企业的，已备案合同，海关批准允许交付金额台账保证金后继续执行，但合同不再变更和延期。

(6)对允许类商品转为限制类商品的，已备案的合同不再交付保证金，对原限制类或允许类商品转为禁止类，已备案合同，按国家即时发布规定办理。

(二)货物的报关

1. 保税加工货物进出境报关

进出境报关程序：申报—配合查验—提取或装运货物(不需要经过缴纳税

费环节)。

(1)关于进口许可证管理。

① 进口料件,除法律法规另有规定以外,进口时免交许可证件。

② 出口成品,属于国家规定的应交验许可证件的,出口报关时必须交验许可证件。

(2)关于进出口税收征管。

① 准予保税加工贸易进口料件,进口时暂缓纳税。

② 生产成品出口时,全部使用进口料件生产,不征收关税。

③ 加工贸易项下应税商品,如果部分使用进口料件,部分使用国产料件加工的产品,则按海关核定的比例征收关税。

④ 加工贸易出口未锻铝按一般贸易出口货物从价计征出口关税。

(三)合同报核

1. 含义

合同报核是加工贸易企业在加工合同履行完毕或终止后,按照规定处理完剩余货物,在规定的时间内,按照规定的程序向该企业主管海关申请核销要求结案的行为。

2. 报核的时间

经营企业应在规定的时间内完成合同,并自加工贸易手册项下最后一批成品出口或者加工贸易手册到期之日起30日内向海关申请报核;因故提前终止的合同,自合同终止之日起30日内向海关报核。

3. 报核凭证

(1)企业合同核销申请表。

(2)加工贸易登记手册。

(3) 进出口报关单。

(4)核销核算表。

(5)其他海关需要的材料。

4. 报核步骤

(1)及时将登记手册和报关单进行收集、整理、核对。

(2)计算单耗,根据有关账册纪录、生产工艺资料等计算合同的实际单耗,并填写核销核算表。

(3)填核销预录入申请单,办理预录入手续。

(4)携带报核单证到主管海关报核,填写报核签收“回联单”。

5. 特殊情况报核

(1)遗失登记手册合同的报核:遗失登记手册及时向主管海关报告。主管海关及时移交缉私部门按规定进行处理。缉私部门处理后,企业应该持以下单证向主管海关报核。

① 遗失情况书面报告。

② 申请核销的书面材料。

③ 加工贸易货物进出口报关单。

④ 缉私部门出具的《行政处罚决定书》。

⑤ 海关规定需要收取的其他单证和材料。

(2)遗失报关单情况:可以持报关单复印件向原报关地海关申请加盖海关印章后报核。

(3)不申请登记手册的辅料的报核:企业直接持进出口报关单、合同、核销核算表报核。

(4)撤销合同的报核:凭审批件和手册报核。

(5)有违规行为的加工贸易合同的核销,凭海关的相关证明材料办理核销手续。

6. 海关受理报核和核销

(1)海关审核报核企业申请,不符合规定的,重新报核;符合规定的,予以受理。

(2)核销时限:海关自受理之日起 20 个工作日内完成核销,经批准可延长 10 个工作日。

(3)经过核销情况正常的:

① 未开设台账的,海关应当签发“核销结案通知书”。

② 开设台账的,海关应当签发“银行保证金台账核销联系单”,到银行核销台账,并领取“银行保证金台账核销通知单”,凭以向海关领取核销结案通知书。

案 例

开展保税加工,给企业带来真正的实惠

实例 1——企业自用型原料库某香港公司在宝安、东莞均设有工厂,国外的原材料到香港码头后,在无须报关文件的情况下,由香港车提柜并经福田保税

区一号通道拖运至保税区存放。待内地工厂需要用料时,派内地厂家的理货员到保税区指定需要的货品,填报好准确的报关文件,由内地的车辆经福田保税区二号通道直接报关进口或转关至东莞海关拆关。

好处:不仅可节省可观的仓租和拖车费用,而且国内厂家的报关员无须出境即可根据实物填报报关单,可确保报关数据准确无误。

实例2——面向多个客户的原料库某香港贸易商公司有一批韩国产的塑胶粒需卖给中山、东莞、广州、深圳等地的十几家加工工厂,货柜到达香港码头后直接拖至保税区拆柜入仓存放。深圳以外的工厂凭加工贸易合同手册在福田保税区办理进口转关手续提货,而深圳的工厂可凭进口集中报关清单直接报关进口。

好处:手续简单,运费低廉。

实例3——预先质检的原料库某日资大型集团在东莞设立了一家电子器件加工厂,原料全部由其设在日本的另一家下属工厂提供。由于产品技术含量高,料件要求的精度也非常严格。以前原料经多次转运后再报关进境入厂,总会发现有一定比例不能符合生产要求。此种料件单位价值很高,工厂想将不合格品退回换新,但由于原料是由合同手册报进,一旦退港需要向海关层层申报,逐级审批,操作起来很不现实,即使工厂接受损失放弃退料,可生产出口的成品数量就无法达到合同手册的规定,仍需要向海关进行大量的解释举证才能避免走私嫌疑。后来工厂货到码头后直接运进保税区存放,在保税区进行QC质检,合格品报关入工厂,不符品退港,既保证了原料质量,又避免了不必要的麻烦。

好处:保证原料质量,减少中间无谓环节,提高效率,降低成本。

简评:上述各例,充分说明了开展保税加工给企业带来的真正实惠,提高了效率,减少了中间环节和错误的产生,节约了成本,增加了效益。

资料来源:http://www.tradesns.com/forum_messages.php? mid=299539&ccid=8371

五、电子账册的概念及流程

1. 概念

电子账册是指建立一个以海关监管要求为指导,以海关监管系统、企业生产管理系统为基础,海关对企业从电子账册备案、货物进出、海关核查、企业报核、核销实施计算机联网管理,并与主管部门(如外经贸管理机构)进行计算机联网的应用系统。

2. 流程

(1)经营范围的备案:加工贸易企业需向外经贸管理部门和海关进行经营范围的备案,即将企业进出口货物的范围进行备案,主要包括企业基本信息、料件表和成品表的备案。在加工贸易业务中,进出口货物(料件、成品)按照商品编码(HS 编码)前 4 位的不同,分为不同种类,这些分类信息称为"经营范围"。外经贸管理部门首先按企业备案的 HS 编码等信息,审核其经营范围是否在允许的加工贸易范围之内;审核通过后,再将企业的经营范围备案信息发给海关,海关确认后依此对企业加工行为进行监管。以后企业实际进出口货物的商品编码前 4 位不能与经营范围备案中的商品编码前 4 位不同,即实际进出口的货物必须在备案的经营范围之内。

(2)归并关系:企业和海关对货物(料件、成品)的管理重点不同。生产企业内部对货物管理的精确程度要求较高,企业必须区分全部不同种类、规格、功能、大小甚至颜色的货物;海关在进出口管理中,需要对不同货物进行区别管理,以提高管理效率,即对特殊的、敏感的、需重点监管的货物,应详细管理,而对一般货物,无须对其逐项区分和计算,所以企业需按照海关认可的归并原则对货物进行归并,将近似的、非敏感的货物合并为一项向海关申报。同时,归并关系还具有预归类的作用,即企业对某种货物进行 HS 编码的预归类,然后由海关审核其是否合理。企业需向海关申报实际的归并前货物清单以及按归并原则进行归并后的货物清单。海关要审核其归并关系是否符合归并原则。基本的归并原则是:货物的 HS 编码、计量单位一致的可归并为一项,其他归并原则由主管海关根据具体监管要求另行规定。

(3)电子账册:企业进行了归并关系备案后,海关会对归并关系进行审核。但这只是对企业的归并关系进行了审核,最终企业需在海关内网的数据库中备案,所以企业需将海关审批通过的归并后的数据录入电子账册中,再向海关做一次备案申请,向海关进行申报。电子账册中的数据即为海关审批通过后的归并后数据。

(4)账册分册:进行异地报关的企业,由于其异地报关的货物只是电子账册备案中货物的一部分,所以需在电子账册备案的基础上,再进行账册分册的备案,以方便异地报关和海关的监管。

(5)报关申报。

① 清单申报:清单包括大清单和小清单。大清单是拆分前的报关清单。大

清单的关键字是:“电子账册企业内部编号”+“经营单位代码”。货物进出口时,企业都需要填写大清单,记录进出口货物的详细情况,并向海关申报。小清单是大清单拆分后的报关清单。小清单的关键字是:“数据中心统一编号”。该统一编号与对应的报关单统一编号相同。小清单与报关单是一一对应的,以反映报关单中每项归并后货物与归并前各项货物的对应情况。

② 报关单申报:根据海关监管要求,数据中心将企业申报的大清单中的多项货物根据归并关系和其他合并条件(如“备案序号”、“商品编码”、“成品版本号”、“币制”、“征免规定”、“产终地”、“计量单位”都一致的可合并)合并成报关单中的一项货物,向海关申报。

每份报关单合并后的货物项数不能超过20项。所以需将合并后的大清单拆分成多份报关单和与之一一对应的小清单。

(6)中期核查:企业须根据海关规定,定期向海关申报料件或成品的当前状态、数量等情况,海关依此进行联网核查。

(7)数据报核:企业发生了料件或成品的进出口行为后,须在海关规定的核销期限内向海关申报料件或成品的进出口及消耗、损耗情况,海关依此进行核销。

需要补充的是,报核报关单分批报送,即企业在完成电子账册上一核销周期后次日起到本核销周期电子账册预报核前,可以将审结的进口报关单、结关的出口报关单通过企业端录入并以电子报文方式发送到H2000电子账册核销系统,系统自动审核并反馈审核信息。主管海关可查询报核报关单分批报送数据。

TIPS:电子账册的含义和作用

电子账册是指海关以企业界为单元为联网企业建立的电子底账。实施电子账册管理的,联网企业只设立一个电子账册。海关应当根据联网企业的生产情况和海关的监管需要确定核销周期,按照核销周期对实行电子账册管理的联网企业进行核销管理。自2006年9月1日起实行中期核查制度,企业每月底均需向海关申报料号以及物料的库存数据。

“电子账册”是海关加工贸易联网监管的一个重要组成部分,它涵盖了电子口岸、企业客户端等相关系统,是海关实行加工贸易联网监管的有效载体。加工贸易企业在进行对外贸易时,需将企业基本信息、料件表和成品表等向外经贸管理部门和海关进行备案。在以往的海关监管模式下,企业需填制纸面单证,并取得外经贸管理部门的批文后,再到海关办理备案手续。在此模式下,就算是信誉很好的双A级企业,也要花费至少两天的时间。开通“电子账册”之后,企业不需要再为各种手续奔波了,通过网络将备案的各种数据真实地传至海关,轻点鼠标即可完成整个备案手续。当加工贸易企业有料件或成品进出口时,企业还可以通过该系统向海关进行申报,大大减少了通关手续,降低了通关成本,提高了通关效率。

复习思考题

一、单选题

1. 保税加工货物内销,海关按规定免征缓税利息的是( )。

A. 副产品　　B. 残次品

C. 边角料　　D. 不可抗力受灾保税货物

2. 下列哪一选项不属于海关非物理围网监管模式的监管( )。

A. 来料加工企业和进料加工企业　　B. 保税工厂

C. 保税集团　　C. 出口加工区

3. 银行根据海关签发的哪一选项文件,对加工贸易企业设立“银行保证金台账”( )。

A. 银行保证金台账通知书　　B. 设立银行保证金台账联系单

C. 银行保证金台账核销联系单　　D. 银行保证金台账变更联系单

4. 下列哪一选项商品在加工贸易企业向海关备案时应提交进口许可证( )。

A. 毛豆油　　B. 消耗臭氧层物质

C. 蒸馏酒　　D. 钢材

5. 加工贸易经营单位委托异地生产企业加工企业加工产品出口,应当向哪一选项海关办理合同备案手续( )。

A. 加工企业所在地主管海关　　B. 经营单位所在地主管海关

C. 海关总署　　D. 进口料件进境地海关

6. 某C类管理的企业,与外商签订进口1 000美元的服装拉链(属于列明的78种辅料)加工贸易合同,用以加工产品出口,应( )。

A. 设台账、实转、发手册　　B. 设台账、实转、免手册

C. 不设台账、发手册　　　　　　　　　D. 不设台账、免手册

7. 保税业务中,进料加工和来料加工的相同之处是(　)。

A. 料件都需要进口、加工成品都需要出口

B. 料件进口时都全额保税

C. 成品出口时,属于国家许可证管理商品都免领出口许可证

D. 加工期限都应在进口之日起一年内加工成品返销出口

8. 向海关报关时适用保税区进境货物备案清单的是(　)。

A. 保税区从境外进口的加工贸易料件

B. 保税区销往国内非保税区的货物

C. 保税区区内企业从境外进口自用的机器设备

D. 保税区管理机构从境外进口的办公用品

二、多选题

1. 海关对实行计算机联网管理的企业,实行定期或者周期性报核制度。下列选项表述正确的是(　)。

A. 报核周期是180天(6个月)　　　B. 一年

C. 首次报核期限,从电子账册建立之日起180天(6个月)后的30天内

D. 首次报核以后,报销期限,从上次报核之日起180天(6个月)后的30天内

2. 加工贸易保税期限表述正确的是下列哪些选项(　)。

A. 实行纸质手册管理的料件保税期限,原则上不超过1年,经批准可以申请延长,延长最长期限原则上也是一年

B. 实行电子账册管理的料件保税期限,从企业电子账册记录第一批料件进口之日起到该电子账册撤销止

C. 实行电子手册管理的料件,原则上不超过1年,经批准可以申请延长,延长最长期限原则上也是一年

D. 出口加工区保税加工的保税期限,原则上是从加工贸易料件进区到加工贸易成品出区办结海关手续止

3. 下列是关于加工贸易企业设立银行保证金的表述,哪些选项是正确的(　)。

A. 适用B类管理的企业经营允许类的商品,银行保证金台账“空转”,经营限制类的商品按照料件应缴税款50%付银行保证金。

B. 适用C类管理的企业，经营加工贸易允许类和限制类商品，实行保证金台账“实转”

C. 适用A、B类管理的企业，在出口合同中，由外商提供的78种列明辅料金额不超过10 000美元，不设银行保证金台账

D. 适用C类企业在出口合同中，由外商免费提供的78种列明辅料金额不超过5 000美元，不设银行保证金台账

4. 根据《海关法》对保税货物的定义，下列选项中不属于保税货物的有(　)。

A. 来料加工合同项下进口的料件和加工成品

B. 为保证来料加工合同的顺利执行，外商提供以工缴费偿还价款的专用设备

C. 来料加工合同项下进口包装物资

D. 临时进口货样

5. 天津某服装进出口公司和韩国某公司签订来料加工合同，外商提供含涤35%、毛65%混纺面料及全部辅料加工男上衣5万件，交付成品时外商支付加工费。该合同向海关办理登记备案时，企业需向海关递交的文件有(　)。

A. 加工单位或专业外贸公司的营业执照和税务机关签发的税务登记证

B. 外经贸主管部门签发的来料加工批准书和对外签订的正式料加工合同副本

C. 需申领进口许可证商品的进口许可证

D. 海关认为必要的其他单证和保函等

6. 某服装加工厂与外商签订了一份加工服装出口合同，该厂报关员到海关办理该批合同的备案手续时，应向海关提交下列哪些单证资料(　)。

A. 加贸易合同批准证

B. 加工生产企业加工生产能力状况

C. 加贸易登记手册

D. 加贸易合同

7. 在加工贸易活动中，下列哪些情况必须纳入保证金台账管理(　)。

A. 海关按企业分类管理制度确定的B类企业

B. 出口企业为加工出口产品而由外商提供并随主料同时进口的辅助材料，金额为2万美元的

C. 保税区内开展加工贸易进口料件

D. 金额为2万美元的加工贸易合同项下进口料件

8. 加工贸易保证金台账管理制度对不同类别企业和不同类别的商品分别实行保证金台账的“空转”和“实转”，请指出下面正确的选项（ ）。

A. 实行A类管理的企业，一般实行保证金台账“空转”

B. 实行C类管理的企业，实行保证金台账“实转”

C. 加工限制类的B类企业加工允许类商品，实行保证金台账“实转”

D. 加工允许类商品B类企业，实行保证金台账“空转”

三、判断题

1. 加工贸易企业电子账册是以企业为单元进行管理的，不实行“银行保证金台账”制度；加工贸易电子手册是以合同为单元进行管理的，加工贸易电子手册与纸质加工贸易手册一样，实行“银行保证金台账”制度。（ ）

2. 保税加工进口料件在进口报关时，暂缓纳税，加工成品出口报关时再征税。（ ）

3. 实行电子账册管理的企业不设立“银行保证金台账”。（ ）

4. 联网企业进行无纸报关的，海关凭同时盖有申请单位和其代理企业的提货专用章的提货通知书办理“实货放行”手续；凭同时盖有经营单位、报关单位及报关员印章的纸质单证由报关单位办理“事后交单”事宜。（ ）

5. 凡是海关准予备案的加工贸易料件一律可以不办理纳税手续，保税进口。（ ）

6. 外商独资企业进口本企业自用的机器设备和物资，免领进口货物许可证。（ ）

7. 外商与我国国内某加工企业签订来料加工装配合同后，委托该加工企业在我国境内购买供加工成品的部分原材料。这种情况，凡属出口货物许可证管理的商品均应申领出口许可证。（ ）

第十二讲 保税物流货物报关流程

学习要点

1. 了解保税物流货物的含义和特征;

2. 熟悉各种不同的监管场所的对比,如设立条件、货物的存储范围、功能等;

3. 掌握保税仓库、出口监管仓库、保税物流中心货物的报关程序;

4. 熟悉保税物流园区、保税港区进出货物的报关程序。

关键词:保税物流货物 保税仓库 保税物流园区 保税物流中心 保税港区

一、保税物流货物的含义

保税物流货物是指经海关批准未办理纳税手续进境,在境内储存后复运出境的货物,也称作保税仓储货物。已办结海关出口手续尚未离境经海关批准存放在海关专用监管场所或特殊监管区域的货物,带有保税物流货物的性质。保税物流货物在境内储存后的流向除出境外,还可以留在境内按照其他海关监管制度办理相应的海关手续,如保税加工、正式进口等。

二、保税物流货物的监管模式

海关对保税物流货物的监管模式有两大类:一类是非物理围网的监管模式,包括保税仓库、出口监管仓库、保税物流中心 A 型;另一类是物理围网的监管模式,包括保税物流中心 B 型、保税物流园区、保税区、保税港区。

三、保税物流货物监管的特征

保税物流货物监管制度具有“设立审批、准入保税、纳税暂缓、监管延伸、运离结关”的特点。

(一)设立审批

保税物流货物必须存放在经过法定程序审批设立的保税监管场所或者特殊监管区域。保税仓库、出口监管仓库、保税物流中心 A 型、保税物流中心 B 型,要经过海关审批,并核发批准证书,凭批准证书设立及存放保税物流货物;保税物流园区、保税区、保税港区要经过国务院审批,凭国务院同意设立的批复设立,并经海关等部门验收合格才能进行保税物流货物的运作。未经法定程序审批同意设立的任何场所或者区域都不得存放保税物流货物。

(二)准入保税

保税物流货物通过准予进入监管场所或监管区域来实现批准保税。这样,“准入保税”就成为海关保税物流货物监管的特点之一。海关对于保税物流货物的监管通过对保税监管场所或者特殊监管区域的监管来实现。以保税监管场所或者特殊监管区域实施监管,成为海关对保税物流货物监管的重要职责,海关应当依法监管场所或者区域,按批准存放范围准予货物进入保税监管场所或者区域,不符合规定存放范围的货物不准进入。

(三)纳税暂缓

凡是进境进入保税物流监管场所或特殊监管区域的保税物流货物在进境时都可以暂不办理进口纳税手续,等到运离海关保税监管场所或特殊监管区域时才办理纳税手续,或者征税,或者免税。在这一点上,保税物流监管制度与保税加工监管制度是一致的,但是保税物流货物在运离海关保税监管场所或特殊监管区域征税时不需同时征收缓税利息,而保税加工货物内销征税(除出口加工区、珠海园区和边角料外)时要征收缓税利息。

(四)监管延伸

1. 监管地点延伸

进境货物从进境地海关监管现场,已办结海关出口手续尚未离境的货物从出口申报地海关现场，延伸到保税监管场所或者特殊监管区域。

2. 监管时间延伸

保税仓库存放保税物流货物的时间是 1 年，可以申请延长，延长的时间，最长 1 年；

出口监管仓库，存放保税物流货物的时间是 6 个月，可以申请延长，延长的时间，最长 6 个月；

保税物流中心 A 型存放保税物流货物的时间是 1 年，可以申请延长，延长的时间，最长 1 年；

保税物流中心 B 型存放保税物流货物的时间是 2 年，可以申请延长，延长的时间，最长 1 年；

保税物流园区存放保税物流货物的时间没有限制；

保税区存放保税物流货物的时间没有限制。

（五）运离结关

根据规定，保税物流货物报关同保税加工货物报关一样有报核程序，有关单位应当定期以电子数据和纸质单证向海关申报规定时段保税物流货物的进、出、存、销等情况。但是实际结关的时间，除外发加工和暂准运离（维修、测试、展览等）需要继续监管以外，每一批货物运离保税监管场所或者特殊监管区域，都必须根据货物的实际流向办结海关手续；办结海关手续后，该批货物就不再是运离的保税监管场所或者特殊监管区域范围的保税物流货物。在这里规定时间的报核已经不具备最终办结海关手续的必要程序。

案 例

保税物流货物实例若干

例 1. 进口保税仓—香港仓库移至中国内地、集中报关

香港某贸易公司有一批韩国产的橡胶粒需卖给中山、东莞、广州、深圳等地的十几家工厂，货柜到达香港码头后经皇岗转关后拖至昌运保税仓拆柜入仓存放。东莞以外的工厂凭加工贸易合同手册在东莞海关办理进口转关手续提货，而东莞的工厂可凭进口集中报关清单直接报关进口，手续简单，运费低廉，既为供应商节省了仓租，又为用户提供了方便，减少了现金流的压力。

例 2. 出口监管仓—“转厂”简单化

东莞某加工厂和宝安某电子厂都是来料加工厂。宝安电子厂生产的成品，如电阻要卖给东莞厂家作料件，以往办理这种跨关区的“转厂”，手续很烦琐。在它们选择了昌运监管仓后一切都简单化了：宝安厂申报出口交货至昌运出口监管仓视同出境，再用东莞加工厂的手册办理货物的进口手续，货物的运输可由内地车辆完成。这样，复杂问题简单化，节省了开支。

例 3. 出口监管仓—进仓即可核销

东莞某加工厂的合同手册即将到期，海关要求工厂的产品必须限期出口方可核销，而这批成品所订的船期未到，于是他们将货品出口至昌运仓库暂时存放，这样入昌运仓库货品视同出境，厂家的合同核销问题迎刃而解。当船期到时，再由昌运仓库出货交至香港码头或盐田/蛇口码头。

简评：以上实例，说明了保税物流货物的流向、通关模式、海关监管及保税物流在境内周转的相关环节，可以说，保税物流货物在境内还是有较大的市场空间的。

资料来源：http://www.jctrans.com/Supply/vtcc2689.html

四、保税仓库

（一）保税仓库的含义

保税仓库是指经海关批准设立的专门存放保税货物及其他未办结海关手续货物的仓库。

（二）保税仓库存放货物的范围

经海关批准可以存入保税仓库的货物有：

（1）加工贸易进口货物；

（2）转口货物；

（3）供应国际航行船舶和航空器的油料、物料和维修用零部件；

（4）供维修外国产品所进口寄售的零配件；

（5）外商进境暂存货物；

（6）未办结海关手续的一般贸易进口货物；

（7）经海关批准的其他未办结海关手续的进境货物。

（三）保税仓库的名称和分类

中国大体上有三种保税仓库：

(1)公用型保税仓库。公用型保税仓库由主营仓储业务的中国境内独立企业法人经营，专门向社会提供保税仓储服务。

(2)自用型保税仓库。自用型保税仓库由特定的中国境内独立企业法人经营，仅存储本企业自用的保税货物。

(3)专用型保税仓库。专门用来存储具有特定用途或特殊种类商品的保税仓库，称为专用型保税仓库。专用型保税仓库包括液体危险品保税仓库、备案保税仓库、寄售维修保税仓库和其他专用保税仓库。

（四）保税仓库的设立

保税仓库应当设立在设有海关机构、便于海关监管的区域。经营保税仓库的企业，应当具备“经工商行政管理部门注册登记，具有企业法人资格”等6项条件。

企业申请设立保税仓库的，应向仓库所在地主管海关提交书面申请，提供能够证明具备要求条件的有关文件。

（五）保税仓库报关程序

保税仓库的报关程序可以分为进库报关和出库报关。

1. 进库报关

货物在保税仓库所在地进境时，除国家另有规定的外，免领进口许可证件，由收货人或其代理人办理进口报关手续，海关进境现场放行后存入保税仓库。

货物在保税仓库所在地以外其他口岸入境时，经海关批准，收货人或其代理人可以按照转关运输的报关程序办理手续，也可以直接在口岸海关办理异地传输报关手续。

2. 出库报关

保税仓库货物出库可以出现进口报关和出口报关两种情况。保税仓库货物出库根据情况可以逐一报关，也可以集中报关。

(1)进口报关。

① 保税仓库货物出库用于加工贸易的，由加工贸易企业或其代理人按加工贸易货物的报关程序办理进口报关手续。

② 保税仓库货物出库用于可以享受特定减免税的特定地区、特定企业各特定用途的，由享受特定减免税的企业或其代理人按特定减免税货物的报关程序办理进口报关手续。

③ 保税仓库货物出库进入国内市场或使用于境内其他方面，由收货人或其代理人按一般进口货物的报关程序办理进口报关手续。

(2)出口报关。

保税仓库货物为转口或退运到境外而出库的，保税仓库经营企业或其代理人按一般出口货物的报关程序办理出口报关手续，但可免缴纳出口关税，免交验出口许可证件。

(3)集中报关。

保税货物出库批量少、批次频繁的，经海关批准可以办理定期集中报关手续。

(六)保税仓库报关要点

(1)保税仓库所存货物的储存期限为1年，如因特殊情况需要延长储存期限，应向主管海关申请延期，经海关批准可以延长，延长的期限最长不超过1年。

(2)保税仓库所存货物，是海关监管货物，未经海关批准并按规定办理有关手续，任何人不得出售、转让、抵押、质押、留置、移作他用或者进行其他处置。

(3)货物在保税仓库储存期间发生损毁或者灭失，除不可抗力原因外，保税仓库应当依法向海关缴纳损毁、灭失货物的税款，并承担相应的法律责任。

(4)保税仓库货物可以进行包装、分级分类、加刷唛码、分拆、拼装等简单加工，不得进行实质性加工。

(5)保税仓库经营企业应于每月5日之前以电子数据和书面形式向主管海关申报上一个月仓库收、付、存情况，并随附有关的单证，由主管海关核销。

五、出口监管仓库

(一)出口监管仓库概述

1. 含义

出口监管仓库是指经海关批准设立，对已办结海关出口手续的货物进行存储、保税货物配送、提供流通性增值服务的海关专用监管仓库。

出口监管仓库分为出口配送型仓库和国内结转型仓库。

出口配送型仓库是指存储以实际离境为目的的出口货物的仓库。

国内结转型仓库是指存储用于国内结转的出口货物的仓库。

2. 存放货物的范围

经海关批准可以存入出口监管仓库的货物有：

(1)一般贸易出口货物；

(2)加工贸易出口货物；

(3)从其他海关特殊监管区域、场所转入的出口货物；

(4)其他已办结海关出口手续的货物。

出口配送型仓库还可以存放为拼装出口货物而进口的货物。

出口监管仓库不得存放下列货物：

(1)国家禁止进出境货物；

(2)未经批准的国家限制进出境货物；

(3)海关规定不得存放的货物。

3. 出口监管仓库的设立

出口监管仓库的设立，应符合海关规定的具有企业法人资格、注册资本、仓库面积等条件，经海关受理，审批作出行政许可以及验收，由直属海关核发《中华人民共和国出口监管仓库注册登记证书》，方可投入运营。注册登记证书有效期为3年。

(二)出口监管仓库货物报关程序

出口监管仓库货物报关，大体可以分为进仓报关、出仓报关、结转报关和更换报关。

1. 进仓报关

出口货物存入出口监管仓库时，发货人或其代理人应当向主管海关办理出口报关手续，填制出口货物报关单。按照国家规定应当提交出口许可证件和缴纳出口关税的，必须提交许可证件和缴纳出口关税。提交报关必需的单证和仓库经营企业填制的“出口监管仓库货物入仓清单”。

对经批准享受入仓即退税政策的出口监管仓库，海关在货物入仓办结出口报关手续后予以签发“出口货物报关单”退税证明联；对不享受入仓即退税政策的出口监管仓库，海关在货物实际离境后签发“出口货物报关单”退税证明联。

2. 出仓报关

出口监管仓库货物出仓可能出现出口报关和进口报关两种情况。

(1)出口报关。出口监管仓库货物出仓货物出口时,仓库经营企业或其代理人应当向主管海关申报。提交报关必需的单证,并提交仓库经营企业填制的“出口监管仓库货物出仓清单”。

入仓没有签发“出口货物报关单”退税证明联的,出仓离境海关按规定签发“出口货物报关单”退税证明联。

(2)进口报关。出口监管仓库货物转进口的,应当经海关批准,按照进口货物的有关规定办理相关手续。

① 用于加工贸易的,由加工贸易企业或其代理人按加工贸易货物的报关程序办理进口报关手续。

② 用于可以享受特定减免税的特定地区、特定企业和特定用途的,由享受特定减免税的企业或其代理人按特定减免税货物的报关程序办理进口报关手续。

③ 进入国内市场或使用于境内其他方面,由收货人或其代理人按一般进口货物的报关程序办理进口报关手续。

3. 结转报关

经转入、转出方所在地主管海关批准,并按照转关运输的规定办理相关手续后,出口监管仓库之间,出口监管仓库与保税区、出口加工区、保税物流园区、保税物流中心、保税仓库等特殊监管区域、专用监管场所之间可以进行货物流转。

4. 更换报关

对已存入出口监管仓库因质量等原因要求更换的货物,经仓库所在地主管海关批准,可以更换货物。被更换货物出仓前,更换货物应当先行入仓,并应当与原货物的商品编码、品名、规格型号、数量和价值相同。

(三)出口监管仓报关要点

(1)出口监管仓库必须专库专用,不得转租、转借给他人经营,不得下设分库。

(2)出口监管仓库经营企业应当如实填写有关单证、仓库账册,真实记录并全面反映其业务活动和财务状况,编制仓库月度进、出、转、存情况表和年度财务会计报告,并定期报送主管海关。

(3)出口监管仓库所存货物的储存期限为6个月。如因特殊情况需要延长储存期限,应在到期之前向主管海关申请延期,经海关批准可以延长,延长的期限最长不超过6个月。

(4)出口监管仓库所存货物,是海关监管货物,未经海关批准并按规定办理有关手续,任何人不得出售、转让、抵押、质押、留置、移作他用或者进行其他处置。

(5)货物在仓库储存期间发生损毁或者灭失,除不可抗力原因外,保税仓库应当依法向海关缴纳损毁、灭失货物的税款,并承担相应的法律责任。

(6)经主管海关同意,可以在出口监管仓库内进行品质检验、分级分类、分拣分装、印刷运输标志、改换包装等流通性增值服务。

六、保税物流中心

(一)保税物流中心(A型)概述

1. 含义

保税物流中心(A型)是指经海关批准,由中国境内企业法人经营、专门从事保税仓储物流业务的海关监管场所。按服务范围分,保税物流中心(A型)可以分为公用型和自用型两类。

公用型物流中心是指专门从事仓储物流业务的中国境内企业法人经营,向社会提供保税仓储物流综合服务的海关监管场所。

自用型物流中心是指中国境内企业法人经营,仅向本企业或者本企业集团内部成员提供保税仓储物流服务的海关监管场所。

2. 存放货物的范围

(1)国内出口货物;

(2)转口货物和国际中转货物;

(3)外商暂存货物;

(4)加工贸易进出口货物;

(5)供应国际航行船舶和航空器的物料、维修用零部件;

(6)供维修外国产品所进口寄售的零配件;

(7)未办结海关手续的一般贸易进口货物;

(8)经海关批准的其他未办结海关手续的货物。

3. 开展业务的范围

保税物流中心(A型)经营企业可以开展以下业务:

(1)保税存储进出口货物及其他未办结海关手续货物;

(2)对所存货物开展流通性简单加工和增值服务;

(3)全球采购和国际分拨、配送;

(4)转口贸易和国际中转业务;

(5)经海关批准的其他国际物流业务。

保税物流中心(A型)经营企业不得开展以下业务:

(1)商业零售;

(2)生产和加工制造;

(3)维修、翻新和拆解;

(4)存储国家禁止进出口货物,以及危害公共安全、公共卫生或者健康、公共道德或者秩序的国家限制进出口货物;

(5)存储法律、行政法规明确规定不能享受保税政策的货物;

(6)其他与物流中心无关的业务。

(二)保税物流中心(A型)的设立和管理

1. 经营保税物流中心(A型)的必要条件

(1)选址。保税物流中心(A型)应当设在国际物流需求量较大、交通便利且便于海关监管的地方。

(2)经营企业的资格条件包括“经工商行政管理部门注册登记,具有独立的企业法人资格”等7项条件。

申请设立的条件包括“符合海关对物流中心的监管规划建设要求”等6项条件。

2. 保税物流中心(A型)的设立申请、受理审批、延期审查和变更

(1)申请设立保税物流中心(A型)的经营企业应当向所在地直属海关提交书面申请,提供能够证明规定条件已经具备的有关文件。

(2)保税物流中心(A型)的申请由直属海关受理,报海关总署审批,并由海关总署出具批准申请企业筹建物流中心的文件。

物流中心验收合格后,由海关总署向企业核发“保税物流中心(A型)验收合格证书”和“保税物流中心(A型)注册登记证书”,颁发“保税物流中心(A型)标牌”。

物流中心在验收合格后方可开展有关业务。

(3)“保税物流中心(A型)注册登记证书”有效期为2年。经营企业应当在每次有效期满30日前向直属海关办理延期审查申请手续。

海关对审查合格的企业准予延期2年。

(4)保税物流中心需变更经营单位名称、地址、仓储面积等事项的,企业申请并由直属海关报海关总署审批。其他变更事项报直属海关备案。

(三)保税物流中心(A型)进出货物报关程序

1. 保税物流中心(A型)与境外之间的进出货物报关

(1)物流中心与境外之间进出的货物,应当在物流中心主管海关办理相关手续。物流中心与口岸不在同一主管海关的,经主管海关批准,可以在口岸海关办理相关手续。

(2)物流中心与境外之间进出的货物,除实行出口被动配额管理和中华人民共和国参加或者缔结的国际条约及国家另有明确规定的以外,不实行进出口配额、许可证件管理。

(3)从境外进入物流中心内的货物,凡属于规定存放范围内的货物予以保税;属于物流中心企业进口自用的办公用品、交通运输工具、生活消费品等,以及物流中心开展综合物流服务所需进口的机器、装卸设备、管理设备等,按照进口货物的有关规定和税收政策办理相关手续。

2. 保税物流中心(A型)与境内之间的进出货物报关

(1)物流中心内货物运往所在关区外,或者跨越关区提取物流中心内货物,可以在物流中心主管海关办理进出中心的报关手续,也可以按照境内监管货物转关运输的方式办理相关手续。

(2)企业根据需要经主管海关批准,可以分批进出货物,月度集中报关,但集中报关不得跨年度办理。

(3)物流中心与境内之间的进出货物报关按下列规定办理:

① 物流中心货物出中心进入关境内的其他地区视同进口,按照货物进入境内的实际流向和实际状态办理进口报关手续;属于许可证件管理的商品,企业还应当向海关出具有效的许可证件。

② 货物从境内进入物流中心视同出口,办理出口报关手续。如需缴纳出口关税的,应当按照规定纳税;属于许可证件管理的商品,还应当向海关出具有效的出口许可证件。

（四）保税物流中心监管和报关要点

（1）物流中心内货物保税存储期限为1年。确有正当理由的，经主管海关同意可予以延期，除特殊情况外，延期不得超过1年。

（2）从境内运入物流中心的原进口货物，境内发货人应当向海关办理出口报关手续，经主管海关验放；已经缴纳的关税和进口环节海关代征税，不予退还。

（3）从境内运入物流中心已办结报关手续或者从境内运入物流中心供中心内企业自用的国产机器设备、装卸设备、管理设备、检测检验设备等以及转关出口货物（启运地海关在已收到物流中心主管海关确认转关货物进入物流中心的转关回执后）签发出口退税报关单证明联。

（4）从境内运入物流中心的下列货物，海关不签发出口退税报关单证明联：

① 供中心企业自用的生活消费品、交通运输工具；

② 供中心企业自用的进口的机器设备、装卸设备、管理设备、检测检验设备等；

③ 物流中心之间，物流中心与出口加工区、保税物流园区、物流中心（B型）和已实行国内货物入仓环节出口退税政策的出口监管仓库等海关特殊监管区域，或者海关保税监管场所往来的货物。

（5）从物流中心进入境内，用于在保修期限内免费维修有关外国产品，并符合无代价抵偿货物有关规定的零部件，或者用于国际航行船舶和航空器的物料，或者属于国家规定可以免税的货物，免征关税和进口环节海关代征税。

（6）实行集中申报的进出口货物，应当适用每次货物进出口时海关接受申报之日实施的税率、汇率。

（7）保税仓储货物在存储期间发生损毁或者灭失的，除不可抗力外，物流中心经营企业应当依法向海关缴纳损毁、灭失货物的税款，并承担相应的法律责任。

七、保税港区

保税港区的功能包括仓储物流，对外贸易，国际采购、分销和配送，国际中转，检测和售后服务维修，商品展示，研发、加工、制造，港口作业等。

保税港区享受保税区、出口加工区、保税物流园区相关的税收和外汇管理政策。主要为:国外货物入港区保税;货物出港区进入国内销售按货物进口的有关规定办理报关,并按货物实际状态征税;国内货物入港区视同出口,实行退税;港区内企业之间的货物交易不征增值税和消费税。保税港区叠加了保税区和出口加工区税收和外汇政策,在区位、功能和政策上优势更明显。

(一)保税港区税收政策

保税港区享受保税区、出口加工区相关的税收和外汇管理政策。主要税收政策为:

——国外货物入港区保税;

——货物出港区进入国内销售按货物进口的有关规定办理报关手续,并按货物实际状态征税;

——国内货物入港区视同出口,实行退税;

——港区内企业之间的货物交易不征增值税和消费税。

(二)保税港区优惠政策

1. *在税收方面*

从境外进入保税港区的货物,海关按照有关规定予以保税,或者免征关税和进口环节税;从保税港区运往境外的货物,免征出口关税;从保税港区进入国内的货物,按照货物进口的有关规定办理报关手续,并按照货物实际状态征收关税和进口环节税;保税港区企业生产的供区内销售或者运往境外的产品,免征相应的增值税和消费税;保税港区企业之间的货物交易,不征收增值税和消费税;国内货物进入保税港区视同出口,按照规定实行退税。

2. *在监管方面*

保税港区内货物可以自由流转;对保税港区与境外之间进出的货物,不实行进出口许可证件管理;对诚信等级高的企业所申报的危险货物,可视为内陆直接装船,不再开箱查验;对境外进入保税港区的货物,检验检疫部门只检疫不检验;对进入保税港区的国际航行船舶,实施电讯检疫或者码头检疫,一般不再实施锚地检疫。

3. *管理要求*

保税港区实行封闭管理,港区和陆地区域参照出口加工区的标准建设隔离监管设施,货物和车辆通过通道时要有必要的监管设施和监管措施,并采取有效措施保证社会车辆通过通道。当地人民政府要严格按照土地利用总体规划确定具体位置,严格控制规划用地面积,依法履行用地报批手续,并拟定保税港区建设实施方案。实施方案经海关总署会同有关部门审核同意后,由当地人民政府组织隔离监管设施的建设,待条件具备后,由海关总署会同有关部门按照出口加工区的建设标准联合验收。

TIPS:中国目前的保税港区有哪些?

截止到2010年5月,经国务院批准设立的保税港区共有14个,它们分别是:上海洋山保税港区、天津东疆保税港区、大连大窑湾保税港区、海南洋浦保税港区、宁波梅山保税港区、广西钦州保税港区、厦门海沧保税港区、青岛前湾保税港区、深圳前海湾保税港区、广州南沙保税港区、重庆两路寸滩保税港区、张家港保税港区、烟台保税港区和福州保税港区。

(三)保税港区与保税区的区别

从发展形态上讲,保税港区是我国保税经济区域的高级形态;从功能上讲,保税港区叠加了保税区、出口加工区、保税物流园区的各项功能政策;从发展趋向上讲,保税港区是未来我国建设自由贸易区的先行实验区;从运作模式上讲,保税港区实现了保税区域与港口的实质联动。

保税港区正以其最齐全的功能、最优惠的政策、最大的开放度,成为我国继保税区之后,最为特殊的外向型经济区域。“保税区”与“保税港区”,虽一字之差,但内涵相去甚远。

1. 保税区:功能比较单一

从1990年到2008年年底,我国先后共设立了15个保税区,并赋予其最优惠的政策和最大的开放度,即“境内关外”。长期以来,保税区成为中国经济融入世界、参与国际竞争的重要结点和桥头堡。

但随着世界经济的发展尤其是经济全球化进程的加快,保税区这种形式已经满足不了中国更好地参与全球经济的需要。例如,越来越多的跨国公司在中国投资,其产品在研制、生产、销售等环节需要高度的国际化,迫切需要一个具备国际配送、国际采购、国际中转等功能,且货物能自由、高效流通的区域。而保税区功能较为单一。

与此同时,中国对外开放水平的全面提高,使保税区原来的政策和功能优势逐步弱化。从保税区20多年的运作来看,15个保税区中规模参差不齐,功能也不尽相同,总体看都偏重于贸易和加工,物流功能等相对薄弱,一些优惠政策并没有落实到位。

2. 保税港区:整合多种外向型功能区之功能

随着经济全球化进程的加快和保税区的不足日益显现,保税港区应运而生,成为中国进一步深化改革、扩大开放、带动区域发展的试验基地。

与保税区相比,保税港区的内涵更为丰富,功能更为齐全。从字面上很容易看出,保税港区比保税区多了码头和港口的功能。目前,我国设立的五大保税港区,都是依港而建。世界上知名的自由贸易区如德国的汉堡港、荷兰的鹿特丹港,都是与港口相连,并实行区港一体化管理。

在港口设立保税港区,就是要使港口发展为国际枢纽港的同时,在港口建设国际物流中心,发展贸易、海运、海运代理、货代、仓储、商展、金融等业务,为进出口贸易、国际转口贸易提供便利、优质和低成本的物流服务。除了港口的功能外,保税港区还整合了原来保税区、保税物流园区、出口加工区等多种外向型功能区的所有功能。保税港区具有的功能主要有:

国际物流功能。保税港区不仅能使国外产品快速进入中国国内市场,而且可以方便地转口去其他国家,降低经营成本,同时,还能产生聚集效应,使多个跨国公司的物流中心集结在同一保税港区内,带动区内仓储业、运输业、贸易业、金融业、信息业等多种服务业发展。

国际贸易功能。工贸结合型或单纯贸易型的企业都可以利用保税港区的区位优势和物流设施开展进出口贸易和转口贸易等业务。

出口加工功能。在保税港区可发展外向型加工工业,主要包括原料零部件在海外及销售市场在海外的产品的加工、依托境外先进技术的高科技新型产品的制造等。

商品展示功能。在保税港区可建立大型的商品展示场馆,使国内客户不出国门就可以在区内直接就地观摩世界各国的商品,并可以在看样后当即签订合同,办理进口手续;境外客户也可以在区内看样后与国内企业签订出口合同。

3. 保税港区:叠加税收、监管等多项优惠政策

实际上,保税区与保税港区,其本质是一致的,即“境内关外,自由免税”,只是保税区的优惠政策不足,且一些优惠政策并未落到实处。与传统保税区相比,保税港区不仅是真正的“境内关外”,还享受税收、监管等各项更为优惠的政策。

在税收方面:从境外进入保税港区的货物,海关按照有关规定予以保税,或者免征关税和进口环节税;从保税港区运往境外的货物,免征出口关税;从保税

港区进入国内的货物,按照货物进口的有关规定办理报关手续,并按照货物实际状态征收关税和进口环节税;保税港区企业生产的供区内销售或者运往境外的产品,免征相应的增值税和消费税;保税港区企业之间的货物交易,不征收增值税和消费税;国内货物进入保税港区视同出口,按照规定实行退税。

在监管方面:保税港区内货物可以自由流转;对保税港区与境外之间进出的货物,不实行进出口许可证件管理;对诚信等级高的企业所申报的危险货物,可视为内陆直接装船,不再开箱查验;对境外进入保税港区的货物,检验检疫部门只检疫不检验;对进入保税港区的国际航行船舶,实施电讯检疫或者码头检疫,一般不再实施锚地检疫。

案 例

保税物流经典案例分析

业务实例1 香港A公司在宝安、东莞均设有工厂,国外的原材料到香港码头后,转由深圳市元享物流有限公司保税仓库存放。待国内工厂需要用料时,通知深圳市元享物流有限公司报关部直接报关进口或转关至东莞海关拆关。

点评:(1)可节省可观的仓租和拖车费用;(2)报关员无须出境且确保报关数据准确无误。

业务实例2 B厂家出口一批产品到美国后因包装/质量问题退港,国内厂家一时无法向海关申请到质量不符退运的批文,他们将货品由香港码头或盐田码头转入深圳市元享物流有限公司保税仓库(免商检、免办证),派工人到仓库改换包装或维修,完毕后装柜直接交给国外客户。

点评:复杂问题简单化,节省了大量费用。

业务实例3 C公司在国内有遍布各地的数十个原材料供应商,他们选择了深圳市元享物流有限公司保税仓库作为东南亚地区的配送中心。每天由车队将各地供应商的货物转关或直接出口交货至元享保税仓库存放,而海外供应商的货品则直接转入。所有的货品在这里根据全球各地工厂的需要整理、重新包装后,装上集装箱交香港码头或深圳港上船送达全球各地。

点评:操作内地化,可视可控,节约了香港物流成本。

业务实例4 香港/台湾贸易商D公司有一批塑胶粒需卖给中山、东莞、广州、深圳等地的十几家工厂,货柜到达香港码头/盐田港后直接拖至福汉兴福保或盐田物流园保税仓库/堆场存放。深圳以外的工厂凭加工贸易合同手册在深圳出口加工区办理进口转关手续提货,而深圳的工厂可凭进口集中报关清单直接报关进口,手续简单,运费低廉。

点评:既为供应商节省了仓租,又为用户提供了方便,减小了现金流的压力。

业务实例5 内地公司或工厂需要进口一批机器设备,但货柜到港后因单证问题不能及时申报,滞港产生大量费用,委托元享公司把货柜拖至福保或盐田物流园、深圳出口加工区保税仓库,存柜堆放。节约大量费用。

点评:操作简化,费用降低。

业务实例6 东莞的Q公司和宝安的A公司都是加工型企业,Q公司生产的成品如电阻要卖给A公司作料件,以往办理这种跨关区的"转厂",手续很烦琐。现在他们选择了元享福保或盐田物流园保税仓库后一切都变得简单了:Q公司办理东莞至深圳出口加工区的出口转关交货至元享保税仓库视同出境,完成海关监管手续,可以退税,再用A公司的进口报关单证办理货物的进口手续,货物的运输可由国内车辆完成。

点评:复杂问题简单化,节省了开支。

资料来源:http://wenku.baidu.com/view/69b789d4c1c708a1284a44d0.html

复习思考题

一、单选题

1. 保税物流中心不能开展的业务是( )。

A. 保税存储进出口货物及其他未办结海关手续货物

B. 维修、翻新和拆解

C. 转口贸易和国际中转业务

D. 对所存货物开展流通性的简单加工和增值服务

2. 保税物流园区不可以开展的业务是( )。

A. 进出口贸易

B. 国际采购、分销和配送

C. 对所存货物开展流通性简单加工和增值服务

D. 加工制造、翻新和拆解

3. 下列哪一选项从境外进口的货物照章征税(　)。

A. 出口加工区从境外进口的区内企业自用的生产管理设备

B. 保税区企业从境外进口的仓储设备

C. 保税物流园区进口的仓储设备、管理设备

D. 出口加工区从境外进口的自用交通工具、生活消费品

4. 天津某加工贸易经营企业(B类管理企业)进口12 590美元的涤纶长丝,委托河北廊坊某加工企业(A类管理企业)加工袜子后返销出口。该异地加工贸易的银行保证金台账应(　)。

A. 由经营企业到所在地银行设台账,半实转

B. 由加工企业到所在地银行设台账,空转

C. 由经营企业到加工企业所在地银行设台账,半实转

D. 由加工企业到经营企业所在地银行设台账,空转

5. 下列哪一选项从境外进口的自用物资(交通工具、消费品除外)可以享受特定减免税的优惠待遇(　)。

A. 保税仓库　　B. 出口监管仓库

C. 保税物流中心　　D. 保税物流园区

6. 下列哪一选项的暂时进口货物,在办理进口报关手续时不需提交进口许可证件(　)。

A. 易制毒化学品　　B. 监控化学品

C. 消耗臭氧层物质

D. 除需要实施检验检疫的,或者为了公共卫生、公共安全等实施管制措施以外的其他货物

7. 下列哪一选项适用保税通关制度(　)。

A. 展览品　　B. 暂时进口的施工机械

C. 进料加工外商免费提供的加工贸易设备

D. 来料加工中外商免费提供的加工贸易设备

8. 向海关报关时适用保税区进境货物备案清单的是(　)。

A. 保税区从境外进口的加工贸易料件

B. 保税区销往国内非保税区的货物

C. 保税区区内企业从境外进口自用的机器设备

D. 保税区管理机构从境外进口的办公用品

二、多选题

1. 从境外进入保税区的货物,应该(　　)。

A. 进口自用的生产设备、物资免税

B. 进口加工贸易货物全额保税

C. 转口货物保税

D. 进口自用交通工具、生活物资征税

2. 下列选项中,哪些选项表述不正确(　　)。

A. 进口保税仓库自用货架照章征税

B. 保税区仓储企业进口的自用货架照章征税

C. 保税物流中心进口的自用货架照章征税

D. 保税物流园区进口的自用货架照章征税

3. 从境外进入物流园区的货物,下列哪些选项表述是正确的(　　)。

A. 园区企业为开展业务所需货物及其包装材料进口保税

B. 园区加工贸易企业进口的料件保税

C. 贮存的进口货物保税

D. 贮存的为办结海关手续的进口货物保税

4. 从境外进入物流园区的货物,下列哪些选项表述是正确的(　　)。

A. 园区从境外进口的自用设备、物资免税

B. 园区企业为开展业务进口的自用设备、装卸设备、仓储设备、管理设备免税

C. 园区企业、行政机构及其经营主体进口的自用合理数量的办公用品免税

D. 园区企业、行政机构及其经营主体进口的自用交通工具和生活物资,照章征税

5. 物流中心、物流园区、出口加工区、保税区货物出区到境内区外,表述正确的是(　　)。

A. 出区报进口。海关一律按照一般进口货物照章征税并办理其他相应报关手续

B. 出区报进口。如用于境内消费,海关按照一般进口货物报关程序照章征税,并办理相应的海关手续

C. 出区报进口。如用于境内消费,海关按照特定减免税报关程序办理海关手续

D. 出区报进口。如用于加工贸易,海关按照加工贸易报关程序办理海关手续

6. 境内区外货物进入物流中心、物流园区、出口加工区、保税区,下列选项表述正确的是(　)。

A. 进区报出口。对进入物流中心、物流园区、出口加工区货物在办理进区出口手续时,海关即可签发出口退税报关单证明联(自用交通工具、生活物资等除外)

B. 进区报出口。对进入保税区的货物,在办理进区出口手续时,海关不立即签发出口退税报关的证明联,待货物实际运输出境,经海关核实再签发出口退税报关单证明联

C. 进区报出口,对境内区外的国产设备进入物流中心、物流园区、出口加工区自用,在办理进区出口手续时,海关即可签发出口退税报关单证明联;对进入保税区自用的国产设备,应向海关备案,不填写报关单,不缴纳出口税,海关不签发出口退税报关单证明联

D. 对进入物流中心、物流园区、出口加工区、保税区自用的原进口设备,在办理进区手续时,海关不退还原进口时已征得进口税款,也不签发出口退税报关单证明联

7. 下列是关于保税贮存期限的表述,哪些选项是正确的(　)。

A. 保税仓库货物的贮存期限为 1 年,可以申请延长,延长的期限最长不超过 1 年

B. 出口监管仓库货物贮存期限为 6 个月,可以申请延长,延长期限不超过 6 个月

C. 保税物流中心 A 型保税贮存期限为 1 年,可以申请延长,延长期限不超过 1 年;保税物流中心 B 型保税贮存期限为 2 年,可以申请延长,延长期限不超过 1 年

D. 保税物流园区货物不设贮存期限

8. 下列哪些选项由直属海关批准设立(　)。

A. 保税仓库　　B. 出口监管仓库

C. 保税物流中心 A 型　　D. 保税物流中心 B 型

9. 下列哪些选项进出海关特殊监管区域办理海关手续时不适用保税通关制度(　)。

A. 物流园区货物出区运往境内区外用于消费的货物

B. 境内区外加工贸易货物进入物流园区

C. 出口加工区货物出区运往境内区外用于特定减免税的货物

D. 保税区货物出区运往境内区外用于加工产品出口

10. 保税物流中心可以开展的业务是(　)。

A. 对所存货物开展流通性的简单加工和增值服务

B. 维修和拆解

C. 全球采购、国际分拨和配送

D. 转口贸易和国际中转业务

11. 物流园区可以开展的业务是(　)。

A. 进出口贸易

B. 对所存货物开展流通性的简单加工和增值服务

C. 存储进出口货物及其他未办结海关手续的货物

D. 国际采购、分拨和配送

12. 下列哪些选项从境外进口的区内自用的机器设备可以享受特定减免税待遇(　)。

A. 出口加工区　　B. 保税区

C. 保税物流中心 B 型　　D. 保税物流园区

13. 下列哪些选项从境外进口的货物可以享受特定减免税待遇(　)。

A. 出口加工区从境外进口的区内企业自用的生产、管理设备

B. 保税区企业从境外进口的仓储设备

C. 保税物流园区进口的仓储设备

D. 出口加工区从境外进口的自用交通工具、生活消费品

14. 下列关于保税物流货物存储期限的说法中,正确的是(　)。

A. 保税仓库存放保税物流货物的时间是 1 年

B. 出口监管仓库存放保税物流货物的时间是 1 年

C. 保税物流中心 A 型存放保税物流货物的时间是 1 年

D. 保税物流中心 B 型存放保税物流货物的时间是 1 年

15. 为了支持保税区的发展,下列哪些货物在保税区享有免税优惠(　)。

A. 区内生产性的基础设施建设项目所需的机器、设备和其他基建物资,予以免税

B. 区内企业自用的生产、管理设备和自用合理数量的办公用品及其所需的维修、零配件,生产用燃料,建设生产厂房、仓储设施所需的物资、设备,除交

通车辆和生活用品外,予以免税

C. 保税区行政管理机构自用合理数量的管理设备和办公用品及其所需的维修零配件,予以免税

D. 区内企业自用的交通车辆和生活用品,予以免税

16. 出口监管仓库设立条件包括(　)。

A. 最低注册资本为150万元人民币

B. 最低注册资本为300万元人民币

C. 具有进出口经营权和仓储经营权

D. 具有向海关缴纳税款的能力

三、判断题

1. 物流园区与境外之间进出货物,除园区自用的免税进口货物、国际中转货物或者法律、行政法规另有规定的货物以外,海关实行备案制管理。(　)

2. 出口监管仓库存放的货物,是办结出口海关手续的货物,所以只能装运出口,不可以出仓复进口。(　)

3. 保税仓库可以存放未办结海关手续的进口货物,不能存放已办结出口海关手续的出口货物。(　)

4. 某保税仓库进口仓库内部管理用计算机、堆放货物的货架及在保税仓库内使用搬运货物的叉车,按照规定,进口这些物资可以申请办理保税手续。(　)

5. 某保税仓库进口仓库管理用计算机、堆放货物的货架及搬运货物的叉车。按照规定,进口这些物资可予以免税。(　)

6. 企业设立保税仓库应向仓库所在地主管海关提交书面申请,主管海关报直属海关审批,直属海关批准设立保税仓库后报海关总署备案。(　)

7. 公用保税仓库由主营仓储业务的中国境内独立企业法人经营,专门向社会提供保税仓储服务,其面积最低为2 000平方米。(　)

8. 从非保税区运入保税区的供加工生产产品用的货物,属于应税出口商品的,应缴纳出口关税。(　)

第十三讲　走进保税区与出口加工区

学习要点

1. 了解保税区和出口加工区的含义及功能；
2. 熟悉保税区和出口加工区设立的条件；
3. 掌握进出保税区和出口加工区货物的报关业务流程。

关键术语：保税区　出口加工区　设立　报关流程

一、保税区的含义及功能

保税区是中国继经济特区、经济技术开发区、国家高新技术产业开发区之后，经国务院批准设立的新型经济性区域。由于保税区按照国际惯例运作，实行比其他开放地区更为灵活优惠的政策，它已成为中国与国际市场接轨的“桥头堡”。因此，保税区在发展建设伊始就成为国内外客商密切关注的焦点。

保税区具有进出口加工、国际贸易、保税仓储商品展示等功能，享有“免证、免税、保税”政策，实行“境内关外”运作方式，是中国对外开放程度最高、运作机制最便捷、政策最优惠的经济区域之一。

TIPS：我国保税区的分布

1990年6月，经中央批准，在上海创办了中国第一保税区——上海外高桥保税区。1992年以来，国务院又陆续批准设立了14个保税区和一个享有保税区优惠政策的经济开发区，即天津港、大连、张家港、深圳沙头角、深圳福田、福州、海口、厦门象屿、广州、青岛、宁波、汕头、深圳盐田港、珠海保税区以及海南洋浦经济开发区。目前，全国15个保税区隔离设施已全部经海关总署验收合格，正式投入运营。

二、进入保税区货物的报关流程

(一)境外货物进区报关流程

(1)加工贸易所需进境料件、转口货物、仓储货物适用进境备案手续。

(2)货物到达港后,收货人或其代理人到预录入点办理进境货物备案清单预录入手续(加工贸易进境料件在加工企业预录入,仓储、转口货物在仓库预录入),预录入按“进出境备案清单填制规范”填写。

(3)将预录入数据向海关发送申报,待接到接受申报回执后,打印进境货物备案清单。

(4)在备案清单上签署报关员名字,并加盖报关专用章,随附报关员证、提单、相关商业单证、运输单证、原产地证书、审批单证及其他海关认为必要时需交验的有关单证和资料到海关里书面交单申报手续。

(5)海关接单后,经审核符合申报条件、手续齐全有效的,予以放行,并在有关单证上加盖放行章或验讫章,将盖单证返还报关员办理提货手续。

(6)货物须由海关监管车辆从码头(机场等)承运至保税区内。

(二)区内货物出境报关流程

(1)保税区运往境外的货物适用出境备案手续。

(2)发货人或其代理人到预录入点办理出境备案清单预录入手续,预录入按“进出境备案清单填制规范”填写。

(3)将预录入数据向海关发送申报,待收到申报加执后,打印出境货物备案清单。

(4)在备案清单上签署报关员名字,并加盖报关章,随附报关员证、相关商业单证、运输单证、审批单证及其他海关认为必要时需交验的有关单证和资料到海关办理书面申报手续。

(5)海关接单后,经审核符合申报条件、手续齐全有效的。予以放行,并在报关单证上加盖放行章或验讫章,将盖章单证返还报关员办理货物装船出运手续。

(6)货物须由海关监管车辆从保税区承运至码头(机场等)。

(三)其他境外货物进区或货物出区报关流程

(1)除加工贸易进境料件、转口货物和仓储货物外的从境外运入保税区,或者从保税区运往非保税区，或者从境外通过保税区报关直接运往非保税区的货物适用进口报送手续。

(2)收(发)货人或其他代理人到预录入点办理进口报关单预录入手续，按“报关单填制规范”填写。

(3)将预录入数据向海关发送申报，待接到接受申报回执后，打印进口报关单。

(4)在报送单上签署报关员名字，加盖报关章，随附报关员证、相关商业单证、运输单证、审批单证及其他海关认为必要时需交验的有关单证和资料到海关办理书面交单申报手续。

(5)海关接单后，经审核符合申报条件、手续齐全有效的，予以放行，并在相关单证上加盖放行章或验讫章，将盖章单证返还报关员输提货手续。

(6)入区货物须由海关监管车辆从码头(机场等)承运至保税区。

(四)货物从非保税区出口到保税区报关流程

(1)从非保税区运往保税区的货物适用出口报关手续。

(2)货物先运入保税区或直接运入码头后，发货人或其代理人到预录入点办理出口报关单预录入手续，预录入按“报关单填制规范”填写。

(3)将预录入数据向海关发送申报，待接到申报回执后，打印出口报关单。

(4)在报关单上签署报关员名字，加盖报关章，随附报关员证、相关商业单证、运输单证、审批单证及其他海关认为必要时需交验的有关单证和资料，到海关办理书面交单申报手续。

(5)海关接单后，经审核符合申报条件、手续齐全有效的，予以放行过机，并在相关单证上加盖放行章或验讫章，将盖章单证返还报关员输货物进区手续。

三、进出口(境)查验流程

(1)报关员接到海关查验通知书后，安排货物或办理移箱手续等，做好接受查验准备，货物查验必须在海关监管查验场地进行。

(2)报关员接受海关查验关封，提交给查验关员。

(3)查验关员实施查验、查验时进出口货物收发货人或其代理人必须在场。

(4)查验关员填制查验记录单，并由货主或代理签名确认。

(5)查验关员将查验单证做成关封，交给报关员，继续办理通关手续。

四、进出保税区货物通关单证

(一)必备单证

(1)进出口货物报关单、进出境货物备案清单。

(2)提运单(海运提单、空运提单、铁路运单等)、进出仓单。

(3)商业发票。

(4)装箱单(码单、明细单)。

(5)合同、订货单或协议。

(6)报关单证明联签发打印申请表。

(二)其他单证

(1)报关委托书(代理报关时使用)。

(2)进出口转关申请单(进出口转关时使用)。

(3)仓储协议(保税仓储货物使用)。

(4)加工贸易登记手册(加工贸易进出口货物使用)、征免税证明或登记手册(免税货物使用)。

(5)进出口许可证件(进出口许可证、自动进口许可证等)。

(6)通关申请单(区内企业加工贸易进出口货物使用)。

(7)出入境通关单(出入境检验检疫目录内商品使用)。

(8)其他海关需要的单证(价格申报单、原产证、知识产权补充申报单等)。

案 例

保税区货物退运返修操作示例

深圳市百捷盛国际是一家从事福田保税区、盐田保税物流园区、前海保税港区、广州保税物流园区、东莞沙田保税物流园区、保税物流报关、仓储物流的物流综合型物流企业。

公司于2010年在香港设立百捷盛国际(香港)有限公司,主要收购各种废旧物资,如电子产品、电子配件、退港料件,退港保税废料、边角料、残次品、不良品等。

退运返修操作:国内一工厂出口的一批DVD到美国后因质量不符合要求

需要退运回国内工厂维修，然后复出口，此批货物已办理退税、已核销。

遇到这种情况，一般选择办理退运送回工厂维修，再复出口，但办理退运非常麻烦。需要提供以下资料：

(1)退运申请书，加盖公章。

(2)退运协议书(中英文对照)。

(3)与客户之间关于退运一事的来往邮件，重点部分翻译成中文，加盖公章。

(4)原出口货物的整套单据：正本的出口报关单出口退税证明联与核销收汇联(即报关单的绿联和黄联)。原出口收汇核销单正本，原出口发票、装箱单、合同，复印件即可(如已核销，则需外管局开已核销证明；如已退税，需到税务局开具补税证明)。

(5)收货人所在的国家商检机构出具的质量报告，国外商检机构出质量报告。

(6)报关、报检委托书。

(7)需要交纳保证金。

退运返修操作：资料准备完后向海关申报，海关审核最快也需要两个星期，若海关审核不通过，则需要重新申请或退回国外，而且退运货物会使企业产生不良的海关信誉和记录。对海关退运货物会查验，退运货物6个月后没有复出口的，海关不予退还保证金。

遇到这种情况工厂可以选择另一种方法进行返修再复出，利用深圳保税物流园区境内关外的功能进行退运返修。工厂只需将货物由国外运到深圳盐田、蛇口码头或其他码头办理转关到保税物流园区，也可由香港转关到深圳保税物流园区。货到物流园区后打印EDI单进入保税物流园仓库，货物到仓库后厂方安排技术人员、配件以及检测仪器到前海保税物流园区仓库维修，改换包装。返修完后装柜交码头出境。

利用深圳保税物流园区进行返修的好处：

(1)无须办理复杂的退运手续，无须向海关申请退运货物，无须交纳保证金，无须申报进出口关。

(2)复杂问题简单化，节约时间、成本。

资料来源：http://www.cn5135.com/OfferDetail-1869579.html

五、出口加工区的含义及功能

出口加工区是指一国或地区在港口、机场附近等交通便利的地方划出的一定区域，在区内搞好水、电、道路、通信、厂房等基础设施，用优惠办法吸引外国投资，发展在国际市场上有竞争能力的出口加工工业，以达到利用外资、引进技术、增加就业、赚取外汇等目的。出口加工区是海关监管的特殊封闭区域，其功能仅限于产品外销的加工贸易，区内可设置出口加工企业及其相关仓储、运输企业。出口加工区将实行封闭式的区域管理模式，在管理手段等方面较之传统的监管模式具有较大的优越性，海关在实行24小时监管的同时，将简化现行手续，为规范的出口加工企业提供更宽松的经营环境和更快捷的通关便利，实现出口加工货物在主管海关"一次申报、一次审单、一次查验"的通关要求，逐步满足现代跨国型企业"零库存生产"的需要。

出口加工区是20世纪50年代末出现的新的经济特区，它与自由贸易区的区别在于：自由贸易区主要是发展进口贸易和转口贸易，增加商业收入以繁荣设区国经济；而出口加工区则通过规定有关的投资优惠条件，引进外资和先进技术，发展面向出口的加工工业，取得工业方面的收益，并以此促进设区国经济的发展。

出口加工区是自由贸易区的一种发展形式。加工区是自由贸易区与工业区的综合体。在吸引外资方面，加工区既提供了自由贸易区的某些优惠条件以发展贸易和转口贸易，又提供了发展工业生产所必须的基本设施。因此，加工区兼具贸易与工业生产两种功能。在这两种功能中，一般是以发展出口加工业为主，兼营进出口贸易，而有的自由贸易区虽然也具有商业贸易与工业生产两种功能，但仍主要以商业为主，以此带动出口工业产品的生产。

海关将加工贸易传统的监管模进行改革，简化手续，实现加工区货物在主管海关"一次申报、一次审单、一次查验"的通关要求。这一新的管理模式与传统的监管模式相比具有较大的优越性，主要有以下几个特征：

（1）管理手段上强化了现代通信技术和计算机网络技术的应用，使用电子数据传输衔接海关之间监管，逐步取代传统的监管模式。

（2）区域管理上强化了对区域的整体管理，简化了对逐个企业的管理。

（3）加工贸易业务管理上强化了对企业开展的加工贸易业务的整体管理，简化了对逐个合同的管理。

(4)货物通关管理上,强化了对进、出区货物在进出加工区卡口时的实际监管,简化了办理通关的手续,逐步满足现代跨国型企业零库存生产的需要。

具体做法是:

(1)海关对加工区采取全封闭、卡口式24小时监管制度。卡口分别设立货物和人员进、出通道。

(2)海关对加工区企业采用计算机管理的模式。海关与区内企业应计算机联网,进行电子数据的传输和办理通关手续;加工区海关与口岸海关实行计算机联网。

(3)对区内企业开展加工贸易业务不实行加工贸易银行保证金台账制度,取消《登记手册》,海关改用电子账簿管理,实行半年一次的总量扣减核销制度。

(4)对区内与境外之间进、出的货物,实行"备案制"管理,货物进(出)口时,由企业填写《中华人民共和国海关进口(出口)货物报关单》,做货物进(出)口申报。

(5)加工区与口岸、加工区与加工区之间进、出的货物、物品,采取直通式或转关运输的监管模式,一律在加工区主管海关报关,并在卡口查验、放行。

六、出口加工区的特点

出口加工区是实行全封闭、卡口管理的海关特殊监管区。出口加工区的基本政策是按照"境内关外"的思路进行设计的。其主要特点如下:

(一)出口加工区的硬件建设规范、统一,设施先进,为高效、快捷运行和有效管理提供了良好条件

出口加工区实行统一规划,分期开发。已验收的区块,基础设施完备,为入区投资者提供了良好的条件。出口加工区的监管设施技术先进,为既要高效快捷运行又能实现有效监管提供了充分的保障。

比如在货物进、出通道卡口安装集装箱和车牌识别系统、电子地磅及电子闸门放行系统,大大提高了卡口的通关效率。在出口加工区海关建立计算机局域网系统,可实行计算机联网管理和无纸化报关,既简化了手续,又保证了严密监管。

(二)出口加工区的管理和运行,有较健全的法规,可实现规范管理和依法行政

国务院批准实施的《中华人民共和国海关对出口加工区监管的暂行办法》

（以下简称《办法》），对出口加工区的性质、功能、实行的主要政策，出口加工区与境外、区内与区外之间进出货物的监管等都作了明确规定。此后，海关总署、外经贸部、国家税务总局、国家外汇管理局、国家质检总局等有关部门都按照国务院批准的《办法》，相继制订了有关管理办法或实施细则，共有 10 多种配套办法，为出口加工区的规范管理和正常运作提供了法律保障。为进一步加强出口加工区的法制建设，国务院法制办已将出口加工区条例列入立法计划，有关部门正在进行调研起草。

（三）出口加工区实行一系列税收、外汇管理等优惠政策，有利于入区企业降低成本，更好地发展

我国加入世贸组织后，按世贸组织规则办事，只有出口加工区和保税区在特定区域中实行进口税收优惠政策。这些政策的要点是：

（1）区内生产性的基础设施建设项目所需的机器、设备和建设生产厂房、仓储设施所需的基建物资，予以免税。

（2）区内企业生产所需的机器、设备、模具及其维修用零配件，予以免税。

（3）区内企业为加工出口产品所需的原材料、零配件、元器件、包装物料及消耗性材料，予以保税。

（4）区内企业和行政管理机构自用合理数量的办公用品，予以免税。

（5）国家对区内加工产品不征收增值税。

（6）从区外进入加工区的货物视同出口，区外企业可凭有关单证向税务机关申请办理出口退税。

（7）区内企业收付汇手续较区外企业简便。区内机构所有的外汇收入均可以存入外汇账户，所有外汇支出均可以从外汇账户支付。出口收汇和进口付汇均不需办理核销手续。这些政策使得区内生产的出口产品不含有任何税负。

（四）出口加工区的货物通关最快捷，对企业的管理手续最简便，可以大大提高企业在国际市场上的竞争能力

海关对出口加工区内企业的加工贸易管理模式进行了重大改革。货物进出出口加工区，企业只需在加工区海关“一次申报”，海关“一次审单、一次查验”即可放行。有的出口加工区卡口，在货物进出上，已实现了视同于口岸的延伸（如宁波松江出口加工区、大连出口加工区等）。区内企业免设保证金台账，取消登记手册，通过计算机联网，实现了无纸报关。区内企业从事加工贸易的审批和管理手续极为简便,为提高企业在国际市场上的竞争能力创造了非常有利的条件。

(五)出口加工区有特定功能,进区企业是有条件的

出口加工区是一个有特殊功能的区域,不可能包罗万象。入区的企业必须具备两个条件,即企业类型必须是生产加工型的(或为其服务的仓储企业、运输企业),企业生产的产品必须是面向国际市场、以出口为主的。入区的企业主要有以下几类:

(1)产品在国际市场竞争激烈、接到订单后要求在很短期间内交货的企业;

(2)原材料、零部件品种繁多,单耗核定复杂的企业;

(3)出口产品的龙头企业,也就是我们说的下游企业,产品总装在加工区、配套在区外的企业。

(六)企业加工产品可部分内销

生产企业面临激烈的市场竞争,无论内资或外资,投资者都希望充分利用国际、国内两个市场。如国际市场发生变化,产品无法全部外销时,希望能够有一部分内销。

在出口加工区监管办法中,没有不允许内销的规定。由出口加工区运往区外的货物即为进口,要按规定办理进口报关手续,按进口状态征税,如属许可证管理的商品还应向海关出具有效许可证件。这样的规定是合理的,因为出口加工区享受"境内关外"的政策,区内所有生产要素(厂房、设备、材料等)都是不含税的,从进出口税收角度讲,与在海关关境之外生产的产品是一样的,内销时理所当然要像进口一样征税和管理。对企业没有内外销比例的限制,这也符合世贸组织规则。

(七)出口加工区是实现加工贸易规范管理、提高企业竞争力、促进发展的有效形式

出口加工区是国家为了促进加工贸易健康发展、规范加工贸易管理、适应加入世贸组织和面临经济全球化新形势而设立的。改革开放以来,我国加工贸易取得了巨大发展,从1996年起,一直占据我国外贸进出口总值的半壁江山,其中出口占到全国出口总值的55%左右。加工贸易在我国的经济发展、扩大出口、吸收外资、促进产业结构升级、解决就业等方面起着十分重要的作用。

但由于加工贸易范围广泛,几乎涉及海关税则所列的所有大类商品,再加上各地经济发展和产业结构的差异,加工贸易的规模大小、产业结构、具体形式各不相同,因此海关的管理难度也是很大的。海关监管有一条基本原则是既要做到严密有效监管,又要最大限度地简化手续,达到高效快捷。出口加工区就是能够实现这二者结合的一种很好的管理模式。在管理的严密性、规范性以及最大限度遏制走私行为发生方面,是任何其他管理方式都无法相比的,同时又是手续最简便、通关最快捷、管理最宽松的监管方式。在经济全球化和国际市场剧烈竞争的形势下,出口加工区可以成为促进加工贸易健康发展、提高企业国际市场竞争能力的非常有效的措施和手段。

七、出口加工区货物报关流程

(一)实际进境通关

(1)提前报关转关模式:填制进境货物备案清单→办理转关运输申报手续→口岸海关办理转关运输手续→审单中心审核→主管海关接单审核→卡口查验→核销口岸海关签发的转关联系作业单、单证放行→实物放行→结关退单。

(2)直通式转关模式:口岸海关办理直通式转关运输手续→填制进境货物备案清单→审单中心审核→主管海关接单审核→卡口查验→核销口岸海关签发的转关联系作业单、单证放行→货物实物放行→结关退单。

(3)实际出境通关:填制出境货物备案清单→审单中心审核→主管海关接单审核→卡口查验→审核转关电子数据,向口岸海关签发转关联系作业单,制作关封,对监管车辆进行施封→货物实物放行→货物在口岸离境→结关退单。

(4)国内货物进区通关:区内企业填制进境货物备案清单、区外企业填制出口报关单→审单中心审核→主管海关接单审核→卡口查验放行→结关退单。

(5)区内货物内销(含边角料内销):区内企业填制出境货物备案清单、区外企业填制进口报关单→审单中心审核→主管海关接单审核→打印税单→区外企业缴纳税款→卡口查验放行→结关退单。

(6)所需提交单证:报关单、进出口许可证件、商业和运输单证,如提单、运单、商业发票、装箱单,以及海关认为必要时交验的订货合同、原产地证书等有关单证或资料,准予保税、缓税或减免税的批准证件,如加工贸易手册、进出口货物征免税证明等，以及其他海关认为所需要的单证。

(二)加工贸易货物进出区报关流程

1. 电子账册备案

企业准备有关材料→管委会审批→海关受理单证→三级审批→电子账册备案。

2. 备案所需提交的单证

(1)出口加工区备案申请表；

(2)加工贸易加工企业生产能力证明；

(3)进口料件申请备案清单、进口设备备案清单、出口成品备案清单、单耗报备申请表；

(4)出口加工区加工贸易批准证。

3. 电子账册变更

企业准备有关材料→管委会审批→海关受理单证→二级审批→电子账册变更。

4. 电子账册所需提交的单证

(1)出口加工区变更申请表；

(2)进口料件变更申请表、进口设备变更申请表、出口成品变更申请表、单耗报备申请表；

(3)出口加工区加工贸易批准证。

5. 电子账册核销

(1)预报核流程及所需提交的单证：

企业准备有关材料→海关受理单证→三级审批→预报核核销。

预报核所需提交的单证：预报核申请表、核销期内进出口货物备案清单正本。

(2)正式报核：

企业准备有关材料→海关受理单证→下厂核查(海关认为需要时)→三级审批→海关核销。

正式报核所需提交的单证：电子账册报核申请表、进出口情况明细清单、报核电子账册料件核销核算表、报核电子账册成品核销核算表、电子账册本期余料申报数量登记表、电子账册本期废料登记表及其他海关要求的单证等。

八、出口加工区内企业之间的货物结转

企业提交结转申请→海关审批确认→企业之间交货→企业双方办结货物的进出境报关手续。

所需提交的单证:出口加工区内货物结转申请表。此表一式三联,第一联海关备案部门留存,第二、三联企业用于结转报关。

复习思考题

一、单选题

1. 出口加工区区内开展加工贸易业务,适用电子账册管理,实行备案电子账册滚动累加,核扣,每( )核销一次。

A. 3 个月　　B. 6 个月　　C. 9 个月　　D. 12 个月

2. 出口加工区区内企业经主管海关批准,运往境内区外维修、测试或检验的机器,应自运出之日起( )内运回加工区。

A. 60 天　　B. 90 天　　C. 30 天　　D. 15 天

3. 出口加工区区内企业经主管海关批准,运往境内区外维修、测试或检验的机器,因特殊情况不能如期运回的,区内企业应于期限届满前( )内,向主管海关说明情况,并申请延期。申请延期以 1 次为限,延长期不得超过( )。

A. 10 天;30 天　　B. 7 天;30 天

C. 14 天;15 天　　D. 15 天;60 天

4. 下列关于出口加工区的说法错误的是( )。

A. 从境内区外运进加工区供区内企业使用的国产机器、设备、原材料、零部件、元器件等,按照对出口货物的管理规定办理出口报关手续,海关签发出口货物报关单出口退税证明联

B. 出口加工区运往境内区外维修的机器、设备、模具和办公用品等,运回加工区时,要以海关能辨认其为原物或同一规格的新零件、配件或附件为限,但更换新零件、配件或附件的,原零件、配件或附件应一并运回加工区

C. 出口加工区货物运往境内区外,由区外企业录入进口货物报关单,向出

口加工区海关办理进口报关手续

D. 出口加工区货物运往境内区外,由区内企业填制出口货物报关单,向出口加工区海关办理出区报关手续

5. 下列关于珠海园区的说法不正确的是( )。

A. 区内企业开展加工贸易不实行加工贸易银行保证金台账制度

B. 区内加工贸易货物内销征收缓税利息

C. 珠海园区货物运往境内区外,由区内企业填写“出境货物备案清单”,区外收货人填制进口货物报关单

D. 从区外进入珠海园区供区内企业使用的国产机械、设备,签发出口货物报关单证明联

6. 自境内区外运入出口加工区的货物,正确的报关程序应当是( )。

A. 区外企业填制出口报关单→区内企业填制进境备案清单→海关向区外企业签发报关单退税,收汇证明联,向区内企业签发进境备案清单付汇证明联

B. 区外企业填制进口报关单→区内企业填制进境备案清单→海关向区外企业签发报关单付汇证明联,向区内企业签发出境备案清单收汇证明联

C. 区外企业填制出口报关单→区内企业填制进境备案清单→海关向区外企业签发报关单退税、收汇证明联,向区内企业签发出境备案清单收汇证明联

D. 区外企业填制出境备案清单→区内企业填制进口备案清单→海关向区外企业签发出境备案清单退税、收汇证明联,向区内企业签发报关单付汇证明联

二、多选题

1. 关于出口加工区,下列说法正确的是( )。

A. 从境外运入出口加工区的加工贸易货物全额保税

B. 从境外进口的自用的生产、管理所需的设备、物资等免税(交通车辆、生活用品除外)

C. 出口加工区企业从境外运进货物,由收发货人填写“进境货物备案清单”,向出口加工区海关办理进境报关手续

D. 出口加工区企业从境外运进货物,收货人填写“报关单”,向出口加工区海关办理进境报关手续

2. 出口加工区区内企业经主管海关批准,可在境内区外进行产品的测试、

检验和展示活动，下列说法正确的是(　)。

A. 运往境内区外维修、测试或检验的机器、设备、模具和办公用品等，不得用于境内区外加工生产和使用

B. 运往境内区外维修、测试或检验的机器、设备、模具和办公用品等，应自运出之日起3个月内运回加工区

C. 运往境内区外维修、测试或检验的机器、设备、模具和办公用品等，应自运出之日起60天内运回加工区

D. 运往境内区外维修的机器、设备、模具和办公用品等，运回加工区时，要以海关能辨认其为原物或同一规格的新零件、配件或附件为限，但更换新零件、配件或附件的，原零件、配件或附件应一并运回加工区

3. 我国出口加工区内A企业的货物销售给我国境内加工区外的企业B，下列说法正确的是(　)。

A. 先由B企业办理进口报关手续，再由A企业办理出区报关手续

B. B企业报关时，录入进口货物报关单，向出口加工区海关办理进口报关手续

C. A企业填制“出口加工区出境货物备案清单”，办理出区报关手续

D. A企业填制“出口货物报关单”办理出区报关手续

4. 我国出口加工区外的A企业将一批原料销售给出口加工贸易区内的B企业，下列说法正确的是(　)。

A. 先由区外A企业办理出口报关手续，区内B企业再办理进区报关手续

B. 区外A企业录入出口货物报关单，向出口加工区海关办出口报关手续

C. 区内B企业填制“出口加工区进境货物备案清单”，向出口加工区海关办理进区报关手续

D. 出口加工区海关查验放行后，向区外企业签发“出口货物报关单”收汇证明联，向区内企业签发“出口加工区进境货物备案清单”付汇证明联

5. 关于出口加工区的深加工结转，下列说法正确的是(　)。

A. 转入企业向转入地海关办理备案

B. 转出企业向转出地主管海关办理备案

C. 对转入特殊监管区域的，转出、转入企业分别在自己的主管海关办理结转手续

D. 对转入特殊监管区域外加工贸易企业的，转出、转入企业在出口加工区主管海关办理结转手续

6. 关于珠海园区，下列说法正确的是（　）。

A. 可以开展加工制造、拆解、进出口贸易等业务

B. 可以建立商业性生活消费设施

C. 区内开展业务，应当每年向珠海园区主管海关办理报核手续

D. 从境外进入珠海园区的货物，由于保管不善造成货物损坏应按一般进口货物的规定办理

三、判断题

1. 出口加工区深加工结转，转出企业凭出口加工区管委会批复，向所在地出口加工区海关备案后，方可开展货物的实际结转。（　）

2. 出口加工区深加工结转，对转入其他出口加工区、保税区等海关特殊监管区域的，转入企业凭商务主管部门的批复办理结转手续。（　）

3. 出口加工区深加工结转，对转入特殊监管区域外加工贸易企业的，转入企业凭商务主管部门的批复办理结转手续。（　）

4. 出口加工区的深加工结转，对转入特殊监管区域外加工贸易企业的，在办理备案阶段，转入转出企业都是向各自所在地主管海关办理备案。（　）

5. 出口加工区的深加工结转，对转入特殊监管区域外加工贸易企业的，转出、转入企业在出口加工区主管海关办理结转手续。（　）

6. 对加工区运往境内区外的货物，按进口货物报关，缴纳进口关税、增值税、消费税，免交付缓税利息，属许可证件管理的，免交验进口许可证件。（　）

7. 珠海园区既可以从事保税物流，又可以从事保税加工，还可以从事国际贸易，是海关综合保税监管的特殊区域。（　）

第十四讲 特定减免税货物

学习要点

1. 了解特定减免税货物的含义和特征;
2. 熟悉特定减免税货物的分类;
3. 掌握特定减免税货物的通关流程。

关键术语:特定减免税货物 通关流程 监管年限 解除监管

一、特定减免税货物的含义

特定减免税货物是指海关根据国家的政策规定准予减税、免税进口使用于特定地区、特定企业、特定用途的货物。特定地区是指我国关境内由行政法规规定的某一特别限定区域,享受减免税优惠的进口货物只能在这一特别限定的区域内使用。特定企业是指由国务院制定的行政法规专门规定的企业,享受减免税优惠的进口货物只能由这些专门规定的企业使用。特定用途是指国家规定可以享受减免税优惠的进口货物只能用于行政法规专门规定的用途。

二、特定减免税货物的特征

(一)特定条件下减免进口关税

特定减免税是我国关税优惠政策的重要组成部分,是国家无偿向符合条件的进口货物使用企业提供的关税优惠,其目的是优先发展特定地区经济,鼓励外商在我国的直接投资,保证国有大中型企业和科学、教育、文化、卫生事业的发展。因而,这种关税优惠具有鲜明的特定性,只能在国家行政法规规定的特定条件下使用。

(二)进口申报应当提交进口许可证件

特定减免税货物实际进口货物。按照国家有关进出境管理的法律法规,凡属于进口需要交验许可证件的货物,收货人或其代理人都应当在进口申报时向海关提交进口许可证件(法律、行政法规另有规定的除外)。

(三)进口后在特定的海关监管期限内接受海关监管

进口货物享受特定减免税的条件之一就是在规定的期限,使用于规定的地区、企业和用途,并接受海关的监管。特定减免税进口货物的海关监管期限按照货物的种类各有不同。以下是特定减免税货物的海关监管期限:

(1)船舶、飞机,8 年。

(2)机动车辆,6 年。

(3)其他货物,5 年。

特定减免税货物一般不豁免进口许可证件,但是对外资企业和我国香港、澳门、台湾同胞及华侨的投资企业进口本企业自用的机器设备,可以免予交验进口许可证件;外商投资企业在投资总额内进口涉及机电产品自动进口许可管理的,也可以免予交验有关许可证件。特定减免税进口设备可以在两个享受特定减免税优惠的企业之间结转。结转手续应当分别向企业主管海关办理。出口加工区企业进口免税的机器设备等应当填制“出口加工区进境备案清单”,保税区企业进口免税的机器设备等应当填制进口货物报关单。

三、特定减免税的分类

(一)外商投资企业进口物资

(1)属于国家鼓励发展产业外商投资项目:

① 在投资额内进口的自用设备除《外商投资项目不予免税的进口商品目录》所列商品以外,免征进口关税和进口环节增值税。

② 按照合同随设备进口的技术及配套件、备件,免征进口关税和进口环节增值税。

(2)属于国家鼓励发展产业的外商投资企业、外商研究开发中心、先进技术型、产品出口型的外商投资企业,在企业投资额以外的自有资金(指企业储备基金、发展基金、折旧、税后利润)内,对原有设备更新和维修进口国内不能生产或性能不能满足需要的设备，以及上述设备配套的技术、配件、备件，可以免征进口关税和进口环节增值税。

（二）国内投资项目进口设备

（1）属国家重点鼓励发展产业的国内投资项目，在投资额内进口的自用设备，除《国内投资项目不予免税的进口商品目录》所列商品外，可以免征进口关税和进口环节增值税。

（2）按照合同随设备进口的技术及配套件、备件，免征进口关税和进口环节增值税。

（三）贷款项目进口物资

外国政府贷款和国际金融组织贷款项目进口的自用设备，除《外商投资项目不予免税的进口商品目录》所列商品外，可以免征进口关税和进口环节增值税；按照合同随设备进口的技术及配套件、备件，免征进口关税和进口环节增值税。

（四）特定区域物资

（1）保税区、出口加工区等特定区域进口的区内生产性基础项目所需的机器、设备和基建物资，可以免税；

（2）区内企业进口企业自用的生产、管理设备和自用合理数量的办公用品及其所需的维修零配件，生产用燃料，建设生产厂房、仓储所需的物资、设备，可以免税；

（3）行政管理机构自用合理数量的管理设备和办公用品及其所需的维修零配件，可以免税。

（五）科教用品

从事科学研究开发的机构和国家教委承认学历的全日制大专院校，不以营利为目的，在合理数量范围内进口国内不能生产的科学研究和教学用品，且直接用于科学研究或者教学的，可以免征进口关税和进口环节增值税、消费税。

（六）残疾人专用品

民政部直属企事业单位和省、自治区、直辖市民政部门所属福利机构和康复机构进口的残疾人专用物品，免征进口关税和进口环节增值税、消费税。

（七）救灾捐赠物资

对外国民间团体、企业、友好人士和华侨、港澳居民和台湾同胞无偿向我国境内受灾地区（限于新华社对外发布和民政部《中国灾情信息》公布的受灾地区）捐赠的直接用于救灾的物资，在合理数量范围内，免征关税和进口环节增值税、消费税。

（八）扶贫慈善捐赠物资

对境外捐赠人无偿向受赠人捐赠的直接用于扶贫、慈善事业的物资，免征进口关税和进口环节增值税。

案　例

特定减免税货物违规使用受海关处罚

1. 擅自改变特定减免税设备的用途

某外商投资饮料生产企业拟定了以生产果汁饮料、茶饮料和饮用水为主要产品的可行性研究报告，报主管商务部门审批后，取得的《国家鼓励发展的内外资项目确认书》中的“项目内容”核定为“水果加工”，此后该企业以特定减免税方式进口了价值近400万美元的灌装生产设备。但上述设备投产后，由于果蔬类饮料国内市场销路不畅，该企业在未经海关批准的情况下，将灌装设备用于生产瓶装纯净水。随后，海关稽查部门在对该企业特定减免税设备使用情况核查过程中发现上述问题，遂对其立案调查，并认定该企业的转产行为已构成将特定减免税设备“移作他用”的违规行为，依照《海关行政处罚实施条例》作出了罚款人民币107万元的处罚规定，同时责令其补缴设备“移作他用”期间的应缴税款。

此后，该企业以“经商务部门批准的可行性研究报告中同时包含了饮用水，故不构成将特定减免税设备‘移作他用’”为由，向海关总署申请行政复议。海关总署经审查后，驳回了该企业的复议请求，维持了原主管海关作出的行政处罚决定。

因此，外商投资企业在使用特定减免税货物进行生产经营时，一定要特别注意严格遵守《国家鼓励发展的内外资项目确认书》中核定的“项目产业政策审批条目”和“项目内容”等相关内容，否则很可能会因违反“三个特定”原则中的“特定用途”原则，而被海关认定为将特定减免税货物“移作他用”。

2. 擅自改变使用主体和使用地区

某境外企业先后在宁波上海等地设立10家外商投资企业。2001年7月至2003年8月间，其中的4家外商投资企业根据国外母公司的统一部署，在未经海关许可的情况下，将合计79台特定减免税食品加工设备调拨给其他6家子公司使用，并开具集团固定资产转移单，固定资产所有权不作转移，也不收取任何费用。最终，上述行为被海关认定为构成将特定减免税设备移作他用的违规行为，对上述4家公司处以罚款并责令其补办结转手续。类似的案例还经常发生于企业及分支机构之间。例如，某外商投资企业因各种原因，未经海关许可，将特定减免税货物交由其在特定地区（经海关批准的地区）外设立的分公司（通常是加工工厂）使用。在海关执法实践中，企业的上述擅自调拨、挪用特定减免税货物的行为，通常都会涉嫌违反“三个特定”原则中的“特定地区”或者“特定企业”这两个原则，进而被海关认定为构成将特定减免税货物“移作他用”加以处罚。

3. 涉嫌“进行其他处置”的情形

从海关的执法实践来看，未经海关批准，擅自将特定减免税货物进行改装、报废、毁损等行为，都可能会被海关认定为构成“进行其他处置”。此外，在实践中还有一些较为特殊的问题，也存在被认定为构成“进行其他处置”的风险。

例如，某中外合资企业在投资总额内进口了一批免税设备，该批设备处于海关监管期限内。后该企业申请减少投资总额和注册资本并获得审批机关批准，随之办理了工商变更登记手续。但在后来的海关稽查中，海关认定，该企业减少投资总额的行为导致其之前免税进口的设备价值超出了现有的投资总额，超出部分不符合享受减免税政策的有关要求，从而要求企业针对超出部分，按照审批部门批复其减少投资总额的日期确定折旧年限补缴税款，并办理解除监管手续。

简评：综上所述，在海关监管年限内，特定减免税货物的申请人必须在海关监管下，严格按照“三个特定”原则等海关监管要求进行使用和处置，任何未经海关许可的处置行为都有可能被认定为违反海关后续监管要求的行为，进而被要求承担相应的法律责任。

资料来源：http://www.kingandwood.com/Bulletin/ChinaBulletinContent.aspx?id=7e2a9ade-27ee-440e-8cb4-bf24cc014109

四、特定减免税货物报关程序

特定减免税货物的报关程序包括减免税申请、进出口报关和申请解除海关监管三个阶段。

(一)减免税申请

1. 特定地区的货物

(1)保税区减免税货物备案登记时,应提交以下资料:

① 企业批准证书;

② 营业执照;

③ 企业合同;

④ 章程。

海关审核后准予备案的,签发企业征免税登记手册。

在进口特定减免税货物以前,向保税区海关提交企业征免税登记手册、发票、装箱单等,录入海关计算机系统。保税区海关核发“进出口货物征免税证明”。

(2)出口加工区减免税货物向海关申请办理减免税备案登记时,应提交以下资料:

① 出口加工区管理委员会的批准文件;

② 营业执照。

海关审核后批准建立企业设备电子账册。

在进口特定减免税货物以前,向出口加工区海关提交发票、装箱单等,海关在电子账册中进行登记,不核发“进出口货物征免税证明”。

2. 特定企业向海关办理减免税备案登记时,应提交的资料

(1)商务主管部门的批准文件;

(2)营业执照;

(3)企业合同;

(4)章程。

海关审核后准予备案的,签发“外商投资企业征免税登记手册”。

在进口特定减免税货物以前,向海关提交外商投资企业征免税登记手册、发票、装箱单等,经海关核准后,签发“进出口货物征免税证明”。

3. 特定用途的货物申请减免税手续

(1)国内投资项目减免税申请。

国内投资项目,经批准后,凭国家鼓励发展的内外资项目确认书、发票、装箱单等向主管海关提出减免税申请。海关审核后,签发“进出口货物征免税证明”。

(2)利用外资项目减免税申请。

利用外资项目,经批准后,凭国家鼓励发展的内外资项目确认书、发票、装箱单等向主管海关提出减免税申请。海关审核后,签发“进出口货物征免税证明”。

(3)科教用品减免税进口申请的备案登记。

办理科学研究和教学用品免税进口申请时,应当持有关主管部门的批准文件,向主管海关办理资格认定手续。海关审核后,签发“科教用品免税登记手册”。

在进口特定减免税科教用品以前,向主管海关提交科教用品免税登记手册、合同等单证。经海关核准后,签发“进出口货物征免税证明”。

(4)残疾人专用品减免税申请。

① 向主管海关提交民政部门的批准文件,海关审核后,签发“进出口货物征免税证明”。

② 民政部门或中国残疾人联合会所属单位批量进口残疾人专用品,出具民政部门或残联(包括:省、自治区、直辖市的民政部门出具)出具的证明函,海关凭以审核签发“进出口货物征免税证明”。

进出口货物征免税证明的使用有效期为6个月,并实行“一证一批”。

(二)进出境阶段

进出口特定减免税货物时,需要持海关签发的征免税证明、许可证等相关证件按一般进出口货物的报关程序办理进口报关手续。

(三)后续阶段(申请解除海关监管)

(1)监管期满,根据有关企业的申请,海关核准后解除监管。

(2)监管期内解除海关监管(如机器设备的监管期限是5年,没有满5年,要申请解除海关的监管;为了在国内销售,或者转让给其他企业,或者是放弃这些设备,或者是将这些设备退运境外)。

① 在海关监管期内销售、转让的,企业应向海关办理缴纳进口税费的手续。

② 将货物转让给同样享受进口减免税优惠的企业,接受货物的企业应当先向主管海关申领“进出口货物征免税证明”,凭以办理货物的结转手续。

③ 退运出境的,向出境地海关办理货物出口退运申报手续。出境地海关监管货物出境后,签发出口报关单,企业持该报关单及其他有关单证向主管海关申领解除监管证明。

④ 要求放弃特定减免税货物的,向主管海关提交放弃货物的书面申请,经海关核准后,按规定来办理手续。海关将货物拍卖,所得款项上缴国库后签发收据,企业凭这个收据向主管海关申领解除监管证明。

(3)企业破产清算时,特定减免税货物的处理。

企业进入破产清算程序时,对于还处在海关监管期内的特定减免税货物,企业首先向主管海关申请,经主管海关同意,缴纳应纳税款,获得解除监管证明,然后才能够处理该货物。

TIPS:特定减免税货物与保税货物的异同点

相同点:

(1)都要经过报关的三个阶段,即前期阶段、进出境阶段和后续阶段;

(2)经过海关批准,都暂时不需要缴纳进口关税;

(3)海关放行并不意味着结关,即放行后仍要在一定时限内接受海关监管。

不同点:

1. 性质不同

特定减免税货物:是实际进口货物,针对“三个特定”,在符合条件的情况下给予税收优惠措施。

保税货物:针对进境又复运出境的特点简化了海关税、证手续,降低了企业经营成本,缓解了资金压力。

2. 前期准备不同

特定减免税货物:申领减免税证明。

保税货物:向海关备案,由海关核发加工贸易登记手册。

3. 监管不同

特定减免税货物:监管期满解除监管,手续可自由使用或处置(时效)。

保税货物:根据去向不同分别办理相应的海关手续。

复习思考题

一、单选题

1. 享受特定减免税优惠进口的钢材,必须按照规定用途使用,未经海关批准不得擅自出售、转让、移作他用,按照现行规定,海关对其的监管年限为( )。

A. 8 年　　B. 6 年　　C. 5 年　　D. 3 年

二、多选题

1. 特定减免税通关制度具有显著的管理特征,主要体现在以下哪几个方面( )。

A. 脱离特定使用范围,应按实际去向办理相应的报关和纳税手续

B. 在特定条件和规定范围内使用可减免进口税费

C. 原则上免予交验进出口许可证件

D. 货物进口验放后仍需受海关监管

2. 下列关于特定减免税货物管理的表述正确的是( )。

A. 特定减免税的申请,首先是减免税的资格确认,然后是"进出口货物征免税证明"的申领

B. 国内投资项目和利用外资项目减免税资格确认的依据是由国务院有关部门或省市人民政府签发的《国家鼓励发展的内外资项目确认书》

C. 民政部门或中国残疾人联合会所属单位专用品、专用仪器、专用生产设备的减免税,海关凭民政部门或中国残疾人联合会的批准文件签发"进出口货物征免税证明"

D. "进出口货物征免税证明"的有效期为 6 个月,且不得延期

三、判断题

1. 某工艺服装厂承接一万套服装来料加工合同,加工期两年,成品全部返销日本,合同规定,外商无偿提供一套价值 2.5 万美元的专用设备。合同期满加工成品全部出口后,该厂向海关办理合同核销手续,该设备也随之解除海关监管。( )

2. 某经济特区内的一家外商投资企业以企业自用的名义进口了一辆旅行车,进口后无偿捐赠给当地的一个社会福利院,半年后被海关发现,因该企业从事公益活动,海关不得对此进行处罚。( )

3. 外商投资企业享受特定减免税优惠进口的机器设备自进口之日起超过5年的,可以向海关申请解除监管。( )

4. "进出口货物征免税证明"的有效期为6个月,且实行"一批一证"的原则,即一份征免税证明上的货物只能在一个进口口岸一次性进口。( )

第十五讲　暂准进出境货物报关流程

学习要点

1. 了解暂准进出境货物的含义和特征；
2. 熟悉 ATA 单证册的使用规范；
3. 掌握暂准进出境货物的通关程序。

关键术语：暂准出境货物　ATA 单证册

一、暂准进出境货物的含义

暂准进出境货物是指为了特定的目的暂时进境或出境，有条件暂时免纳进出口关税并豁免进出口许可证，在特定的期限内除因使用中正常的损耗外按原状复运进境或复运出境的货物。

二、暂准进出境货物的特征

货物按暂准进出口结关制度办理通关手续，其海关监管过程和货物在现场放行后投入使用的受制约状态，反映了该项海关监管制度的特征。

（一）在提供担保的条件下暂时免纳进（出）口税

提供担保是货物暂准（时）进（出）口并免纳各税所必须遵守的条件之一。这也是海关确保货物将来能按规定复出口或复进口的保全措施。我国现行的担保形式主要是信誉（保函）或经济（保证金）担保，其中展品的暂准（时）进出口已适用 ATA 单证册制度，实行国际联保。

(二)原则上免予交验进出口许可证件

货物暂准(时)进出口后还需在规定期限复运进出口,并非成为实际进出口货物。因此,国家的贸易管制,特别是许可证管理,原则上不适用该类货物。当暂准进出口货物属于许可证管理商品时,当事人可不需申领进出口许可证。但海关认为需要时,可要求持证人提供担保。对于某些仍需受国家进出境管制的物品,进出口时仍应交验相应的证件。

(三)ATA 单证册项下的暂准进出口货物

ATA 单证册项下的暂准进出口货物,限于我国政府加入的《关于货物暂准进口的 ATA 单证册海关公约》(简称《ATA 公约》)及相关附约规定的展览会、交易会、会议或类似活动项下的货物。持证人凭 ATA 单证册进出口货物,可免填进出口货物报关单,并免向海关提供海关进口税费的担保。ATA 单证册项下货物属于受进口限制的,应办理有关批准或检验手续。ATA 单证册项下暂准出口货物属于国家限制出口或需缴纳出口税的货物,由中国国际商会统一向海关总署提供总担保。没有采用 ATA 单证册的暂时进口货物,海关可凭当事人提供的担保、办理有关海关手续。

ATA 单证册项下暂准进口货物属于除进口许可证、配额以外的其他限制进口范围的,如基于公共道德或秩序、公共安全、公共卫生保健、动植物检疫、濒危野生动植物保护或知识产权的考虑而实施的限制措施,持证人应按照有关规定办理相关手续。但对租赁、租借方式暂时进出口,并用于生产、建筑或运输等的,给予的免税只能是部分的。

(四)为特定目的进出口,在规定时间内按原状复进出口

每种暂准进出口货物都有其特定的使用目的,不得移作他用。同时,货物又必须在事先规定的期限内,保持原有状态复运进出口。没有在规定期限复运进出口的,则须按一般进出口货物办理手续并缴纳进出口各税。

(五)现场监管未结关放行

暂准进出口货物经海关查验,并在 ATA 单证册上签注放行后,仍须受海关后续管理。既要监督货物合法正常地使用,又要监管货物按规定复进出口。

(六)按货物使用后的实际去向办理相应的手续

暂准进出口货物虽然原则上必须复运出口或进口,但实际上还有转为内销、外销或消耗掉的情况。无论其去向如何,均应按规定办理相应的海关手续。

(七)核销后结案

暂准进出口货物在使用ATA单证册进出口时意味着已向海关提供了某种担保,当货物有了实际去向,并按规定办理了海关手续,海关即应通过核对进口与出口之间涉及的货物情况,确认无漏管、漏税,即可核销、签注。

三、暂准进出境货物的分类与范围

1. 暂准进出境货物的分类

暂准进出境货物可分为两类:一类是经海关批准暂时进境或出境,在进境或出境时纳税义务人向海关缴纳相当于应纳税款的保证金或者提供其他担保可以暂不缴纳税款,并按规定的期限复运出境或复运进境的货物;另一类则应当按照该货物的完税价格和其在境内、境外滞留时间与折旧时间的比例计算按月征进、出口税的暂准进出境货物。

2. 范围

暂准进出境货物的第一类暂准进出境货物的范围是:

(1)在展览会、交易会、会议及类似活动中展示或者使用的货物;

(2)文化、体育交流活动中使用的表演、比赛用品;

(3)进行新闻报道或者摄制电影、电视节目使用的仪器、设备及用品;

(4)开展科研、教学、医疗活动使用的仪器、设备及用品;

(5)上述四项所列活动中使用的交通工具及特种车辆;

(6)暂时进出的货样;

(7)供安装、调试、检测设备时使用的仪器、工具;

(8)盛装货物的容器;

(9)其暂时进出境用于非商业目的的货物。

第二类暂准进出境货物是指上述九项货物以外的其他暂准进出境货物。

四、暂准进出境货物的报关程序

按照我国海关的监管方式,上述九项暂准进出境货物可以归纳为以下4种监管方式的报关程序:使用ATA单证册报关的暂准进出境货物,不使用ATA单证册报关的展览品,集装箱箱体,暂时进出口货物。

(一)使用ATA单证册的暂准进出境货物

1. ATA单证册在我国的适用范围

在我国,使用ATA单证册的范围仅限于展览会、交易会、会议及类似活动项下的货物。

TIPS:关于ATA单证册

ATA由法文Admission Temporaire与英文Temporary Admission的首字母组成,表示暂准进口,从其字面可知,使用ATA单证册的货物有别于普通进口货物,这类货物在国际上流转时,其所有权不发生转移。

ATA单证册(ATA Carnet)是一份国际通用的海关文件,它是世界海关组织为暂准进口货物而专门创设的。世界海关组织于1961年通过了《关于货物暂准进口的ATA单证册海关公约》,其后,又于1990年通过了《货物暂准进口公约》,从而建立并完善了ATA单证册制度。ATA单证册制度于1963年投入实施后,已有62个国家和地区实施了ATA单证册制度,75个国家和地区接受ATA单证册,每年凭ATA单证册通关的货物总值超过了120亿美元。ATA单证册已经成为暂准进口货物使用的最重要的海关文件。

我国于1993年加入了《关于货物暂准进口的ATA单证册海关公约》、《货物暂准进口公约》和《展览会和交易会公约》。自1998年1月起,我国开始实施ATA单证册制度。经国务院批准、海关总署授权,中国国际贸易促进委员会/中国国际商会是我国ATA单证册的出证协会和担保商会,负责我国ATA单证册的签发和担保工作。

2. ATA单证册制度

(1)ATA单证册的含义。"暂准进口单证册",简称ATA单证册,是指世界海关组织通过的《货物暂准进口公约》及其附约A和《ATA公约》中规定使用的,用于替代各缔约方海关暂准进出口货物报关单和税费担保的国际性通关文件。

(2)ATA 单证册的格式。一份 ATA 单证册一般由 8 页 ATA 单证组成：一页绿色封面单证、一页黄色出口单证、一页白色进口单证、一页白色复出口单证、两页蓝色过境单证、一页黄色复进口单证、一页绿色封底。

(3)ATA 单证册的使用。

ATA 单证册的担保协会和出证协会一般是国际商会国际局和各国海关批准的各国国际商会。中国国际商会是我国 ATA 单证册的担保协会和出证协会。

① 正常使用。

使用 ATA 单证册，首先要向出证协会提出申请，缴纳一定的手续费，并按出证协会的规定提供担保，出证协会审核后签发 ATA 单证册。持证人凭 ATA 单证册将货物在出境国(地区)暂时出境，又暂时进境到进境国(地区)，进境国(地区)海关查验后签章放行。货物完成暂时进境的特定使用后，从进境国(地区)复运出境，又复运进境到原出境国(地区)。持证人将使用过的、经各国海关签注的 ATA 单证册交还给原出证协会。ATA 单证册的整个使用过程到此结束。

② 未正常使用。

未正常使用一般可能有两种情况：一是货物未按规定期限复运出境，产生了暂时进境国(地区)海关对货物征税的问题；二是 ATA 单证册持证人未遵守暂时进境国(地区)海关的有关规定，产生了暂时进境国(地区)海关对持证人罚款的问题。在这两种情况下，暂时进境国(地区)海关可以向本国担保协会提出索赔；暂时进境国(地区)担保协会垫付税款、罚款等款项后，可以向暂时出境国(地区)担保协会进行追偿；暂时出境国(地区)担保协会垫付款项后，可以向持证人追偿，持证人偿付款项后，ATA 单证册的整个使用过程到此结束。如果持证人拒绝偿付款项，则担保协会或出证协会要求持证人的担保银行或保险公司偿付款项。如果后者也拒付，则采取法律行动。

3. 适用我国暂准进出境货物的 ATA 单证册的有效期

根据国际公约的规定，缔约方的出证协会不应签发自签发之日起有效期超过 1 年的 ATA 单证册。因此，ATA 单证册的有效期最长是 1 年。但我国海关只接受展览品及相关货物使用 ATA 单证册申报进出口，因此，ATA 单证册项下货物暂时进出境期限为自货物进出境之日起 6 个月。超过 6 个月的，需经直属海关批准；如有特殊情况超过 1 年的，需经海关总署批准。

4. 适用ATA单证册的暂准进出境货物的申报

(1)进境申报。

进境货物收货人或其代理人持ATA单证册向海关申报进境展览品时,先在海关核准的出证协会即中国国际商会以及其他商会,将ATA单证册上的内容预录入海关与商会联网的ATA单证册电子核销系统,然后向展览会主管海关提交纸质ATA单证册、提货单等单证。

海关在白色进口单证上签注,并留存白色进口单证(正联),退还其存根联和ATA单证册其他各联给货物收货人或其代理人。

(2)出境申报。

出境货物发货人或其代理人持ATA单证册向海关申报出境展览品时,向出境地海关提交国家主管部门的批准文件、纸质ATA单证册、装货单等单证。

海关在绿色封面单证和黄色出口单证上签注,并留存黄色出口单证(正联),退还其存根联ATA单证册其他各联给出境货物发货人或其代理人。

(3)过境申报。

过境货物承运人或其代理人持ATA单证册向海关申报将货物通过我国转运至第三国参加展览会的,不必填制过境货物报关单。海关在两份蓝色过境单证上分别签注后,留存蓝色过境单证(正联),退还其存根联和ATA单证册其他各联给运输工具承运人或其代理人。

(4)担保和许可证件。

持ATA单证册向海关申报进出境展览品,不需向海关提交进出口许可证件,也不需另外再提供担保。但如果进出境展览品及相关货物受公共道德、公共安全、公共卫生、动植物检疫,濒危野生动植物保护、知识产权保护等限制的,展览品收发货人或其代理人应当向海关提交进出口许可证件。

(5)ATA单证册印刷文字与申报文字。

ATA单证册必须使用英语或法语,如果需要,也可以同时使用第三种语言印刷。我国海关接受中文或英文填写的ATA单证册的申报。用英文填写的ATA单证册,海关可要求提供中文译本。用其他文字填写的ATA单证册,则必须提供忠实于原文的中文或英文译本。

(6)使用ATA单证册报关的暂准进出境货物的结关。

持证人在规定期限内将进境展览品、出境展览品复运出境、复运进境,海关在白色复出口单证和黄色复进口单证上分别签注,留存单证(正联),退还其存根联和ATA单证册其他各联给持证人,正式核销“结关”。

持证人不能按规定期限将展览品复运进出境的，我国海关向担保协会即中国国际商会提出追索。

（二）不使用 ATA 单证册的展览品

1. 进出境展览品的范围

（1）进境展览品。

进境展览品包含在展览会中展示或示范用的货物、物品、为示范展出的机器或器具需用的物品、设置临时展台的建筑材料及装饰材料、供展览品做示范宣传用的电影片、幻灯片、录像带、录音带、说明书、广告等。

（2）出境展览品。

出境展览品包含国内单位赴境外举办展览会或参加境外博览会、展览会而运出的展览品，以及与展览活动有关的宣传品、布置品、招待品及其他公用物品。与展览活动有关的小卖品、展卖品，可以按“展览品”报关出境，不按规定期限复运进境的办理一般出口手续，交验出口许可证件，缴纳出口关税。

2. 展览品的暂准进出境期限

进口展览品的暂准进境期限是 6 个月，即自展览品进境之日起 6 个月内复运出境。如果需要延长复运出境的期限，应当向主管海关提出申请。经批准可以延长，延长期限最长不超过 6 个月。

出口展览品的暂准出境期限为自展览品出境之日起 6 个月内复运进境。如果需要延长复运进境的期限，应当向主管海关提出申请。

3. 展览品的进出境申报

（1）进境申报。

展览品进境之前，展览会主办单位应当将举办展览会的批准文件连同展览品清单一起送展出地海关，办理登记备案手续。

展览品进境申报手续可以在展出地海关办理。从非展出地海关进口的，可以申请在进境地海关办理转关运输手续，将展览品在海关监管下从进境口岸转运至展览会举办地主管海关办理申报手续。

展览会主办单位或其代理人应当向海关提交报关单、展览品清单、提货单、发票、装箱单等。展览品中涉及检验检疫等管制措施的，还应当向海关提交有关许可证件。

展览会主办单位或其代理人应当向海关提供担保。海关一般在展览会举办地对展览品开箱查验。

(2)出境申报。

展览品出境申报手续应当在出境地海关办理。在境外举办展览会或参加国外展览会的企业应当向海关提交国家主管部门的批准文件、报关单、展览品清单一式两份等单证。

展览品属于应当缴纳出口关税的,向海关缴纳相当于税款的保证金;属于核用品、"核两用品"及相关技术的出口管制商品的,应当提交出口许可证。

海关对展览品开箱查验,核对展览品清单。查验完毕,海关留存一份清单,另一份封入"关封"交还给出口货物发货人或其代理人,凭以办理展览品复运进境申报手续。

4. 进出境展览品的核销结关

(1)复运进出境。

进境展览品按规定期限复运出境,出境展览品按规定期限复运进境后,海关分别签发报关单证明联,展览品所有人或其代理人凭以向主管海关办理核销"结关"手续。

展览品未能按规定期限复运进出境的,展览会主办单位或出国举办展览会的单位应当向主管海关申请延期,在延长期内办理复运进出境手续。

(2)转为正式进出口。

进境展览品在展览期间被人购买的,由展览会主办单位或其代理人向海关办理进口申报、纳税手续,其中属于许可证件管理的,还应当提交进口许可证件。出口展览品在境外参加展览会后被销售的,由海关核对展览品清单后要求企业补办有关正式出口手续。

(3)展览品放弃或赠送。

展览会结束后,进口展览品的所有人决定将展览品放弃交由海关处理的,由海关变卖后将款项上缴国库。有单位接受放弃展览品的,应当向海关办理进口申报、纳税手续。

展览品的所有人决定将展览品赠送的,受赠人应当向海关办理进口手续,海关根据进口礼品或经贸往来赠送品的规定办理。

(4)展览品毁坏、丢失、被窃。

展览品因毁坏、丢失、被窃等原因,而不能复运出境的,展览会主办单位或其代理人应当向海关报告。对于毁坏的展览品,海关根据毁坏程度估价征税;对于丢失或被窃的展览品,海关按照进口同类货物征收进口税。展览品因不可抗力遭受损毁或灭失的，海关根据受损情况，减征或免征进口税。

（三）集装箱箱体

1. 含义

集装箱箱体是指作为运输设备而非货物的暂时进出境集装箱箱体。

2. 暂准进出境集装箱箱体的报关

暂时进出境的集装箱箱体报关有两种情况：

（1）境内生产的集装箱及我国营运人购买进口的集装箱，在投入国际运输前，营运人应当向其所在地海关办理登记手续。

海关准予登记并符合规定的集装箱箱体，无论是否装载货物，海关准予暂时进境和异地出境，营运人或者其代理人无须对箱体单独向海关办理报关手续，进出境时也不受规定的期限限制。

（2）境外集装箱箱体暂准进境，无论是否装载货物，承运人或者其代理人应当对箱体单独向海关申报，并应当于入境之日起 6 个月内复运出境。如因特殊情况不能按期复运出境的，营运人应当向“暂准进境地海关”提出延期申请，经海关核准后可以延期，但延长期最长不得超过 3 个月，逾期应按规定向海关办理进口及纳税手续。

（四）暂时进出口货物

1. 暂时进出口货物的适用范围

《关税条例》规定可以暂不缴纳税款的九项暂准进出境货物除使用 ATA 单证册报关的货物、不使用 ATA 单证册报关的展览品、集装箱箱体按各自的监管方式由海关进行监管外，其余的均按《中华人民共和国海关对暂时进出口货物监管办法》进行监管，因此均属于暂时进出口货物的范围。

2. 暂时进出口货物的期限

暂时进出口货物应当自进境或出境之日起 6 个月内复运出境或者复运进境。如果因特殊情况不能在规定期限内复运出境或者复运进境的，应当向海关申请延期，经批准可以适当延期，延长期最长不超过 6 个月。

3. 进出境申报

暂时进出口货物进出境要经过海关的核准。暂时进出口货物进出境核准属于海关行政许可范围,应当按照海关行政许可的程序办理。

(1)暂时进口货物进境申报。

暂时进口货物进境时,收货人或其代理人应当向海关提交主管部门允许货物为特定目的而暂时进境的批准文件、进口货物报关单、商业及货运单据等,向海关办理暂时进境申报手续。

暂时进口货物不必提交进口货物许可证件,但对国家规定需要实施检验检疫的,或者为公共安全、公共卫生等实施管制措施的,仍应当提交有关的许可证件。

暂时进口货物在进境时,进口货物的收货人或其代理人免予缴纳进口税,但必须向海关提供担保。

(2)暂时出口货物出境申报。

暂时出口货物出境,发货人或其代理人应当向海关提交主管部门允许货物为特定目的而暂时出境的批准文件、出口货物报关单、货运和商业单据等,向海关办理暂时出境申报手续。

暂时出口货物除易制毒化学品、监控化学品、消耗臭氧层物质、有关核出口、"核两用品"及相关技术的出口管制条例管制的商品以及其他国际公约管制的商品按正常出口提交有关许可证件外,不需交验许可证件。

4. 核销结关

(1)复运进出境。

暂时进口货物复运出境,暂时出口货物复运进境,进出口货物收发货人或其代理人必须留存由海关签章的复运进出境的报关单,准备报核。

(2)转为正式进口。

暂时进口货物因特殊情况,改变特定的暂时进口目的转为正式进口,进口货物收货人或其代理人应当向海关提出申请,提交有关许可证件,办理货物正式进口的报关纳税手续。

(3)放弃。

暂时进口货物在境内完成暂时进口的特定目的后,如货物所有人不准备将货物复运出境的,可以向海关声明将货物放弃,海关按放弃货物的有关规定处理。

(4)核销结关。

暂时进口货物复运出境,或者转为正式进口,或者放弃后,暂时出口货物复运进境,或者转为正式出口后,收发货人向海关提交经海关签注的进出口货物报关单，或者处理放弃货物的有关单据以及其他有关单证，申请报核。海关经审核，情况正常的，退还保证金或办理其他担保销案手续，予以结关。

复习思考题

一、单选题

1. 请指出下列哪一项货物或物品不适用暂准进出口通关制度（　）。

A. 展览会期间出售的小卖品

B. 在展览会中展示或示范用的进口货物、物品

C. 承装一般进口货物进境的外国集装箱

D. 进行新闻报道使用的设备、仪器

2. 我国 ATA 单证册的签发机构是（　）。

A. 海关总署　B. 中国国际商会　C. 国务院　D. 商务部

3. 我国规定暂准进出境货物应当自进境或者出境之日起（　）内，复运出境或复运进境。

A. 6 个月　B. 1 年内　C. 3 个月　D. 1 个月

4. 在我国 ATA 单证册项下货物暂时进出境期限为货物进出境之日起（　），如果有特殊情况超过需要延期的，延期最多不超过（　），每次延长的期限不超过（　）。

A. 6 个月；3 次；6 个月　B. 1 年；1 次；1 年

C. 1 年；1 次；6 个月　D. 1 年；3 次；1 年

5. 参展期在 24 个月以上展览会的展览品，在 18 个月延长期届满后仍需要延期的，由（　）审批。

A. 隶属海关　B. 直属海关

C. 海关总署　D. 直属海关关长

二、多选题

1. 下列属于暂准进出境货物范围的是（　）。

A. 在展览会、交易会、会议及类似活动展示的货物

B. 文化、体育交流活动中使用的表演、比赛用品

C. 货样

D. 盛装货物的容器

2. 下列关于ATA单证册说法正确的是( )。

A. 海关总署在北京海关设立ATA核销中心是我国ATA单证的担保协会和出证协会

B. ATA单证册下暂时进境货物未能按规定复运出境或过境的,ATA核销中心向中国国际商会提出追索

C. 我国海关只接受中文或英文填写的ATA单证册

D. 一般情况下,持ATA单证册向海关申报进出境展览品,需要向海关提交进出口许可证件,并向海关提供担保金

3. 下列哪个选项货物与展出活动有关,但不是展览品,不按展览品申报进境( )。

A. 展览会期间出售的小卖品

B. 展览会期间使用的含酒精的饮料、烟叶制品、燃料

C. 参展商随身携带进境的含酒精饮料、烟叶制品

D. 供各种国际会议使用或与其有关的档案、记录、表格及其他文件

4. 下列暂准进出境货物应当按"暂时进出口货物"申报的是( )。

A. 体育比赛用的比赛用品

B. 安装设备时使用的工具

C. 集装箱箱体

D. 来华进行文艺演出而暂时运进的器材、道具、服装等

5. 下列关于海关对进出境货物监管期限的表述错误的是( )。

A. 进口展览品的暂准进境期限是6个月,超过6个月的,经海关批准后可以延期,延长的期限最长不得超过3个月

B. 我国营运人购买的集装箱应当于进境之日起6个月内复运出境,经海关批准后可以延期,延长的期限最长不得超过3个月

C. 过境货物的过境期限为6个月,经海关批准后可以延期,最长可延期3个月

D. 转运货物必须在6个月之内办理海关有关手续并转运出境

三、判断题

1. 在我国,目前,ATA单证册的适用范围仅限于展览会、交易会会议及类

似活动项下的货物。（　）

2. 持 ATA 单证册向海关申报进出境展览品，不需要向海关提交进出口许可证，也不需要另外再提供担保。（　）

3. 展览会期间使用的含酒精的饮料、烟叶制品、燃料，海关对这些商品不征收关税。（　）

4. 展览会期间出售的小卖品，属于一般进出口货物范围。（　）

5. 境内生产的集装箱及我国营运人购买进口的集装箱投入国际运输前，营运人应当向其所在地海关办理登记手续。（　）

6. 暂准进境或出境的集装箱箱体无论是否装载货物，承运人或其代理人应当就箱体单独向海关申报。（　）

第十六讲　转关运输货物报关流程

学习要点

1. 了解转关运输的含义和分类；
2. 熟悉转关运输货物的范围；
3. 掌握转关运输的条件和程序。

关键术语：转关运输　直转转关　提前报关转关　中转转关

一、转关运输的含义

转关运输指的是进出口海关监管货物需由进境地或启运地设立的海关转运至目的地或出境地海关，这种转运方式称为转关运输。经海关同意可采用不同的交通工具，承运接驳转关运输货物。

转关运输货物是海关监管货物，包括：

(1)由进境地入境后，运往另一设关地点办理进口海关手续的货物；

(2)在启运地已办理出口海关手续运往出境地，由海关监管放行的货物；

(3)由国内一设关地点转运到另一设关地点的应受海关监管的货物。

二、转关运输的方式

1. 提前报关转关

进口货物在指运地先申报，再到进境地办理进口转关手续；出口货物在货物未运抵启运地监管场所前先申报，货物运抵监管场所后再办理出口转关手续方式。

2. 直转转关

进境货物在进境地海关办理转关手续，货物运抵指运地，再在指运地海关办理报关手续的进口转关，出境货物在货物运抵启运地海关监管场所报关后，再到出境地海关办理出口转关手续的出口转关。

3. 中转转关

在收发货人或其代理人向指运地或启运地海关办理进出口报关手续后，由境内承运人或其代理人统一向进境地或出境地海关办理进口或出口转关手续。具有全程提运单，须换装境内运输工具的进出口中转货物适用中转方式转关运输。

三、办理转关运输的条件

进口货物经收货人或其代理人向进境地海关提出申请，并具备下列条件者，可核准办理转关运输：

(1)指运地和启运地设有海关机构。

(2)运载转关运输货物的运输工具和装备，具备密封装置和加封条件的(超高、超长及无法封入运输装置的除外)。

(3)承运转关运输货物的企业是经海关核准的运输企业。

(4)不具备以上条件，但有特殊情况，经进出口货物收发人申请，海关核准的，也可办理转关运输。

转关运输货物除特殊情况外，申请人应当是经海关核准、认可的报关单位，并由持有海关发给的报关员证书的人员向海关办理申请手续。转关运输货物未经海关许可，不得开拆、改装、调换、提取、交付；对海关在运输工具和货物上施加的封志包括经海关认可的商业封志，不得擅自开启或损坏。转关运输货物必须存放在经海关同意的仓库、场所。存放转关运输货物的仓库、场所的经理人应依法向海关负责，并按照海关规定，办理收存、交付手续。海关需要派员押运转关运输货物时，申请人应当按规定向海关缴纳规费，并提供为执行监管任务必要的方便。

四、办理转关运输的文件

办理转关运输手续时，申请人应向海关如实申报，并递交下列单证。

(1)进口转关应向进境地海关填报“中华人民共和国海关进口转关运输货物申报单”(以下简称“申报单”)一式三份(“国际铁路联运货物为货车装载清单”三份),并交验有关证件和货运单证。申请办理属于需申领进口许可证的转关运输货物,应事先向指运地海关交验进口许可证,经审核后由指运地海关核发进口转关运输货物联系单并封交申请人带交进境地海关。另外,申请人或承运人应当负责将进境地海关签发的关封,完整、及时地带交指运地海关,并在海关规定的期限内办理进口手续。空运转关运输货物的指运地与国际运单的目的地相同的可免填“申报单”,由海关在运单上加盖“海关监管货物”印章。

(2)出口转关应向启运地海关填报“中华人民共和国海关出口转关运输货物申报单”一式两份和“中华人民共和国海关出口货物报关单”办理报关纳税手续,出境地海关在货物出口后按规定向启运地海关退寄回执。

五、海关对转关运输货物的监管和报关要点

(一)转关运输的期限

1. 直转方式转关的期限

直转方式转关的进口货物应当自运输工具申报进境之日起 14 天内向进境地海关办理转关手续,在海关限定期限内运抵指运地之日起 14 天内,向指运地海关办理报关手续。逾期按规定征收滞报金。

2. 提前报关方式转关的期限

进口转关应在电子数据申报之日起 5 日内,向进境地海关办理转关手续,超过期限仍未到进境地海关办理转关手续的,指运地海关撤销提前报关的电子数据。

出口转关货物应于电子数据申报之日起 5 日内,运抵启运地海关监管场所,办理转关和验放等手续,超过期限的,启运地海关撤销提前报关的电子数据。

(二)转关申报单证的法律效力

转关货物申报的电子数据与书面单证具有同等的法律效力,对确实因为填报或传输错误的数据,有正当的理由并经海关同意,可作适当的修改或者撤销。对海关已决定查验的转关货物,则不再允许修改或撤销。

六、转关运输的报关程序

（一）进口货物的转关

1. 提前报关的转关

进口货物的收货人或其代理人在进境地海关办理进口货物转关手续前，向指运地海关录入“进口货物报关单”电子数据。指运地海关提前受理电子申报，接受申报后，计算机自动生成“进口转关货物申报单”，向进境地海关传输有关数据。提前报关的转关货物收货人或其代理人应向进境地海关提供“进口转关货物申报单”编号，并提交相关单证办理转关运输手续。

2. 直转方式的转关

货物的收货人或其代理人在进境地录入转关申报数据，持相关单证直接办理转关手续。

3. 中转方式的转关

中转方式的进口转关一般采用提前报关转关。具有全程提运单，需要换装境内运输工具的中转转关货物的收货人或其代理人，向指运地海关办理进口报关手续后，由境内承运人或其代理人向进境地海关提交“进口转关货物申报单”、“进口货物中转通知书”、按“指运地目的港”分列的“纸质舱单”（空运方式提交“联程运单”）等单证办理货物转关手续。

（二）出口货物的转关

1. 提前报关的转关

由货物的发货人或其代理人在货物未运抵启运地海关监管场所前，先向启运地海关录入“出口货物报关单”电子数据，由启运地海关提前受理电子申报，生成出口转关货物申报单数据，传输至出境地海关。货物应于电子数据申报之日起 5 日内，运抵启运地海关监管场所，并持相关单证向启运地海关办理出口转关手续。

2. 直转方式的转关

由发货人或其代理人在货物运抵启运地海关监管场所后，向启运地海关录入“出口货物报关单”电子数据，启运地海关受理电子申报，生成出口转关货物申报单数据，传输至出境地海关。发货人或其代理人应持相关单证在启运地海关办理出口转关手续。

3. 中转方式的转关

具有全程提运单，需要换装境内运输工具的出口中转转关货物，货物的发货人或其代理人向启运地海关办理出口报关手续后，由承运人或其代理人向启运地海关录入并提交“出口转关货物申报单”、凭出境运输工具分列的电子或“纸质舱单”、“汽车载货登记簿”或“船舶监管簿”等单证向启运地海关办理货物出口转关手续。经启运地海关核准后，签发“出口货物中转通知书”，承运人或其代理人凭以办理中转货物出境手续。

（三）对转关运输货物境内承运人的相关规定

1. 从事转关运输货物的境内承运人，应向海关办理下列注册登记手续并承担有关责任

（1）向所在地或主管海关办理企业、运输工具以及驾驶人员的注册登记手续，海关认为必要时，承运人应向海关提供经济担保、银行担保或海关认可的其他方式的担保。

（2）承运人办理注册登记手续时应提交下列证件：

① 工商行政管理部门签发的企业营业执照副本或影印件；

② 交通管理部门签发的运输工具的行驶证的影印件；

③ 驾驶人员执照影印件（船舶可免交验）；

④ 承运转关运输货物申请表。经海关审核同意后，颁发有关批准注册登记证书。

2. 在办理转关运输手续时，申请人应按照海关规定，向海关如实申报，并递交下列单证

（1）进口转关。向进境地海关填报“中华人民共和国海关进口转运货物申报单”（以下简称“申报单”）一式三份（“国际铁路联运货物为货车装载清单”三份），并交验有关证件和货运单证。

申请办理属于申领进口许可证的转关运输货物，应事先向指运地海关交验进口许可证，经审核后由指运地海关核发进口转关运输货物联系单并封交申请人带交进境地海关。

空运转关运输货物的指运地与国际运单的目的地相同的，可免填“申报单”，由海关在运单上加盖“海关监管货物”印章。

（2）出口转关。应向启运地海关填报“中华人民共和国海关单”办理货物报关纳税手续，出境地海关在货物出口后按规定向启运地海关退寄回执。

(3)进口转关运输货物,自运输工具申报进境之日起14日内向进境地海关申报转关运输手续,有关货物自运抵指运地之日起14日内向海关办理进口手续,超过上述期限,由海关按规定征收滞报金。进口转关货物,自运输工具进境之日起超过3个月未向指运地海关申报的,由海关依照《海关法》的规定处理。

(4)保税仓库间的货物转关,除应办理正常的货物进出口保税仓库手续外,比照上述(1)"进口转关"有关规定填写"转关进境申报单",并在"指运地"栏内注明货物将要存入的保税仓库名称,不再填写进出口货物报关单。

(四)转关运输货物通关程序

(1)进口货物的收货人或其代理人应自运输工具申报进境之日起14日内,向进境地海关申报转关运输。

(2)申报货物转关运输时,进口货物的收货人或代理人应填制"中华人民共和国海关进口转关运输货物申报单"(以下简称"申报单"),并交数据录入中心录入海关计算机报关自动化系统,打印成正式的"申报单"一式三份。

(3)进口货物收货人或其代理人应如实向海关申报,并递交"申报单"、指运地海关签发的"进口转关运输货物联系单"、随附有关批准证件和货运、商业单证(如货物的提单或运单、发票、装箱单等)。

(4)进口货物收货人或代理人申请办理属于申领进口许可证的转关运输货物,应事先向指运地海关交验进口许可证,经审核后由指运地海关核发进口转关运输货物联系单,并封交申请人带交进境地海关。

(5)进境地海关在接受进口货物收货人或代理人申报递交的有关单证后,要进行核对,核准后,要将上述有关单证制作关封,交进口货物的收货人或其代理人。

(6)进口货物的收货人或其代理人要按海关指定的路线负责将进口货物在规定的时限内运到指运地海关,向指运地海关交验进境地海关签发的关封,并应在货物运至指运地海关之日起14日内向指运地海关办理报关、纳税手续。

(7)指运地海关在办理了转关运输货物进口手续后,按规定向进境地海关退寄回执,以示进口转关运输货物监管工作的完结。

(8)来往港澳进境车辆装载的转关运输货物,由车辆驾驶人员向进境地海关交验载货清单一式三份,并随附有关货运、商业单证,进境地海关审核后制作关封交申请人带交出境地海关,由出境地海关负责办理该车辆及所载货物的监管手续。

(9)保税仓库之间的货物转关手续，除应按办理正常的货物进出保税仓库的手续外，也按上述(1)和(7)的程序办理手续。但在填报申报单时，在“指运地”一栏应填写货物将要存入的保税仓库名称。

复习思考题

一、单选题

1. 进口货物的提前报关方式的转关运输，报关单位应在向指运地海关电子数据申报之日起(　)，向进境地海关办理转关运输手续，否则，指运地海关撤销电子数据。

A. 5 天内　　B. 7 天内　　C. 10 天内　　D. 14 天内

2. 出口货物的提前报关方式的转关运输，报关单位应在向启运地海关电子数据申报之日起(　)，将货物运到启运地海关监管场所并向启运地海关办理转关运输手续，否则启运地海关撤销提前报关电子数据。

A. 5 天内　　B. 7 天内　　C. 10 天内　　D. 14 天内

3. 下列进口的废物中，可以申请转关运输的是(　)。

A. 木制品废料　　B. 废纸

C. 废电机、电器产品　　D. 纺织品废物

二、多选题

1. 下列哪些选项不得申请转关运输(　)。

A. 废钢铁　　B. 汽车　　C. 废纸　　D. 易制毒化学品

2. 提前报关方式的转关运输，报关单位在向进境地海关办理转关运输手续时，应向海关提交(　)。

A. 进口转关运输申报单编号　　B. 进口转关运输货物核放单

C. 汽车登记簿或船舶监管簿　　D. 提货单

3. 进口货物的中转转关运输方式是指报关单位在指运地海关办理进口报关手续后，由境内承运人或其代理人向进境地海关办理转关运输手续，在向进境地海关办理转关运输手续时，应向进境地海关提交的单证是下列哪些选项

(　)。

A. 进口转关货物申报单　　　B. 进口货物中转通知书

C. 按照指运地目的港分列的纸质舱单　　　D. 提单

三、判断题

提前报关方式的转关运输,因为是进口货物在运抵指运地之前,报关单位先向指运地海关申报,所以不会产生滞报金问题。(　)

第十七讲 其他进出境货物报关流程

学习要点

1. 了解其他进出境货物的种类和范围；
2. 熟悉过境、转运、通运货物等其他进出境货物的含义；
3. 掌握其他进出境货物的通关流程；
4. 掌握办理其他进出境货物办理通关手续时的特别之处。

关键术语：过境、转运、通运货物 快件货物 无代价抵偿货物 溢卸或误卸 放弃货物 超期未报关货物 退运货物和退关货物

一、过境、转运、通运货物的含义及通关流程

(一)过境货物

过境货物是指以某种运输工具从一个国家的境外启运，在该国边境不论换装运输工具与否，通过该国家境内的陆路运输，继续运往境外其他国家的货物。

在办理通关手续时，进出境手续如下：

过境货物的进境报关。过境货物进境时，过境货物经营人应填写“过境货物入境报关单”向入境地海关申报，并提供过境货物运输单据(如货物装载清单、国际铁路联运货物运单等)。入境地海关核实后，在有关运单上加盖“海关监管货物”戳记，将一份过境货物入境报关单留存备案，另一份报关单和货物装载清单制作关封，连同运单交给过境货物经营人。过境货物经营人或承运人应将入境地海关签发的关封完整及时的带交出境地海关。

报关过境货物出境时，过境货物经营人应填写“过境货物出境报关单”并提供过境货物运输单据和入境地海关签发的关封。出境地海关核实后，在运单上加盖放行章，监管货物出境，并将一份过境货物出境报关单寄送入境地海关

核销。

(二)转运货物

转运货物是指以某一种运输工具从一国境启运,在该国境内设立海关的地点换装另一运输工具后,不经过该国境内陆路继续运往其他国家的货物。

由于各国之间贸易或货物的原因所产生的国际货物转运,又称为“转船”(国际货物转运大多为一艘船换装到另一艘船,但不仅限于船舶换装)。在海关合作理事会主持签订的《京都公约》的附约中,将这一类转船业务定义为“在海关监督下,货物从进口运输工具换装到出口运输工具,其进口和出口均在一个海关范围内办理”。公约规定海关对转船货物免税征进口关税,并提供进出口手续的便利。

具备下列条件之一的货物可准予办理转运:

(1)持有通运货联运提单的;

(2)进口载货清单内已注明是转运货物的;

(3)持有普通提货清单,但在起卸已向海关声明转运的;

(4)误卸的进口货物,经运输工具经理人提供确实证件的;

(5)因特殊情况有申请转运,经海关核准的。

载有转运货物的运输工具进境后,承运人应当在进口载货清单上填写外国货物转运列名转运货物的名称、数量、运地和到达地,并向主管海关申报,经海关核实同意在海关监督下换装运输工具,并在规定时间内运送出境。

(三)通运货物

通运货物是指以船舶或飞机装载从一国境外启运,经该国设立海关地点不换装运输工具,继续运往其他国家的货物。

通运货物的海关手续为,装载有通运货物的运输工具到达我国第一个口岸办理国际运输工具进境申报手续时,运输工具负责人应在向海关申报的“国际航行船舶进口报告书”或“国际民航飞机进口舱单”上,注明通运货物的名称、数量。海关对申报内容核实后,监管有关通运货物出境。

二、快件货物的分类及通关流程

进出境快件分为三类:文件类、个人物品类和货物类。文件类进出境快件是指法律、法规规定予以免税且无商业价值的文件、单证、票据及资料。个人物品类进出境快件是指海关法规规定自用、合理数量范围内的进出境的旅客分离运输行李物品、亲友间相互馈赠物品和其他个人物品。货物类进出境快件是指文件类进出境快件和个人物品类进出境快件以外的快件。

(一)进出境文件类快件进口清关流程

(1)快件运营人通过中国电子口岸向海关申报报关单电子数据,并向快件通关科提交"中华人民共和国海关进出境快件 KJ1 报关单"、总运单(副本)和海关需要的其他单证。

(2)快件通关科审单关员审核报关单,并根据情况分别作出布控查验、退单以及电子放行等处理。

(3)快件运营人凭打印的有海关审单回执的报关单到快件监管科办理查验或放行手续。对于查验单货相符且无走私违规嫌疑的,以及经快件通关科电子放行的,快件监管科审核后在纸制报关单上签字并加盖放行章,予以实货放行;对于单货不符或有走私违规嫌疑的,予以暂扣并作进一步调查处理。快件监管科结合实货监管环节,可予以自行布控查验。

(二)进境个人物品类快件通关流程

(1)快件运营人或收件人向快件通关科个人物品通关窗口递交"中华人民共和国海关进出境个人物品申报单"、分运单、进境快件收件人身份证件影印件和海关需要的其他单证。

(2)快件通关科审单关员审核"中华人民共和国海关进出境个人物品申报单"及随附单证,开具"查验联系单",随同报关单据一并转快件监管科实施查验。

(3)快件监管科查验关员实施查验,查验完毕后记录查验结果,并由快件收件人或其代理人签字确认。对有走私违规嫌疑的,快件监管科对物品予以暂扣并作进一步调查处理;其他正常情况则直接将报关单及随附单据转快件通关科。快件监管科结合实货监管环节,可予以自行布控查验。

(4)快件通关科根据查验结果,依据"入境旅客行李物品和个人邮递物品进口税税则归类表"和"入境旅客行李物品和个人邮递物品完税价格表"确定应税物品的完税价格、税率及应征税款,并填制"旅客行李、个人邮递物品进口税款缴纳证"交由收件人或其代理人办理税款缴纳手续。快件通关科凭银行收款凭证核销税单并在分运单上签字;对不足进口税起征点或依法予以免税的,快件通关科将直接在分运单上签字。快件运营人或收件人持该分运单到快件监管科办理实货放行手续。

(三)进出境Ⅰ类快件通关流程

(1)快件运营人通过中国电子口岸向海关申报报关单电子数据,对关税税额在《中华人民共和国进出口关税条例》规定的关税起征数额以下的进境货物和海关规定准予免税的进境货样、广告品,对出境货样、广告品(法律、法规规定实行许可证件管理的、应征出口关税的、需出口收汇的、需出口退税的除外),快件运营人应提交"中华人民共和国海关进出境快件 KJ2 报关单"、分运单、发票和海关需要的其他单证。

(2)快件清关科审单关员审核报关单,并根据情况分别做出布控查验、退单、转普通货物类快件报关以及电子放行等处理。

(3)快件运营人凭打印的有海关审单回执的报关单到快件监管科办理查验或实货放行手续。快件监管科查验关员实施查验,对于单货不符或有走私违规嫌疑的,快件监管科予以暂扣并作进一步调查处理;对于查验单货相符且无走私违规情事的,以及经快件通关科电子放行的,快件监管科查验关员审核后在纸制报关单上签字并加盖放行章,予以实货放行。快件监管科结合实货监管环节,可予以自行布控查验。

(四)进境货物Ⅱ类快件通关流程

(1)快件运营人通过中国电子口岸向海关传输报关单电子数据,对应予征税的货样、广告品(法律、法规规定实行许可证件管理的、需进口付汇的除外),应提交"中华人民共和国海关进出境快件 KJ3 报关单"、每一进境快件的总运单、分运单、发票和海关需要的其他单证。

(2)快件通关科审单关员审核报关单,并根据情况分别作出布控查验、退单、转普通货物类快件报关以及征税放行等处理。对正常放行的快件,快件通关科在快件系统电子放行后,在分运单上签字,快件运营人凭该分运单到快件监管科办理实货放行手续。

(3)海关打印税单,快件运营人凭税单到银行缴纳税款。快件通关科根据银行收款凭证核销税单。

(4)对快件通关科布控查验的快件,快件监管科查验关员实施查验。对于单货不符或有走私违规嫌疑的，快件监管科予以暂扣并作进一步调查处理；对于其他正常情形，快件监管科在分运单上签字并加盖放行章，予以实货放行。快件运营人凭该分运单到海关监管仓库办理提货手续。快件监管科结合实货监管环节，可予以自行布控查验。

三、无代价抵偿货物的含义及通关流程

无代价抵偿进口货物是指进口货物在征税或免税放行以后，发现货物残损、短少或品质不良，而由境外承运人、发货人或保险公司免费补偿或更换的同类货物。

（一）无代价抵偿货物的特征

(1)是执行合同的过程中发生的损害赔偿：买卖双方在执行交易合同中，我方根据货物损害的事实状态向对方请求偿付，而由对方进行的赔偿。对于违反进口管理规定而索赔进口的，不能按无代价抵偿进口货物办理。

(2)已经海关放行：被抵偿进口的货物已办理了进口手续；并已按规定交纳了关税或者享受减免税的优惠经海关放行之后，发现损害而索赔进口的。

(3)仅抵偿直接损失部分：根据国际惯例，除合同另有规定者外，抵偿一般只限于在成交商品所发生的直接损失方面（即残损、短少、品质不良等）以及合同规定的有关方面（如对迟交货物罚款等）。对于所发生的间接损失（如因设备问题所发生的延误投产所造成的损失），一般不包括在抵偿的范围内。

(4)抵偿形式。

常见的抵偿进口形式有：

① 补缺，即补足短少部分；

② 更换错发货物，即退运错发货物，换进应发货物；

③ 更换品质不良货物，即退运品质不良货物，换进口质量合格的货物；

④ 贬值，即因品质不良而削价补偿；

⑤ 补偿备价，即对残损的补偿，由我方自行修理；

⑥ 修理，即因残损，原货退运境外修理后再进口。

(5)免予交验进出口许可证件。

（二）认定无代价抵偿进口货物的资料依据

无代价抵偿货物的确认必须具备一个前提条件，就是涉及货物性质的有关

鉴别材料、凭据必须齐全。主要有以下几种：

(1)原进口货物报关单：被抵偿货物进口时向海关填报的进口货物报关单，它是鉴别是否为抵偿进口货物的主要依据，是反映被抵偿货物进口情况的原始资料。

(2)商检证明或买卖双方会签的记录：商检证明书是由商检机构应收、用货单位检验申请，在复验后出具的证明材料；双方会签记录是货物放行进口后，经境外来人与我方共同开箱检验或在指导安装，负责调试时发现问题，而由双方现场代表会签的记录。这两种凭证是鉴别抵偿进口商品原因的必备条件。

(3)买卖双方签订的抵偿协议：抵偿协议是买方向卖方提出偿还请求，卖方接受以相当价值货物赔偿或补偿的书面协议。

以上3种资料凭证，它们之间是互相联系、相互依存的，海关在认定无代价抵偿进口货物的性质时原则上必须同时收取3种资料进行审查。

无代价抵偿进口货物的征、免税界限：

(1)如原进口货物短少，其短少部分已经征税或者原进口货物因质量原因已退运境外或已放弃交由海关处理，原征税款又未退还的，所进口的无代价抵偿货物可以免税。

(2)如原进口货物不退运境外，又未放弃交由海关处理，则应分别按以下办法处理：① 对于机器、仪器或其零部件，如因残损或品质不良，需进口同类货物来更换，所进口的无代价抵偿货物可以免税；② 对于因残损或品质不良，境外同意削价并补偿部分机器、仪器及其他货物，只要所补偿进口的货物与原货品名、规格相同，价格也不超过削价金额的，所进口的无代价抵偿货物也可以免税；③ 对于车辆、家用电器、办公室用机器和其他耐用消费品及其零部件的无代价抵偿货物，也可以免税，但其留在国内的原货应视其残损程度估价纳税。

(三)无代价抵偿货物的通关规则

无代价抵偿货物进口时，收货人应在进口货物报关单上的贸易性质栏内填明为“无代价抵偿货物”，并附上原进口货物报关单、税款缴纳证和商检证书或与境外发货人签订的索赔协议书。对原货已退运境外的，还应附有经海关签章的出口货物报关单。如无代价抵偿货物进口时不向海关报明，或虽报明但所附单证不齐，不足以证明为无代价抵偿货物的，按一般进口货物办理海关手续。无代价抵偿进口货物属于国家限制进口商品的，如与原进口的货物在品名、数量、价值及贸易性质等方面完全一致，可以在原进口货物退运出口的条件下免予另办许可证。但如原货不退运出口的,则应补办许可证。

(四)无代价抵偿货物申报期限

向海关申报进口无代价抵偿货物应当在原进出口合同规定的索赔期内,而且不超过原货物进出口之日起3年。

四、溢卸或误卸货物和超期未报货物

(一)溢卸或误卸货物

1. 溢卸、误卸货物的含义

进口溢卸货物是指未列入进口载货清单、运单的货物,或者多于进口载货清单、提单或运单所列数量的货物。但是在国际贸易管理中按进口合同列明的溢短装条款规定的溢短装比例而多装的进口货物不包括在内,只有超出合同规定的溢短装条款的比例而多装的货物才属于进口溢卸货物。

进口误卸货物是指将指运境外港口、车站或境内其他港口、车站而在本港(站)卸下的货物。

2. 进口溢卸、误卸货物的报关手续

(1)进口溢卸货物由原收货人接受的,原收货人或其代理人应填写进口货物报关单向进境地主管海关申报,并提供相关的溢卸货物证明。如属于国家限制进口商品的,应提供有关的许可证件,海关验核后按规定征税放行货物。

(2)对运输工具负责人或其代理人要求以溢卸货物抵补短卸货物的,应与短卸货物原收货人协商同意,并限于同一运输工具、同一品种的货物。如非同一运输工具或不同航次之间以溢卸货物抵补短卸货物的,只限于同一运输公司、同一发货人、同一品种的进口货物。同时对上述两种情况都应填报进口货物申报单向海关申报。

(3)进口误卸货物,如属于应运往国外的,运输工具负责人或其代理人要求将误卸货物退运国外时,经海关核实后可退运至境外;如属于运往国内其他口岸的误卸货物,可由原收货人或其代理人就地向进口地海关办理进口申报手续,也可以经进口地海关同意按转关运输管理办法办理转运手续。

(4)对进口溢卸、误卸货物,原收货人不接受或不办理退运手续的,运输工具负责人或其代理人可以要求在国内进行销售,由购货单位向海关办理相应的进口手续。

(5)进口溢卸、误卸货物,经海关审定确实的,由载运该货物的原运输工具负责人,自该运输工具卸货之日起3个月内,向海关申请办理退运出境手续;或者由该货物的收发货人,自该运输工具卸货之日起3个月内,向海关申请办理退运或者申报进口手续。

经载运该货物的原运输工具负责人,或者该货物的收发货人申请,海关批准,可以延期3个月办理退运出境或者申报进口手续。

超出上述规定的期限,未向海关办理退运或者申报进口手续的,由海关依法提取变卖处理。

(6)溢卸、误卸货物属于危险品或者鲜活、易腐、易烂、易失效、易变质、易贬值等不宜长期保存的货物的,海关可以根据实际情况,提前依法提取变卖处理,变卖所得价款按有关规定作出相应处理。

(二)超期未报关货物

(1)超期未报关货物是指收货人自运输工具申报进境之日起,超过3个月未向海关申报的进口货物。

(2)超期未报关货物的处理。

1)超过14日内未向海关申报的,由海关按规定征收滞报金;

2)超过3个月未向海关申报的按下列规定处理:

① 进口货物由海关提取变卖处理。

② 所得价款在优先拨付变卖处理实际支出的费用后,按运输、装卸、储存、进口关税、进口环节代征税、滞报金的顺序扣除相关费用和税款。所得价款不足以支付同一顺序的相关费用的,按照比例支付。

③ 进口超期未报关货物如属于危险品或者鲜活、易腐、易烂、易失效、易变质、易贬值等不宜长期保存的货物,由海关根据实际情况,提前变卖处理。

(3)超期未报关货物的变卖价款的处理规定:

① 按照规定扣除相关费用和税款后,尚有余款的,自货物依法变卖之日起1年内,经进口货物收货人申请,予以发还。其中属于国家限制进口的,应当提交许可证件,不能提供的,多余价款不予发还。

② 申请人申请发还余款的,应当提供证明其为该进口货物收货人的相关资料。经海关、审核同意后申请人应当按照海关对进口货物的申报规定,补办进口申报手续,并提交有关进口许可证件和其他有关单证。

③ 不符合进口货物收货人资格、不能证明其对进口货物享有权利的,申请

不予受理。逾期无进口货物收货人申请、申请不予受理或者不予发还的，余款上缴国库。不能提交有效进口许可证件的，由海关按照《海关法行政处罚实施细则》所列“无证进口”的规定处理。

(4)其他超期未报关货物的处理保税货物、暂时进口货物超过规定的期限3个月，未向海关办理复运出境或者其他海关手续的，以及过境、转运、通运货物超过规定的期限3个月未运输出境的，比照超期未报货物处理。

上述超期未报关进口货物、误卸或者溢卸的进境货物和放弃进口货物在《出入境检验检疫机构实施检验检疫的进出境商品目录》范围的，由海关在变卖前提请出入境检验检疫机构进行检验、检疫，检验、检疫的费用与其他变卖处理实际支出的费用，从变卖款中支付。

复习思考题

一、单选题

1. 下列哪一选项不属于无代价抵偿进出口货物(　　)。

A. 进出口海关放行后，因残损、短少、品质不良或规格不符，由进出口货物的收发货人、承运人或保险公司免费补偿或者更换的与原货物相同或者与合同相符的货物

B. 收发货人申报进出口的无代价抵偿货物，与退运出境或者退运进境的原货物不完全相同或者与合同规定不完全相符的，只要“税则号列”未发生改变的货物

C. 收发货物人申报进出口的免费补偿或更换的货物，如“税则号列”与原进出口货物的“税则号列”不一致，但其价格相同的货物

D. 收发货物人申报进出口的无代价抵偿货物，与退运出境或者退运进境的原货物不完全相同或者与合同规定不完全相符的，“税则号列”未发生改变，但价格不同的货物

2. 下列是关于出境修理货物的表述，哪一选项是不正确的(　　)。

A. 出境修理货物复运进境时，在保修期内免费维修的，可以免征进口关税和进口代征税

B. 出境修理货物复运进境时，在保修期外维修的，应当征收进口关税和进口代征税

C. 出境修理货物复运进境时，在保修期内维修收取费用的，应当免征进口关税和进口代征税

D. 对出境修理货物复运进境时，需要征收进口税和进口代征税，应当按照境外修理费和材料费审定完税价格计征进口关税和进口代征税

3. 出境快件中，货物类快件需出口收汇的或需出口退税的，不应向海关提交下列哪一选项的保单证(　)。

A. 进出境快件 KJ2 报关单　　B. 出口货物报关单

C. 每一出境快件的分运单、发票　　D. 海关需要的其他单证

4. 出料加工货物多长时间内应当复运进境(　)。

A. 自运输出境之日起一年内

B. 自运输出境之日起 6 个月内，经申请海关批准延长的期限不超过 3 个月

C. 自运输出境之日起 6 个月内，经申请海关批准延长的期限不超过 6 个月

D. 自运输出境之日起 3 个月内，经申请海关批准延长的期限不超过 3 个月

5. 下列哪一选项的货物不得向海关申请放弃(　)。

A. 保税货物　　B. 在海关监管期内的特定减免税货物

C. 捐赠进口的医疗废物　　D. 暂准进境货物

二、多选题

1. 进境快件中，应征关税的货样，广告品(进口许可证件管理的、进口付汇的除外)应向海关提交下列哪些选项的报关单证(　)。

A. 进出境快件 KJ2 报关单　　B. 进出境快件 KJ3 报关单

C. 每一进境快件的分运单、发票　　D. 海关需要的其他单证

2. 进境快件中，货物类快件应征关税并需进口付汇的，应向海关提交下列哪些选项的报关单证(　)。

A. 进口货物报关单　　B. 进出境快件 KJ2 报关单

C. 每一进境快件的分运单、发票　　D. 海关需要的其他单证

3. 出料加工货物按规定期限复进口，海关审定完税价格时，其价格因素包括(　)。

A. 原出口料件成本价　　B. 境外加工费

C. 境外加工的材料费

D. 复运进境的运输及其相关费用、保险费

三、判断题

1. 进境快件的申报时限自运输工具进境之日起14日内，出境快件在运输工具离境的3小时以内，向海关申报。（ ）

2. 租赁贸易货物，分期缴纳税款的纳税义务人，应在每次支付租金后的15日内（含15日）按照租金向海关申报，办理纳税手续，直到最后一期租金支付。（ ）

3. 进口无代价抵偿货物，不征收进口关税和进口代征税；被更换的原进口的残损、品质不良或规格不符货物，在办理退运出境报关手续时免征出口税。（ ）

4. 原出口货物因残损、品质不良或者规格不符，办理退运进境报关手续时，免征进口关税和代征税；出口无代价抵偿货物不征收出口税。（ ）

5. 办理无代价抵偿货物进出口货物的报关期限，是原进出口合同规定的索赔期内，不超过原进出口之日起3年。（ ）

6. 对于按照货物的实际价格估价征税的租赁货物，向海关申报纳税时，应向海关提交进口许可证件和其他单证，海关征税放行后，不再对该货物进行监管。（ ）

7. 海关超过规定期限复运进境修理货物，按照一般进口货物计征进口关税和进口代征税。（ ）

第四篇　进出口商品归类

第十八讲　商品名称及编码协调制度与商品归类总规则

学习要点

1. 了解商品名称及编码协调制度的产生与发展；
2. 领会商品归类六条总规则的含义和运用方法；
3. 学会在实践中运用这些规则进行正确的商品归类。

关键词：商品名称及编码协调制度　商品归类总规则

一、商品编码制度简介

（一）《商品名称及编码协调制度》的产生

海关进出口商品归类是建立在商品分类目录基础上的。早期的国际贸易商品分类目录只是因对进出本国的商品征收关税而产生的，其结构较为简单。后来随着社会化大生产的发展，进出口商品品种与数量的增加，除了税收的需要，人们还要了解进出口贸易情况，即还要进行贸易统计，因此，海关合作理事会（1995 年更名为世界海关组织）与联合国分别编制了两个独立的商品分类目录，即《海关合作理事会商品分类目录》（简称 CCCN）和《国际贸易标准分类目录》（简称 SIT）。

由于商品分类目录的不同，一种商品有时在一次国际贸易过程中要使用不同的编码，给国际贸易带来极大的不便。因此，海关合作理事会于 1983 年 6 月通过了《商品名称及编码协调制度的国际公约》及其附件《商品名称及编码协调制度》（Harmonized Commodity Description and Coding System，简称《协调制度》或 HS）。《协调制度》既满足了海关税则和贸易统计的需要，又包容了运输及制造业等要求，因此，该目录自 1988 年 1 月 1 日起正式生效后，即被广泛应用于海关税则、国际贸易统计、原产地规则、国际贸易谈判、贸易管制等多种领域，所以又被称为“国际贸易的语言”。截至2011年12月，已有200个国家、地区和国际组织采用《协调制度》分类目录，其中有118个为《协调制度的国际公约》缔约方。

随着新产品不断出现和国际贸易结构的变化，《协调制度》一般每隔若干年就要修订一次。自1988年生效以来，《协调制度》修订了4次，形成了1988年、1992年、1996年、2002年、2007年和2012年共6个版本。

为了帮助人们正确理解《协调制度》，海关合作理事会在制定《协调制度》的同时还制定了《商品名称及编码协调制度注释》（简称《协调制度注释》）。《协调制度注释》是对《协调制度》的官方解释，同时与《协调制度》的各个版本同步修订。我国将通过法律程序批准实行的《协调制度注释》称为《商品及品目注释》。

HS于1988年1月1日正式实施，每4年修订1次。世界上已有150多个国家使用HS，全球贸易总量90%以上的货物都是以HS分类的。HS的总体结构包括三大部分：归类规则，类、章及子目注释，按顺序编排的目与子目编码及条文。这三部分是HS的法律性条文，具有严格的法律效力和严密的逻辑性。HS首先列明6条归类总规则，规定了使用HS对商品进行分类时必须遵守的分类原则和方法。HS的许多类和章在开头均列有注释（类注、章注或子目注释），严格界定了归入该类或该章中的商品范围，阐述HS中专用术语的定义或区分某些商品的技术标准及界限。

（二）商品编码内容

HS采用六位数编码，把全部国际贸易商品分为21类97章。章以下再分为目和子目。商品编码第一、二位数码代表“章”，第三、四位数码代表“目”（Heading），第五、六位数码代表“子目”（Subheading）。前6位数是HS国际标准编码，HS有1241个四位数的税目，5205个六位数子目。有的国家根据本国的实际，已分出第七、八、九、十位数码。

在HS中，“类”基本上是按经济部门划分的，如食品、饮料和烟酒在第四类，化学工业及其相关工业产品在第六类，纺织原料及制品在第十一类，机电设备在第十六类，运输设备在第十七类，武器、弹药在第十九类等。HS“章”分类基本采取两种办法：一是按商品原材料的属性分类，相同原料的产品一般归入同一章。章内按产品的加工程度从原料到成品顺序排列。如52章棉花，按原棉—已梳棉—棉纱—棉布顺序排列。二是按商品的用途或性能分类。制造业的许多产品很难按其原料分类,尤其是可用多种材料制作的产品或由混合材料制成的产品(如第64章鞋、第65章帽、第95章玩具等)及机电仪产品等,HS按其功能或用途分为不同的章,而不考虑其使用何种原料,章内再按原料或加工程序排列出目或子目。HS的各章均列有一个起"兜底"作用,名为"其他"的子目,使任何进出口商品都能在这个分类体系中找到自己适当的位置。

二、《协调制度》的基本结构

《协调制度》将国际贸易涉及的各种商品按照生产类别、自然属性和不同功能用途等分为21类97章,每一章由若干品目构成,品目项下又细分出若干一级子目和二级子目。为了避免各品目和子目所列商品发生交叉归类,在类、章下加有类注释、章注释和子目注释,为了使每一项商品的归类具有充分的依据,设立了归类总规则,作为整个《协调制度》商品归类的总原则。

《协调制度》是一部系统的国际贸易商品分类目录,所列商品名称的分类和编排是有一定规律的。

从类来看,它基本上按社会生产的分工分类,如农业在第一、二类,化学工业在第六类,纺织工业在第十一类,冶金工业在第十五类,机电制造业在第十六类等。

从章来看,基本上按商品的自然属性、功能或用途来划分。第一章至第八十三章(第六十四章至第六十六章除外)基本上是按商品的自然属性来分章,如第一章至第五章是活动物和动物产品,第六章至第十四章是活植物和植物产品,第二十五章至第二十七章是矿产品。又如第十一类包括了动、植物和化学纤维的纺织原料及其产品,其中第五十章和第五十一章是蚕丝、羊毛及其他动物毛,第五十二章和第五十三章是棉花、麻及其他植物纺织纤维,第五十四章和第五十五章为化学纤维。

商品之所以按自然属性分类是因为其种类成分或原料比较容易区分,同时也因为商品价值的高低往往取决于构成商品本身的原材料。

另外,第六十四章至第六十六章和第八十四章至第九十七章则是按货物的用途或功能来分章的,其中第六十四章是鞋,第六十五章是帽,第八十四章是机械设备,第八十五章是电气设备,第八十七章是车辆,第八十八章是航空航天器,第八十九章是船舶等。

这样分类是因为:一是这些物品往往由多种材料构成,难以将这些物品作为某一种材料制成的物品来分类；二是因为商品的价值主要体现在生产该物品的社会必要劳动时间上。如一台机器，其价值主要看生产这台机器所耗费的社会必要劳动时间，而不是看机器用了多少贱金属。

从品目的排列看，一般也是原材料先于成品，加工程度低的产品先于加工程度高的产品，列名具体的品种先于列名一般的品种。如在第三十九章内，品目 3901 至 3914 是初级形状的塑料，品目 3916 至 3921 是塑料半制品，品目 3922 至 3926 是塑料制成品。

三、2012 年《商品名称及编码协调制度》修订的新变化

自 2012 年 1 月 1 日起，我国采用以世界海关组织 2012 年版《商品名称及编码协调制度》，在 2012 年版的《商品名称及编码协调制度》的修改中，对动、植物及食品部分（第 1—24 章）的修改变化较大，这主要是由于世界粮农组织出于反饥饿，反贫困及对世界范围内粮农产品精确统计的需求而作的修改，占总体修改内容的 39%。其中，类注未作修改，章注条文修改 1 条，子目注释新增 2 条、条文修改 2 条，4 位数品目新增 1 条，5、6 位数子目新增 282 条、删除 94 条、条文修改 17 条。

（一）活动物及动物产品的主要变化（第一类）

（1）由于疯牛病在部分国家爆发，为了应对该问题，世界粮农组织希望建立一个良好的追踪系统，通过生产、加工和分配的具体阶段跟踪食品动向，追踪系统是防止动物疾病蔓延并加强总体生物安保的重要工具，能够有助于公众健康、兽医公共卫生和动物卫生的干预措施。为此，世界粮农组织提出为家牛、水牛及其肉类产品单独拆分子目，但由于海关实际监管问题，世界海关组织最终只接受对活牛进行拆分，对其肉类产品不再单独拆分，即在品目 01.02 项下为家牛及水牛拆分子目，将原子目“0102.10 改良种用”删除，重新拆分为子目“0102.2 家牛”和“0102.3 水牛”，并在子目 0102.2 项下拆分为子目“0102.21 改良种用”和“0102.29 其他”，在子目 0102.3 项下拆分为子目“0102.31 改良种用”和“0102.39 其他”。

（2）渔业是全世界食品生产的一个重要组成部分，遗憾的是过度捕捞已经成为一个严重的问题。它给全球环境和世界的食品供应造成威胁。水产养殖或养鱼可以帮助减少世界海洋和湖泊中的过度捕捞，但是如果采用的方式不

妥，水产养殖同样也会破坏环境。为了健康发展渔业，世界粮农组织对第三章进行了大幅度的调整。世界粮农组织最初提议在第三章鱼类产品中，按鱼的来源捕获或水产养殖来拆分，以及根据鱼的生存水域分为中上层鱼、淡水鱼等的内容来拆分，但由于各国认为海关具体监管操作存在困难，否定了这种拆分方式，后采用对需要重点监控的鱼类品种单独列目的方式，例如，在品目 03.02、03.03、03.04 及 03.05 项下为罗非鱼、鲶鱼、鲤科鱼、鳗鱼、尼罗河鲈鱼、黑鱼等及其产品单独拆分了子目。此次鱼类涉及 8 个品目的调整，而我国 2010 年这几个品目的进出口贸易量达 113 亿美元。

（二）植物产品的主要变化（第二类）

（1）由于百合花贸易量大，在品目 06.03 项下拆分子目“0603.15 百合花（百合属）”；并且在品目 06.03 项下新增了玫瑰、康乃馨、兰花、菊花四个子目。近几年来，百合花成为继玫瑰、康乃馨之后贸易量较大的鲜切花之一，在国际和国内市场上受欢迎程度越来越高，发展前景乐观。目前，百合花的主要生产国为中国、荷兰和澳大利亚，消费国主要为欧盟、日本、美国。鉴于百合花在国际鲜切花贸易中所占比重日益增大，促进我国花卉产业的发展，我国海关提出了该修改建议。

（2）在第十、十二章的多个商品项下增列了种子的子目。种子是农业的生命，每个作物品种都有其所适应的地区范围和耕作栽培条件，而且都只在一定历史时期起作用，随着耕作栽培条件及其他生态条件的改变，经济的发展，生活水平的提高，对品种的要求也会提高，考虑到种植用的种子与食用的种子的不同，种子又受知识产权保护法保护，世界粮农组织提出在第十、十二章的多个商品项下拆分种子。例如，在品目 10.01 项下为种用硬粒小麦及种用其他麦拆分子目，即在子目“1001.10 硬粒小麦”项下拆分为子目“1001.11 种用”和“1001.19 其他”；在子目“1001.90 其他”项下拆分为子目“1001.91 种用”和“1001.99 其他”。

（三）油脂类产品的主要变化（第三类）

考虑到食品安全的因素，世界粮农组织提出在品目 15.01 项下将食用猪油及非食用的其他猪脂肪区分开，单独拆分子目，即在品目 15.01 项下拆分成子目“1501.10 猪油”、“1501.20 其他猪脂肪”和“1501.90 其他”。

(四)食品类产品的主要变化(第四类)

(1)为非离心甘蔗糖增列子目注释及拆分子目。非离心蔗糖在世界各地区普遍存在,像在我国就有粉状的红糖,块状的片糖等。非离心蔗糖是多个发展中国家的重要产品,对其经济发展有重要意义。世界海关组织在第十七章对该商品增列了子目注释,具体为“子目 1701.13 仅包括非离心甘蔗糖其按重量计干燥状态的蔗糖含量对应的旋光读数不低于69°但低于93°,该产品仅含肉眼不可见的不规则形状天然他形微晶,外被糖蜜残余及其他甘蔗成分”,并且在品目 17.01 项下为该子目注释所述的蔗糖新增子目 1701.13,即删除子目“1701.11 甘蔗糖”,同时新增子目“1701.13 本章子目注释二所述的甘蔗糖”和子目“1701.14 其他甘蔗糖”,这些商品均来自删除的原子目“1701.11 甘蔗糖”。

(2)为水烟料增列子目注释及拆分子目。水烟是一种来自中东地区的抽烟用装置。它所使用的烟草是糖浆、烟草与任何平常可食物混合加口味。由于各国对水烟料归类不一致,为明确其归类,世界海关组织在第二十四章对该商品增列了子目注释,具体为“子目 2403.11 所称‘水烟料’,是指由烟草和甘油混合而成用水烟筒吸用的烟草,不论是否含有芳香油及提取物、糖蜜或糖,也不论是否用水果调味,但供在水烟筒中吸用的非烟草产品不归入该子目”,并且在品目 24.03 项下为该子目注释所述的水烟料新增子目 2403.11,即在原子目“2403.10 供吸用的烟草,不论是否含有任何比例的烟草代用品”项下拆分为子目“2403.11 本章子目注释所述的水烟料”和“2403.19 其他”。

除上述修改外,动、植物及食品部分还由于贸易量小删除了一些 5、6 位数子目,例如删除子目“0604.10 苔藓及地衣”,其商品转移至新增子目“0604.20 鲜的”和“0604.90 其他”项下;删除子目“1102.10 黑麦细粉”,其商品转移至子目“1102.90 其他”项下;删除子目“2003.20 块菌”,其商品转移至子目“2003.90 其他”项下等。

四、商品归类总规则

归类总规则是《国际商品编码协调制度》中所规定的最为基本的商品归类规则。

规则一:类、章及分章的标题,仅为查找方便而设;具有法律效力的归类,应按项目条文和有关类注或章注确定,如项目、类注或章注无其他规定,按以下规则确定。规则一有三层含义：

(1)它指出“类、章及分章的标题，仅为查找方便而设”，例如，第一类，活动物；动物产品，按标题，它应该包括，所有的活动物和和动物产品，但第一类中，根据章注，咱们就可以知道，流动马戏团、动物园或其他类似巡回展出用的活动物，不包括在第一类里面。所以说，“类、章及分章的标题，仅为查找方便而设”。

(2)“具有法律效力的归类应按品目条文和有关类注或章注确定”，在第一章章注中有规定，本章不包括品目95.08的动物，不包括品目30.02的培养微生物及其他产品。所以说，具有法律效力的归类应按项目条文和有关类注或章注确定。

(3)“如品目、类注或章注无其他规定，按以下规则确定”在对商品进行归类的时候，税目条文及相关的章注、类注是最重要的。如果按税目条文及相关的章注、类注还无法确定归类的，才能够按规则二、三、四、五、六来归类。

规则二(一)项目所列货品，应视为包括该货品的不完整品或未制成品，只要在进口或出口时该项不完整品或未制成品具有完整品或制成品的基本特征，还应视为包括该项货品的完整品或制成品，在进口或出口时未组装件或拆散件。规则二(一)不适用于第一类到第六类的商品，而且是只有在规则一无法解决的时候，才能够运用规则二。

规则二(二)项目中所列材料或物质，应视为包括该种材料或物质与其他材料或物质混合或组成的物品。项目所列某种材料或物质构成的货品，应视为包括全部或部分由该种材料或物质构成的货品。由一种以上材料或物质构成的货品，应按规则三归类。

例1. 4503是天然软木制品，外边包纱布的热水瓶塞子。热水瓶塞子虽然包了纱布，但是并没有改变这个瓶塞的基本特征，因此还是归入4503.1000的品目。

例2. 牛奶里加糖了，仍然按牛奶来归类，那么这个条件就是说“加入材料或物质并不改变原来材料或物质或其所构成货品的基本特征”。规则二第二款还有一个含义：规则二归类的时候，基本上判定其还是由一种材料或物质构成，如果由一种以上材料或物质构成的货品，应按规则三归类。

规则三：当货品按规则二(二)或由于其他原因看起来可归入两个或两个以上品目时，应按以下规则归类：

(1)列名比较具体的品目，优先于列名一般的品目。但是，如果两个或两个以上品目都仅述及混合或组合货品所含的某部分材料或物质，或零售的成套货品中的某些货品,即使其中某个品目对该货品描述的更为全面、详细,这些货品在有关品目的列名应视为同样具体。规则三(一)指的是,如果货品有两个或两个以上税目可归时,应按以下规则归类。具体列名优先于一般列名("具体列名"原则)。

(2)对混合物而言,基本特征优先。不同材料构成或不同部件组成的组合物以及零售的成套货品,如果不能按照规则三(一)归类时,在本款可适用的条件下,应按构成货品基本特征的材料或部件归类。按"基本特征"原则如"碗装的方便面,由面饼、调味包、塑料小叉构成",在这个商品中,就属于混合物,由于面饼构成了这个商品的基本特征,所以应该按面归类。

(3)货品不能按照规则三(一)、(二)归类时,应按号列顺序归入其可归入的最末一个税目。也就是按此项商品范围里从后归类,也叫"从后归类"原则。例如,"由200克奶糖和200克巧克力糖果混合而成的一袋500克的糖果",由于其中奶糖和和巧克力糖果的含量相等,"基本特征"无法确定,所以,应从后归类,奶糖是归入1704,巧克力糖果是归入1806,那么就归入后一个税目1806。

在规则三中有三点需要注意:首先,只有规则一和规则二都不能用的时候才用规则三。例如,"豆油70%、花生油200%、橄榄油10%的混合食用油"在这里不能因为它是混合物,而且豆油的含量最大,构成基本特征,从而运用规则三(二)款将其按豆油归入1507的品目。这是错误的,根据规则一,归类的法律依据是税目条文,因此根据15.17的品目注释包括各种动植物油混合而成的食用油,而在这道题目中,题目说的是混合食用油,因此先适用规则一,归入15.17的品目。其次,在运用规则三时,必须按其中(一)、(二)、(三)款的顺序逐条运用。

规则四:根据上述规则无法归类的货品,应归入与其最相类似的货品的品目。

例如,手推购物车8716.8000手推购物车—查阅类、章标题名称,可归入87章车辆—由于此章注释并无相关解释,所以查阅子目标题—可归入8716非机械驱动车辆,此目录中又没有具体列名,所以归入8716.8000其他车辆。

规则五:除上述规则外,本规则适用于下列货品的归类:"(一)制成特殊形状仅适用于盛装某个或某套物品并适合长期使用的照相机套、乐器盒、枪套仪器、绘图仪器盒、项链盒及类似容器,如果与所装物品同时进口或出口,并通常与所装物品一同出售的,应与所装物品一样归类。但本款不适用于本身构成整个货品基本特征的容器。"

规则五所要解决的是某包装材料或包装容器在什么情况下单独归类，在什么情况下与所装的物品一并归类的问题。要符合四个方面的条件则与所装物品一并归类：(1)特殊形状专用(照相机套、乐器盒)；(2)适合长期使用；(3)与所装物品一同进口或出口(如装香水的瓶子)；(4)与所装物品一同出售“不适用于本身构成整个货品基本特征的容器”。例如，银制的茶叶罐装入茶叶，这个茶叶罐相对于茶叶来说比较贵重，那么就构成了这个货品的基本特征，因此应按照银制品归类如7114.1100，而不是按茶叶来归类，如装有糖果的古董瓷器，应按照瓷器归类而不是按照糖果归类。规则五第二款(二)除规则五(一)规定的以外，与所装货品同时进口或出口的包装中包装容器，如果通常是用来包装这类货品的，应与所装货品一并归类。但明显可重复使用的包装材料和包装容器可不受本款限制。说明的是明显可重复使用的包装材料和包装容器可以单独归类，不需要与其所装的物品一并归类，例如，装液化气用的煤气罐，煤气罐是可以重复使用的，所以归类的时候应该与液化煤气分开。

规则六：货品在某一品目项下多子目的法定归类，应按子目条文或有关的子目注释以及以上各条规则来确定，但子目的比较只能在同一数级上进行。除本目录另有规定的以外，有关的类注、章注也适用于本规则。

复习思考题

一、单选题

1. 下列叙述错误的是(　)。

A.《中华人民共和国海关进出口税则》的类、章及分章的标题，仅仅是为了方便查找有关商品而设立的

B. 对商品进行税则归类，应按税目条文和有关类注和章注确定

C. 当税目条文、类注和章注没有专门规定，而商品归类不能确定时，按归类总规则的其他规定归类

D. 当税目条文、类注和章注没有专门规定，而商品归类不能确定时，按与该商品最相类似的商品归类

2. 解决商品归类的具有法律效力的依据有归类总则、类注、章注、子目注

释,在运用它们时的优先顺序是(　)。

A. 子目注释—章注—类注—归类总则

B. 归类总则—类注—章注—子目注释

C. 类注—章注—子目注释—归类总则

D. 章注—子目注释—类注—归类总则

3.《协调制度》中的编码采用的是(　)位数编码。

A. 4　B. 6　C. 8　D. 10

4. 对商品进行归类时,品目条文所列的商品,应包括该项商品的非完整品或未制成品,只要进口或出口时,这些非完成品或未制成品具有完整品或制成品的(　)。

A. 基本功能　B. 相同用途

C. 基本特征　D. 核心组成部件

二、简答题

1. 如何正确理解归类总规则?

2. 试举例说明如何运用规则三来进行归类。

第十九讲　进出口商品归类方法

学习要点

1. 了解各类、各章排列的大体顺序；

2. 掌握进出口商品归类的基本思路和方法。

关键术语：进出口商品　归类方法

一、进出口商品的排列顺序

《2011 年版进出口商品名称与编码》共包括 21 类 97 章商品，共 1 244 个税目。第 1 类到第 4 类是农副产品，从第 5 类到第 21 类是工业品。

（一）商品编码的结构

商品的 8 位数编码（如 0105.9994）前两位表示项目所在章（01 指的是第一章的内容），3、4 位表示在该章的排列顺序号，第 5 位表示的是它的一级子目，第 6 位表示二级子目，以此类推。

在查找商品编码的过程中，一定要先确定它的类，其次是章，再确定它的 1 级子目、2 级子目，以此类推。在商品名称前面都有一个横杠：

"—"表示 1 级子目，

"——"表示 2 级子目，

"———"表示 3 级子目，

"————"表示 4 级子目。

需要注意的是，只有在同一数级的子目才能进行比较。

（二）查找商品编码的方法

（1）确定所给出的商品名称的中心词，判断所归入的类、章（21 类 97 章）。

(2)查阅类注、章注。

(3)查阅相应章中品目条文和注释,如可见该商品则确定品目。如果有二级子目则继续往下查,依次确定二、三、四级子目。

(4)如无规定则运用归类总规则来确定品目。

例如,重量为1 000克的活火鸡,供食用。

(1)第一步,找到所在的类、章。火鸡是活动物,归第一类第一章。

(2)查阅类注、章注没有做说明(即查阅第一类的类注和第一章的章注,不属于本章不包括的情形,因此可归入第一章)。

(3)查阅相应章中品目条文,如可见该商品则确定品目(即查阅第一章四位数品目号列及其黑体字,活火鸡属于家禽类,在0105就可以找到家禽)。

(4)再进一步确定它的8位数编码:0105.9994。

《进出口商品名称与编码》是以《协调制度》为基础编写的,在其他地方可能还会看到。"HS"指的都是《商品名称及编码协调制度》,那么HS中的编码只有6位。一般的报关教材中的《进出口商品名称与编码》的编码位数有8位,也就是说,第7、8位是根据我国的实际情况加入的本国字目。在实际的业务中分得更细,有些编码是9位、10位。

二、归类的基本方法

(一)按完整品进行归类

成品货物进行归类时,首先是按其完整名称来归类的,海关和专业报关公司把这种归类形式称为具体列明归类,意思是成品名称正好和商品编码书的某个商品编码(HS CODE)完全或基本一致。例如,冻牛舌就有专门的编码02062100,冻牛肝则为02062200。一般来说,这种归类情形比较少见,因为工具类编码书不可能囊括所有的商品名称,而且同种货物的称谓也不尽相同,因此查询编码时若只提供货物的名称,很难查到适当的结果。

(二)按商品用途进行归类

某一货物名称没有明确对应的编码时,应考虑其用途和功能,以此来查询对应的归类。例如,格力分体2匹空调,若属于机器类,应在此编码书的第84章中查找,之后在8415空气调节器里检索,然后找到编码84151021.00(制冷量≤4千大卡/时分体式空调)。此种归类情形在进出口货物归类中占据了相当大的比例。

（三）混合归类

这种归类形式也叫成分归类，如果某一成品没有相应的编码与其名称对应，同时该成品又是由几种成分组成，则按照构成此成品基本特征的材料或部件进行归类。查询编码时，应尽量说明成品所含的材料和成分，电器类产品可说明其电压和功率，汽车类产品可说明其排量。举例来说，铁制晒衣架没有具体对应的编码，以用途归类的方法也无法找出，这时可从其材料入手，找到钢铁制品所在的73章，之后在其他钢铁制品7326中找出编码73262090.00（非工业用钢铁丝制品）或编码73269090.00（其他非工业用钢铁制品）。这种归类情形也在进出口货物归类中占据了很大比例。

（四）从后归类

这种归类可以看做混合归类的补充，若以混合归类形式进行查询时查到的编码不止1个，应优先选择靠后的编码，在上述铁制晒衣架的例子中，就应当选择编码73269090.00。

（五）模糊归类

这种归类形式又叫最接近归类，对于没有明确归类的新产品，进出口公司的业务员、报关公司报关员和海关关员在归类时可能持不同意见，查找归类编码较为困难，这时可以先根据其用途查找最接近的类别，再按照其材料查找最接近的归类。

复习思考题

一、简述商品归类的基本方法和思路。

二、查询下列商品的编码

1. 供男式风衣用的可拆卸衬里（100%涤纶机织物为原料）（　）。
2. 支票本（　）。

3. 原棉(   )。
4. 不锈钢制餐桌用器具(   )。
5. 自行车充气用手动打气筒(   )。
6. 聚对苯二甲酸乙二酯切片(高黏度)(   )。
7. 纯棉钩编马甲(   )。
8. 涤纶机织布制女上衣(   )。
9. 锌钡白(立德粉)(   )。
10. 松香水(   )。

第二十讲　商品归类的方法与技巧

一、正确运用子目数级查找编码

正确进行商品归类,是开展报关业务的基础。面对厚厚的一本商品编码书,我们首先要能够看懂编码表中每个符号所代表的含义,这样才能够更好地利用商品编码表来找到相对应的编码。

《协调制度》采用结构性号列,品目的号列不是简单的顺序号,而是以线性结构排列的,并有一定的含义。在世界海关组织制定的协调制度中商品编码的数字有6位,而我国商品名称与编码表中的商品编码数字是8位,其中后两位是根据我国国情而增设的。商品编码的品目号列用4位数编码来表示,前2位数表示商品所在的章,后2位数表示商品在有关章的排列次序。如号列0104是绵羊、山羊,前2位数表示该品目在第一章,后2位数表示所列商品为第一章的第四个品目。4位数号列再细分下去,用5位数码来表示的为一级子目,如0103改良种用的猪:一级子目中又被进一步细分为6位数码来表示的为二级子目……各级子目所包括的商品总和等于其上一级子目的商品范围。

举例说明:

商品名:海水　　品目:2501　　税号:25010030

25	01	0	0	3	0	海水
章号	顺序号	一级子目	二级子目	三级子目	四级子目	品目条文
1-2位	3-4位	5位	6位	7位	8位	

由此我们可以了解商品编码中每个数字所代表的含义,那么下面我们就要用实例来明确在编码表中品目和子目的位置。

以商品编码表中品目01.05为例,查阅商品编码表可知,品目0105"家禽,即鸡、鸭、鹅、火鸡及珍珠鸡"下有两个一级子目,分别为"重量不超过185克"、

“其他”。这说明了 0105 下的一级子目是按照商品重量区分，将“家禽”分为两类。前者明确表示了列入此一级子目下的家禽均应符合“重量不超过 185 克”的条件，而后者的“其他”则必须满足除“重量不超过 185 克”（即“重量大于 185 克”）的条件。我们再看“重量不超过 185 克的家禽”下又分成三个二级子目，分别为“鸡”、“火鸡”、“其他”。这说明二级子目下的三级子目是按照商品品种区分，将满足“重量不超过 185 克”的家禽（鸡、鸭、鹅、火鸡及珍珠鸡）分为三类，前两类明确为“鸡”和“火鸡”，后者的“其他”自然就可以解释为“除鸡和火鸡外的、重量不超过 185 克的其他家禽”（即重量不超过 185 克的鸭、鹅及珍珠鸡）。

二级子目下又各自将“重量不超过 185 克的家禽”按商品使用用途分为“改良种用”和“其他”。那么我们尝试地将 01051190 完整地解释为“重量不超过 185 克的、用途不是改良种用的鸡”。

通过上面的分析，我们可以理解：商品编码应同级比较，每一级子目均应首先满足上级子目条文的要求，而一级子目应首先满足品目条文的要求，品目条文应满足章注、类注、子目注释的要求。

二、找出不同排列的规律

协调制度看起来很复杂，但只要掌握其中的规律，自然可以轻松应对。

协调制度的分类原则是按不同的生产行业来进行分类的，排列顺序也有一定规律。

（1）动植物、动植物产品在类的排序或同一类中章的排列顺序是先动物、动物产品，再植物、植物产品。如活动物、动物产品在第一类，植物、植物产品在第二类；在同一类中如第四类里，深度加工的动物产品在第 16 章，而深度加工的植物产品在第 18 ~ 20 章；再如第十一类里，动物性纤维在第 50 章、51 章，植物性纤维在第 52 章、53 章。

（2）同类商品中，则是按加工程度来进行排列，排列顺序是：原料—半成品—成品。如动物产品中，活动物在第 1 章，活动物经过初级加工成为动物产品就归入第 2 章、第 5 章，动物产品经过进一步加工成为食品则归入第 16 章；在第 39 章塑料产品中，初级形状的原料及废碎料在 3901 ~ 3915，原料制的半成品在 3916 ~ 3921，制成品在 3922 ~ 3926。运用同样规律的还有第 40 章、第十类、第十一类、第十五类等。

（3）整机与零件相比，整机在前、零件在后。如品目 8433 中，联合收割机在

84335100,而它的零件在84339010。这种整机与零件按先后顺序在同一品目中的情况比较常见。当然也有整机与零件按先后顺序归入不同品目的,如8444～8447中的纺织类机械的零件统一归入了8448这个品目。

(4)同一章中按照不同分类方法进行区分。如第84章中,品目8401～8424范围的机械主要是按所具备的功能进行排列,品目8425～8479范围的机械主要是按设备的用途进行排列,品目8480～8485范围的机械为热加工用的模具和机械的通用零件。

三、掌握必要的商品知识

在国际贸易中,进出口商品的种类繁多,我们在进行归类的时候,只了解归类的技巧和规律是不够的,还需要具有较丰富的商品知识。例如,以查询"猴枣"为例,在商品编码表中根本无法找到"猴枣"这两个字,但如果我们能够知道它属于中药用的猕猴体内的一种结石,即可按照通常不可食用的动物产品归入第5章;又如"阿胶",又称"驴皮胶",它是一种用驴皮为原料炼制的胶,通常用来入药,在中医里作为妇科药用,如果我们知道了它的制作方法和原料,即可准确将其归入第35章。

这种学名与俗称之间的关系在化工产品里最为常见,比如通常作为烹饪原料的"小苏打",这是我们的俗称,而它的化学名称是碳酸氢钠,知道化学成分,我们即可将其归入无机化学品的品目2836,而不是归入食品的章节中;还有U盘,它是一种快速读写的便携式移动数据存储设备,如果我们知道U盘通常也称之为"闪存"(即闪型存储器),便可按其工作特性将其归入品目8523。

由此可见,掌握和熟悉必要的商品知识对于学好商品归类是很重要的,但这是一个长期的过程,需要不断地学习和实践、不断地总结积累来充实。

四、了解各章注释,准确运用注释

"类、章及分章的标题,仅为查找方便而设。具有法律效力的归类,应按品目条文和有关类注或章注确定……"归类总规则一中明确了注释在商品归类中的法律效力。实际运用中,有相当一部分商品的归类,都受到了类注、章注、子目注释的限定。

通常我们在进行商品归类时,首先要根据商品的材质、用途等特性确定它所在的类、章,然后翻阅类注和章注查看注释中的排他性条款里有无涉及此商品的条款,然后我们再将它按照品目条文的要求归入相应的品目,并且查看是否符合子目条文中对于此商品的明确限定,如果均符合注释的要求,则最终按照子目的条件归入相应正确的品目中。

商品编码表中众多的类注、章注、子目注释各有特性,我们在平时熟悉注释的时候,要注意有针对性地予以区分,以便做到事半功倍。下面我们将使用一些实例来向大家介绍几种具有代表性的注释条款:

(1)排他性条款。注释中的排他性条款在所有注释条文中使用最频繁,也是我们在做商品归类练习中首先要考虑到的部分。因为此类条款将看起来可以归入本类、章的商品按照协调制度的要求归入其他类、章。在查找编码时,应首先考虑到注释中排他性条款的要求,通常情况下注释的排他性条款都放在注释的首要位置。这里还要注意,注释的排他性条款所列的商品一般都不能在本章中查到,而此类条款同时在注释中列明了排他商品的归属品目,这点非常重要。

例1:第1章章注中就列举了3种虽是活的,但不归入本章的动物。其中包括单独列目的鱼、甲壳动物、软体动物及其他水生无脊椎动物,微生物和用于展示、娱乐用的动物。

例2:第68章章注一列举13种虽适用本章所述材料制作的产品,但却按照各自用途进行归类的情况。

(2)定义性条款。注释中的定义性条款是将协调制度中的名词做以限定和解释,通常这种限定和解释仅限于协调制度中的应用,并不一定适用于现实情况。此类注释条款分为对于范围的限定、对于成分的限定和对于规格的限定等几种情况。

例3:第5章章注四明确了本章的"马毛"这个含义不仅限于马的鬃毛和尾毛,还包括牛的鬃毛和尾毛。也就是给品目0503包括的范围做了一个界定,虽然这个解释与现实生活中完全不同。这种注释的特点是在本章列出了所对应的范围。又如,第90章章注二(一)是指第90章中货品的零件、附件如果单独报验时已构成第84、85、91章中货品整机特征的,不能按零、附件归类,而应归入其相应的品目。

例4:第19章章注二(一)限制本章的"粗粒"的范围,仅限于第11章所列谷物制得的。这个时候,我们就应当仔细阅读第11章品目条文中的谷物类别,以便确定题目是否符合归入第19章"粗粒"的范围要求,这种注释的特点是运用其他章的范围来适用本章的概念。

例5:第20章子目注释一、二的规定将“零售包装”均化食品的重量严格限制在≤250克,而>250克的均化食品则应按照各自的成分进行归类;第16章章注二规定了含有肉类的混合食品中,只有肉类重量超过商品总重的20%时才可按肉类制品归入本章。这种注释的特点就是在题目中将商品组成部分的重量作为已知条件的时候适用。类似的情况还出现在第29章和第30章中,通常作为药品的原料和未零售包装的药品归入第29章的相应品目,而只有零售包装的药品才可归入第30章,但是这两章的注释中均未明确对于药品的零售包装定义,那么就需要我们根据生活常识和题目的结合进行判断。例如,青霉素眼药水,如果题目中明确了已制成零售包装,我们即可直接按以上规定归入第30章;如果未明确是否为零售包装,仅说明了眼药水的容量,我们即要进行判断。一般情况下零售包装的眼药水容量均在15毫升以下,如题目中给出的青霉素眼药水包装容量为1升,那么我们即可判断它为非零售包装,应按其成分归入29章相应品目。

例6:第48章章注八(二)对于4801及4803~4809的纸张成条、成卷和矩形的尺寸分别做了限制,只有符合宽度超过36厘米且成条或成卷报验才可归入以上品目,只有长宽各大于36厘米和15厘米才符合以上品目矩形(包括正方形)的定义;第62章章注四(一)对于“婴儿服装及衣着附件”在尺寸上予以了限定。因为在协调制度的服装类型上只有男装女装、成人婴儿之分,只有适用身高不超过86厘米的幼儿服装才能够称为“婴儿服装”,否则就一律归入普通(成人)服装中;而第62章的章注七则对于纺织品的“手帕”在尺寸上限定了每边均不超过60厘米,也就是说无论正方形还是长方形,只要各边均不超过60厘米即可按照“手帕”进行归类。这种注释的特点就是在尺寸上给予了限制,通常运用在对尺寸进行了描述的相关题目中。

例7:第85章章注三对8509的家用电动器具做了限定。首先指出,归入这个品目的电动机械器具通常是家用的。因此,一般来说都是小型的,故主要用重量来衡量是否为家用。但真空吸尘器、地板打蜡机、食品研磨机及搅拌器、水果或蔬菜的榨汁器,无论重量多少都归入8509,而其他电动器具如用作家用归类,则必须满足不超过20公斤的条件。

例8:第72章章注一(五)对于不锈钢的各元素含量进行了限制,只要是合金钢,同时又满足碳含量≤1.2%、铬含量≥10.5%两个条件即可按照不锈钢进行归类,而不必在乎合金钢中其他成分的含量如何。这种注释在钢铁制品中运用广泛,需要多加熟悉。

(3)优先性条款。优先性条款是将看起来可以归入两个或两个以上品目的商品优先归入某个品目。注释的优先条款与归类总规则三(三)的“从后归类”原则并不冲突,而且在运用上优先于归类总规则三(三)。

例9:第61章章注九和第62章章注八同时对于无法判断一件服装是男式还是女式的时候,优先按女式服装进行归类。在运用此类规则的时候,通常题目中不会给出判断条件,不少人如未仔细阅读此条注释会误认为题目出错。

例题2:第84章章注二中规定了如果某种机器或器具既符合品目8401～8424中的规定,又符合品目8425～8480中的规定,就应优先归入8401～8424中的相应品目,这条规则常适用于具有两种或两种以上功能的组合机械或器具上,并且难以区分组合功能器具主要用途的组合器具上。

(4)分类性条款。此类条款在一个条款中将若干品目进行分别解释,在实际教学活动中,往往被很多人误解。

例10:第96章章注四对于本章所有杂项制品的材质进行了定义,并且把个别材质的品目单独列出。根据本注释可见,本章中9607～9614、9616～9618的货品可适用任何材质制作的成品,包括贵金属;而9601～9606、9615的货品如为贵金属制的则应按材质归入第71章相应品目,本章仅包含除贵金属以外的其他所有材料制得的。

五、注意条文中标点符号所代表的意义

在商品编码教材中,品目条文的描述对于在章中迅速判断商品的归属非常重要,但是品目条文中的一个标点符号,往往就决定了本品目所属各子目的范围,这点在平时练习和考试中往往会被忽略,请大家多加留意。比如,品目4202,仔细查看4202的品目条文,其中多种商品之间有一个分号,这个分号表示了本品目中包括两组物品,列在分号之前的物品为一组,列在分号之后的物品为另一组。

第一组:衣箱、提箱、小手袋、公文箱、公文包、书包、眼镜盒、望远镜盒、照相机套、乐器盒、枪套及类似容器。这组物品可用任何材料制成。

第二组:旅行包、食品或饮料保温包、化妆包、帆布包、手提包、购物袋、钱夹、钱包、地图盒、烟袋、工具包、运动包、瓶盒、首饰盒、粉盒、刀叉餐具盒及类似容器与上述第一组容器不同;这组物品必须用皮革或再生皮革、塑料片、纺织材

料、钢纸或纸板制成,或者全部或主要用上述材料或纸包覆制成的。例如,木制首饰盒归入品目4420,但木材为基底表面用纺织材料包覆的首饰盒则归入品目4202。

案 例

货运三轮车归类探讨

商品归类咨询网论坛上曾经出现过就货运三轮摩托车的归类讨论帖,当时不外乎存在三种归类意见:一是认为该车装有驾驶舱和底盘,应按货运机动车辆归入品目87.04;二是认为根据《税则注释》中的相应条款,应按摩托车归入品目87.11;三是认为应参考国家对于机动车的相关技术指标后确定归入87.04或87.11。

而在近期海关也以归类指导意见的形式确认了上述商品应归入品目87.11的结论,作为从最初就支持上述结论的归类工作者,在笔者看来,该案例不仅是协调制度排外条款运用的绝佳教学案例,而且也是对某些归类工作常见误区的提示和示范。

首先简单阐述一下上述货运三轮车归入品目87.11的归类思路。第一步,根据该商品的商品特征从税则中筛选出品目87.04和87.11作为该商品可能归入的候选品目。第二步,考查类注、章注和《税则注释》中描述上述两个候选品目逻辑关系的相关条款,其中根据87.11品目注释:"三轮车(例如,送货三轮摩托车)也归入本品目,但它们不得具有品目87.03所列机动车辆的特征(参见品目87.03的注释)。"根据87.04排外款:"本品目也不包括:(三)运输货物用的摩托车、踏板摩托车、机动脚踏车(品目87.11)。"第三步,整理这些候选品目之间的逻辑关系,即对于同时符合87.03和87.11的商品应优先归入87.03,对于同时符合87.04和87.11的商品应优先归入87.11,货运三轮车属于后一种情况,因此归入品目87.11。

可见,仅是依靠《税则注释》就可以简单地确认该商品的归类,而无须考虑协调制度之外的诸如国家机动车辆技术指标或者其他行业标准,那为什么又会有相当数量的人持有不同的观点呢?通过笔者在日常工作中的交流和了解,发现不外乎两种原因:一是一些归类工作者受制于生活常识和过去工作经验中对于87.04和87.11的常规认识,即认为87.11下的商品往往指的是那些体积较小并且结构简单的摩托车,而既装有驾驶舱又有底盘的机动车辆显然与他们常识中“结构简单的87.11商品”相去甚远,因此他们最容易形成的一个结论就是将国家或者行业中对于机动车辆的相应技术指标作为划分87.04和87.11商品的标准。二是一些人受制于品目87.03优先于87.11的条款规定,认为品目87.04也可以参照上述规定优先于87.11归类。

总之,协调制度自成体系,其中的名词、术语和其他体系的相应概念存在差异是非常常见的现象,但协调制度本身在归类所考虑的诸项因素中应该占据绝对优先的地位,因此有且只有协调制度本身没有对某个概念进行进一步的说明,并且当引用某个其他体系的概念又未与协调制度的其他现有规定相矛盾时,方可引入其他体系的概念。在本案例中,既然通过协调制度现有的相应条款就已经明确了货运三轮摩托车的归类,因此即使这一结论与一些人的通常认识不尽相符,也不能因此而引入可能与协调制度的现有规定存在矛盾的其他体系指标作为确定商品归类所考虑的依据。此外,就协调制度中类似商品的相关规定是否可以相互参照的问题其实也遵循着“不矛盾”的逻辑原则,例如虽然钢铁制棺材作为其他钢铁制品归入73.26很大程度上是参考了44.21其他木制品的品目注释(其中提到该品目包括棺材),但这种参照并未与协调制度的其他规定产生任何矛盾,而在本案例中将87.03和87.11的关系套用到87.04和87.11的做法就是不可取的,因为它与品目87.04的排外条款产生了矛盾。

资料来源:http://blog.sina.com.cn/s/blog_622929cc0100m6w4.html

六、其他应当掌握的技巧

(1)商品归类中对题目的描述往往决定了类、章、品目的不同位置。例如,大马哈鱼,本题首先按照类、章标题归入第3章鱼、甲壳动物、软体动物及其他水生无脊椎动物。查阅第3章品目条文,得知本章货品的状态分为鲜、冷、冻、鲜。冷大马哈鱼应归入品目0302,而冻大马哈鱼则应归入品目0303。本题中我们无法判断其是否经冷冻,即可按照日常生活中鱼的状态多是未冻的条件,将其按鲜、冷鱼归入品目0302;再如茄子,题目中未说明茄子是鲜、冷藏的还是干制的,我们即按未干制的条件进行归类。

(2)如某种货品只有列名而未标注其成分或用途,应默认其符合货品的基本条件,以此进行归类。例如,合金钢材,按重量计:含碳量占1.1%,含铬量占12.5%。查阅第72章章注一(五)对于不锈钢的定义,发现本题所述货品满足不锈钢的成分要求,即可将此合金钢按不锈钢进行归类。若题目中直接说明是不锈钢制品，我们即可不用考虑其成分，而直接默认其满足不锈钢的成分要求。

(3)某类、章的子目列名详细，而相关类别商品的子目列名并不具体。此种货品的归类可参考列名较详细的子目。第30章药品的列名不如第29章的原药具体、第16章的食品列名不如第3章具体，此类情况还有很多。如干制松茸，根据其属于可食用菌的特点，将其按可食用蔬菜归入第7章，查阅品目条文，鲜冷的食用菌归入品目0709，干制食用菌归入品目0712。根据题目所描述的货品状态，应将其归入品目0712，查阅其下子目，可食用菌分为散菌属木耳、银耳、其他三个二级子目；松茸未具体列名，判断其是否属于伞菌属就成为归类的必要条件。我们查阅品目0709的鲜冷菌类可见松茸有具体列名，在此松茸未归入伞菌属，我们即可将其按非伞菌属的未列名干制菌类归入子目07123990；再如北方长额虾制的虾肉罐头，因其属于深度加工的食品，将其归入第16章的品目1605。查阅其下子目，发现并无具体列名，查阅第3章品目0306可知，北方长额虾属于小虾的范围，我们即可按此分类将本品归入第16章的子目。

(4)在查询商品编码的过程中，应当注意货品名称与其实际用途的区别。如酒精灯，虽然也叫做灯，但因其主要用酒精给少量物体进行加热，不可按照明灯具归入第94章；又如鲸鱼，虽然也叫做“鱼”，但其却属于哺乳动物，不可按鱼、甲壳动物归入第3章。

(5)注意编码中对于规格、成分、含量的准确描述，不要盲目归类。如第16章章注二“本章的食品按重量计必须含有20%以上的香肠、肉、食用杂碎、动物血……”这个注释对于按肉类食品归入本章的货品成分限定了其肉含量必须大于20%，而非大于等于20%；如货品成分中肉含量小于20%，则应按照归类总规则三的相关规定归入其他相应的类、章。

复习思考题

商品编码查询题

1. 低压聚乙烯(单位体积的重量比为0.95)(　)。
2. 胰岛素(非制剂)(　)。
3. 活性炭(非零售包装;不具药物作用)(　)。

4. 沐浴液(　　)。

5. 纸制灯罩(　　)。

6. 面布纸(　　)。

7. 用于作染料的胡萝卜素(　　)。

8. 机动车上的座椅安全带(　　)。

9. 用石英、玻璃或塑料制成具有导光和高折射的光导纤维(　　)。

10. 回收的旧报纸(　　)。

第二十一讲　商品归类提示

学习要点

1. 熟悉常见的进出口商品在归类时需要注意的事项；
2. 能在实际商品归类工作中运用相关的归类提示正确地进行归类。

关键术语：商品　归类提示

一、第1～4类商品归类提示

(1)鲸、海豚、海狮、海豹、海象等水生哺乳动物，以及龟、甲鱼、水蛭、蛙等两栖动物虽然看起来与第3章范围类似，但应归入第1章内。

(2)第2章的动物产品，其加工程度仅限于初级加工或保藏(鲜、冷、冻、盐腌盐渍、干制、熏制或在表面撒糖或糖水)。如果超出此范围进行深度加工(经蒸、煮、烧、煎、炸、烤等方法加工的)的，就不能归入本章(一般归入第16章)。但是，供人食用的肉及食用杂碎的细粉或粗粉，不论是否经过烹煮均归入本章。在商品的加工程度要求上，第3章与第2章相同。但是经蒸、水煮过的带壳甲壳动物虽属于深度加工，仍归入第3章，经蒸、水煮过的去壳甲壳动物则应归入第16章，这是一个特例。

(3)海龙、海马属于鱼类动物，即使经干制后供药用，也应当归入第3章，而不是按供配制药用的动物产品归入0501或按中药归入第30章。

(4)带壳蛋、去壳蛋及蛋黄都应归入第4章，但是蛋清则应归入第35章。

(5)第6章注释二所称“品目0603、0604的各种商品，包括全部或部分用这些商品制成的花束、花篮、花圈及类似品”，说明在用其他任何材料与0603、0604的货品组合成花束、花篮、花圈时，并不必考虑衬底或支撑材料，仅需按此两品目内的商品进行归类。

(6)第7章的归类中,应当重点注意各品目所列的加工、保藏方法。本章包括各种可食用的蔬菜。甜玉米也作为蔬菜归入本章,而不按一般玉米归入1005,但超出本章所述加工范围的甜玉米仍应归入相应品目。如甜玉米的粗粉、细粉、团粒应归入第11章,进一步烹调或加工的甜玉米应归入第20章。

(7)第9章商品范围中的“茶”仅指茶叶,而不包含由非茶树叶制作的商品或添加其他物质的茶叶。如由玫瑰花干制后而成的“玫瑰茶”、谷物烘焙后制成的“大麦茶”、以杏仁为主要原料制成的“杏仁茶”等。

(8)第12章主要包括有特定用途的植物产品,主要用作各种工业的原料。例如,榨油工业用的含油子仁及果实,种植用的种子,啤酒酿造业用的啤酒花及蛇麻腺,制糖工业用的甜菜及甘蔗,饲料用的稻草、秸秆及其他植物,食品工业用的其他品目未列名的食用果核,果仁及植物产品,药用植物,以及供其他行业用的刺槐豆、藻类植物、植物香料等。但既可以食用又可以种用的种子一般归入其他相关品目。如07011000的种用马铃薯。

(9)品目1704的白巧克力,其形状与巧克力相似,一般用糖、可可脂、奶粉及香料混合而成,而不含可可,所以不可按可可及可可制品归入第18章,因其主要成分为糖,所以归入17049000。对于第18章的可可及其制品中,如确认商品主要原料为可可,则下一步应当考虑它的形状和是否夹心。对于夹心并没有成分的限制,比如酒心巧克力,虽然巧克力里所加的是酒,相对于通常认为的馅料更特殊,但也按夹心可可食品归入18063100。

(10)第20章的范围包括用蔬菜、水果、坚果或植物的其他部分制成的食品。其制作或保藏方法需经判断超过第7章、第8章及第11章所列的加工范围。品目2009所述的水果汁和蔬菜汁,一般通过压榨新鲜的水果或蔬菜而得。这些液汁可以浓缩,也可以为结晶体或粉末状(如酸梅晶,就是酸梅原汁经过脱水后形成的结晶),但必须保持原有的基本特性。这些液汁在保持原有特征的条件下,可加入糖或甜味剂、保鲜剂、标准剂等,蔬菜汁还可加入盐、调味料及香料。如果商品中水的含量超出水果、蔬菜天然原汁的含量,则应作为饮料归入第22章。应当注意22章的饮料含量中可含有部分酒精成分,但只要不超过0.5%仍不能按照酒进行归类,还应归入饮料的相应品目。

二、矿产品及其制品、陶瓷、玻璃及其制品(第五类:第25~27章、第十三类:第68~70章)归类提示

将第五类与第十三类一起进行总结,主要因为这两类产品中的第25章与

第68章是简单加工与进一步加工的关系；而第69章、70章的陶瓷、玻璃主要原料也是第五类的矿产品。在第五类的三章中，排列顺序依次为：非金属矿（第25章，盐、石料、天然砂、黏土、大理石、花岗石等）—金属矿（第26章，金属矿砂、矿渣等）—其他矿产品（第27章，矿燃料、矿物油、矿物蜡）。在涉及本部分产品归类时，首先确定是原料性产品还是制成品，其次再按产品材质、具体列名分别归入各自章中。

（1）第25章主要包括天然的或经洗涤、精选的矿产品（冶金用金属矿砂除外），加工程度仅限用化学品清除杂质而不改变矿物本身结构的砸碎、磨碎、研粉、淘洗、细筛、粗筛以及用浮选、磁选或其他机械或物理方法（不包括结晶法）。如果通过再结晶使产品提纯，制作成形或雕刻等其他方法加工的上述产品一般归入后面有关章内（如第28章、第68章等）。但本章还包括一些其天然状态或加工状态已超出上述允许范围的具体列名的矿产品，如纯氯化钠（品目2501）、熔凝和烧结的镁氧矿（品目2519）等。本章25010011的盐，包括厨房及佐餐用食盐。但不包括加调料的盐，如芹盐、归子目号21039090及制成药品的氯化钠（子目30049090）。

（2）品目2514～2516的粗加工岩石如超出本章加工范围进行了进一步加工成型至可用作刻碑则归入6802及6803；6810的水泥、混凝土及其制品均由2517、2522、2523等25章的货品制作而成。

（3）编码25061000石英，必须是天然状态的硅石结晶体，不适宜制造宝石的，且未超出本章允许的加工范围。编码25062000其他石英岩，是指仅用锯或其他方法切割成矩形的板、块，不包括明显筑路或铺地用的矩形石切石、路缘石（编码6801）。

（4）除条文另有规定的以外，第26章中含有一种以上矿物的矿砂及精矿，应根据归类总规则第三条（二）款或（三）款归入品目26.01至26.17相应编码，也就是说本章矿产品同样适用"从后归类"原则，而不仅仅是通常认为适用最多的纺织制品。本章编码2620包括除冶炼钢铁产生的灰、渣外的含有金属或金属化合物的矿灰与残渣，还包括含铅汽油的淤渣及含铅抗震化合物的淤渣，主要用于回收铅或铅的化合物。本编码不包括第28章已有化学定义的化合物、编码7112的贵金属或包贵金属的废碎料、锌粉（编码7903）、机械加工第十五类金属产生的金属碎料、品目2621的焚化多种废物产生的灰渣及品目2710的来自储罐的主要含石油的淤渣。

（5）子目26179010的朱砂，又称辰砂，主要成分为硫化汞，是汞的重要矿物，具有金属光泽，用以提炼汞及制造汞齐和硝酸汞等，也可用于制颜料、中药。但其并非化学纯净硫化汞，故不能归入第六类。

(6)第27章的产品基本按照煤—蒸馏产品—矿物油—矿物蜡—其他产品的顺序排列，这种排列基本上是按照本章标题排列的顺序而排列。本章主要包括煤及其他矿物燃料、石油和从沥青矿物提取的油及其蒸馏产品和类似品，还包括矿物蜡的天然沥青物质。但香烟打火机及类似打火机充气用的液体燃料或液化气燃料，包装容器的容量不超过300立方厘米的则应归入品目3606。

(7)品目27.10包括成品油和废油。其中成品油包括品目27101110至27101999的轻油及其制品和其他成品油，其他成品油包括中油、重油以及芳香族成分以重量计超过芳香族成分的类似油。并且还包括加有不同物质以适合某些专门用途的上述油，只要这些产品含有按重量计在70%及以上的石油或沥青矿物油，而且在其他品目没有明确将其包括。

(8)第68章中6805的砂布和砂纸因其是矿产品的制成品，而不符合“布”及“纸”的概念；品目6807的沥青制品也应与2708～2710的沥青原料区分；6812的品目条文中所述产品均由于材料为石棉的特性而不按其用途进行归类，这点应当引起注意。

(9)子目68151000主要包括非电器用的石墨和碳精制品，而电器用的则按电器产品零件归入8545；用第69章陶瓷为主要原料制的绝缘子也因其用于电气工程中的特性而归入8546。

(10)第70章子目70022010为制作光导纤维的原料，而同样材质的光导纤维则应按其用途归入90011000；子目70200091的钢化玻璃无论用于何种机械、器具、运输工具上，如单独报验，均不可按其零件归类；子目70120000仅指玻璃制的保温瓶胆(未带外壳)，而带壳(无论外壳何种材质)的保温瓶胆则应归入品目9617；7018的品目条文中所述的仿宝石或仿半宝石的货品仅指由玻璃为原料制成的，此时未经镶嵌、组合成为仿首饰成品，否则应归入第71章相应品目；品目7019的玻璃纤维及其制品虽然看起来像纺织制品但因其材质不符合第十一类的材质范围故归入本章。

三、第六类化工产品归类提示(第28～38章)

第六类化工产品在进出口中占有较大比重，所以在报关员考试中出题数量也相对较多。但是,由于化工产品的化学名称、成分比较复杂,因此涉及本类的产品归类难度较大。应当注意第29、30章中的化学品名与第39、40章中塑料原料和橡胶原料的商品名称进行区分。那么对于本类的了解首先要从章节结构入手,化工品由28章至38章十章组成,其中第28章、29章是化工原料,而第32章~38章则是由化工原料制成的产品。

第28章及29章中有很多商品既有化学名又有商品名(俗称),这些商品名大多以在化学名后注明的方式出现。现将部分化学名和商品名进行总结:

商品名	化学名	税号	用途
生石膏	硫酸钙	25201000	用于建筑材料、塑膜、
纯碱	碳酸钠	28362000	外科包扎等盐类化合物
草酸	乙二酸	29171110	
阿司匹林	临乙酰水杨酸	29182210	
尿素	脲或碳酰二胺	31021000	化肥,不论是否纯净
糖精	临磺酰苯甲酰亚胺	29251100	用作甜味剂
安尼林	苯胺	29214110	用作燃料,有毒性
安福粉	磷酸二氢胺	31054000	

有部分从化学名称看起来好像应归入第28章、29章的商品,但是需归入其他相应章节,我们在此进行了总结。另外化工产品有一定的归类流程,可以通过流程来解决第28章、第29章的归类问题。

不归入第28章或第29章的纯净物:

商品名称	所归品目	商品名称	所归品目
纯氯化钠	2501	纯尿素	3102
纯氧化镁	2519	纯氯化钾	3104
纯硝酸钠	3102	纯硫酸钾	

(1)饮用蒸馏水虽然看起来也可以归入食品类,但2853品目条文明确了包含饮用蒸馏水、导电水及其他水。而超出此范围的饮用水,如矿泉水、山泉水等未加味的饮用水则应归入2201。

(2)所有放射性元素(如钴60、碳14)均归入品目2844;归入品目2901的乙烷、乙烯、丙烯,其纯度应分别达到95%、95%、90%,否则均应归入第27章。

(3)在29、30章的药品当中,药品名中含有“松”字的即可判断为激素类药物,例如盐酸地塞米松软膏,就属于治疗皮肤类病症的含激素类药品。如题目中并未给出药品名称,在我们无法判断是否含有激素时,可默认为不含激素。

（4）药品原药归入第29章相应品目，而制成零售包装的药品则应归入第30章，如题目中未明确“零售包装”，只给出具体药品容量，则应根据实际情况判断，例如1升装眼药水，肯定不属于零售包装，因为通常情况下眼药水都是5～15毫升包装。还应注意品目3005所包含的范围，这里的货品通常有可能被误归入其他章内。

（5）在第31章中应当注意：注释中没有列名的产品，即使有时作肥料用，也不应归入第31章，如氯化铵，不论是否作肥料用，均应归入品目2827；即使某些产品有时不作肥料用，但在注释中已明确列名，则仍应归入本章。例如，硝酸钠不论是否作肥料用，均应归入品目3102。还要注意品目3105对于本章货品零售包装的规定。

（6）品目3303至3307的产品可以含有起辅助作用的药物或消毒成分，也可以是具有辅助治疗或预防作用的。而室内除臭剂即使其消毒性能已超出辅助作用，仍应归入品目3307。

（7）品目3401及3402这两个编码所涉及的产品中可以含有添加剂，例如，药料、色料、芳香剂或消毒剂。但含有肥皂或其他有机表面活性剂的香波、洁齿品、剃须膏及沐浴用制剂不归入这两个品目，而应归入品目3305、3306及3307。品目3407的牙科用制品，不包括牙科用熟石膏（应归入品目2520），也不包括牙科粘固剂及品目3006的其他牙科填料。

（8）化学工业产品的区分，在商品归类中往往成为难点，针对此种情况，有两种区分方法，通过此方法即可快速确认商品的归属：

① 无机化学品，主要指的是天然的矿物质、金属、非金属、气体，还有类、章注释或条文中特别指出按无机化学品归入第28章的。无机物化学名称多数是：石字旁，气字头，金字旁。它们的叫法也有自己的特色：酸、盐、氧化物。除去特殊的稀有金属，贵金属汞齐等条文特殊规定的外，其他的一般用上述方法都可以解决。例如，无机化学品中的氨水、碳酸钡、氯化钠等。

② 有机化学品，简单来说主要指的是从有机生命体中提取发现的通过人工手段合成的以碳氢氧为主要成分的化合物。有机物名字多数是：烃、酸、醇、酚、醚、醛、酮、酯、脂等。特殊情况：某些大家熟悉的无机物也会出现在有机物中，不过他们的作用不同，一般出现的时候都是叫基、化。例如，有机化学品中的甲酸酯、甲醛、苯酚等。除去特殊的条文中特指的以外，一般上述方法都可以解决。

四、塑料、橡胶及其制品(第39～40章)

第39章的归类流程如下：

第1步：根据货品描述确定是否属于初级形状；

第2步：如果是初级形状的共聚物，并且共聚物中的一种单体单元含量在95%及以上，按共聚物归类；

第3步：将属同一品目下的单体单元含量相加；

第4步：按含量较高的品目归类，或如含量相等则根据归类总规则的“从后归类”原则归类；

第5步：已有具体列名的共聚物的子目条文是指其单体单元相加的含量在95%及以上。

例如，45%乙烯、35%丙烯及20%异丁烯的共聚物粉末，由于丙烯与异丁烯的聚合物同属39.02，二者相加为55%，超过乙烯单体单元的含量，所以归入39023090。

(1)第39章的三个分章排列顺序除以上所示外，按商品加工的复杂程度排列顺序为：初级形状—丝、条、杆等类似形状—管状—板、片、膜等形状—制品。

(2)第39章注释十一列出了3925所包含的范围，对于3925品目条文的“未列名”做出了具体范围，本品目则不应超出此范围。

(3)应注意3926所包含货品范围与3925的区别。

(4)橡胶与纺织品组合物的归类比较容易混淆，按照有关注释规定，此类货物归入本章的有：用橡胶浸渍、深层、包覆或层压的毡呢，按重量计，含纺织材料在50%及以下，以及完全嵌入橡胶的毡呢；无纺织物完全嵌入橡胶或两面全部用橡胶涂层或包覆，用肉眼可以辨出涂层或包覆的除外，但颜色变化可不予考虑；用橡胶浸渍、涂层、包覆或层压的纺织物(按第59章章注四的定义)，每平方米重量超过1 500克，并且按重量计，所含纺织材料在50%及以下；与纺织物、毡呢或无纺织物组合的海绵橡胶板、片、带，其中纺织物仅起增强作用。

(5)但有一些比较容易错，归入56章的内容也应值得注意，其中有：以未硫化天然橡胶或合成橡胶浸渍或包覆的纺织线归入品目5604；用纺织材料包覆的硫化橡胶线，绳及用硫化橡胶包覆或浸渍的纺织线归入品目5604；灯具、照明装置及发光标志的橡胶零件按其实际用途归入品目9405。

五、纺织制品(第十一类:第50~63章)

本类第一部分包括第50~55章,是按原料的性质分章,排列顺序为动物性原料—植物性原料—化学性原料。而纺织制成品中品目级别下的子目也是按照同样规律进行排列。掌握这点,可以更快确定货品在类、章中的位置。

蚕丝	第50章	
羊毛	第51章	
天然纺织原料		
棉花	第52章	
纺织原料	非植物纤维	第53章
化学纺织原料		
化学纤维长丝	第54章	
化学纤维短纤	第55章	

第56~63章为纺织原料的制品,它们是按纺织品织造的方式、产品用途、特点来分章。这些章中,除品目5809及5902以外,凡四位数级品目所列产品,不分纺织原料的性质,而按货品名称列目。例如,品目6105列名为针织或钩编的男衬衫,在品目级不分原料,只列出商品名称,而在其下进一步按原料细分出子目。

(1)第十一类类注二对于两种或两种以上纺织品混合制品的归类进行了规定,尤其是混合制品合并计重的规定,相对而言更为重要,这是两种以上原料混合纺织制品题目常会运用到的注释。

(2)在本类中应当注意产品中合成纤维与人造纤维的范围,以便解题时合并计算比重或区分类别。它们的范围如下:

合成纤维:是将有机单体物质加以聚合而制得的纤维。包括:聚酰胺(如尼龙、绵纶)、聚酯(如涤纶)、聚氨基甲酸酯(氨纶)、聚丙烯腈(腈纶)等。

人造纤维:将天然有机聚合物经化学变化而制得的长丝或短纤。包括:粘胶纤维、醋酸纤维、铜氨纤维、藻酸盐纤维等。

(3)第50章中不包括:消毒的蚕丝(品目3006)、丝质仿肠线(品目5604)、装有鱼钩的蚕胶丝或已制成的钓鱼线(品目9507)。

(4)起绒机织物是在专用的起绒织机上生产的经起绒或纬起绒织物,一般是由两个系统的三组纱线构成。一系统的经纱或纬纱形成绒面,绒面可以是绒头(经割绒)也可以是毛圈构成(不经割绒)。另一系统的一组经纱和一组纬纱(地经和地纬)构成织物的地组织(底布)。一般是单面织物多,但有时可为双面织物。

起绒机织物分为两种:

① 经起绒织物:丝绒、长毛绒、绒头织物等;

② 纬起绒织物:平绒、灯芯绒等。这里还应注意符合狭幅织物定义的起绒织物不应归入品目 5801,而应归入品目 5806。

(5)不是所有的针织品均归入第 61 章,如针织或钩编的胸罩、束腰带、紧身胸衣、吊裤带、吊袜带、束袜带和类似品及其零件应归入品目 6212。

(6)对于纺织制品中的婴儿用物品具有优先归类权,它们应当被优先归入 6111 和 6209。如婴儿手套,不应归入品目 6116,而应优先归入品目 6111。

(7)因为第 62 章标题明确了本章的织物范围为"非针织及非钩编",所以一般情况下本章仅包括除针织和钩编以外方法制成的织物,包括机织。

(8)在对纺织制成品进行归类时,应当遵循以下流程:

第 1 步,应先考虑纺织制品的纺织方法,判断是归入第 61 章还是第 62 章。

第 2 步,在第 61 章及第 62 章中,优先考虑货品是否为婴儿服装及衣着附件,然后再考虑用塑料、橡胶或其他材料处理过的织物制成的服装。

第 3 步,应注意第 61 章及第 62 章内的服装及衣着附件的排列规律。一般是由外而内,同类服装先男后女,再到不分性别的服装,然后是婴儿服装、其他服装、衣着附件。

第 4 步,如果是西服套装、便服套装、滑雪套装等套装类服装,必须符合相应章注的规定,才能作为套装一并归类。

六、金属及其制品(第十四类至第十五类:第 71 ~ 83 章)

贵金属分为三个分章,其中的排列顺序是:珍珠宝石—贵金属、包贵金属—珠宝首饰、金银器及其制品;贱金属及其制品的排列顺序是:钢铁—钢铁制品—贱金属—贱金属制品。其中应当注意在第 82 章和 83 章贱金属制品中是不按照贱金属类别归类的,而是按照货品用途及特性进行归类。

(1)第 71 章注释五对于贵金属合金原则进行了含量的限制。由此可见,在贵金属合金归类时,优先考虑的是铂的含量,其次是金的含量,最后是银的含量。如按重量计含金量在 2% 及以上,铂含量 2% 及以上时,应优先归入铂合金。

(2)第 71 章注释九对于品目 7113 所称“首饰”给予了定义。但应注意,注释中所述物品所含贵金属或包贵金属必须超出作为小配件的范围,符合这一条件的上述“首饰”可以镶嵌珍珠、宝石、半宝石、仿宝石、玳瑁、珍珠母、兽牙、琥珀、黑玉或珊瑚。还应注意,此品目不包括表及手表带及超过 100 年的首饰。

(3)第 71 章注释十一对品目 71.17 仿首饰的范围作了明确规定,即指不含珍珠、宝石或半宝石及贵金属或包贵金属(仅作镀层或小配件、小装饰品的除外)的个人用小饰物,例如,戒指、手镯、项圈、耳环、袖扣、饰扣等,而并不限制“仿首饰”的材质范围。

(4)包贵金属的货品应按贵金属归入第 71 章,而表面镀贵金属的贱金属的制品则应按内底材料归类。

(5)第十五类类注二对“通用零件”进行了解释。应当注意的是,本注释的定义适用于整个目录,即 HS 编码各类注、章注、品目涉及“通用零件”必须符合本类注二的定义。单独进口或出口的“通用零件”有些尽管其本身的用途、尺寸有专用性,仍不能作为制品的零件归类,而应归入本类中相应的品目。如汽车专用弹簧应归入品目 7320,而不应按汽车零件归入品目 8708。

(6)当遇到合金钢材归类时,应当首先注意第 72 章子目注释对于各种类别钢材的元素含量定义,通过元素含量的对比来确定它的类别。

(7)第 82 章中有 5 个子目中出现成套商品,其中子目 82059000、82060000 的子目条文列得非常清楚,而子目 82111000、82151000 和 82152000 则须用章注三加以解释,品目 8215 的成套商品可以是含有在数量最多占 50% 的刀,其余是品目 8215 的商品;子目 8211.1000 的成套商品可以是品目 8211 中不同种类的刀构成的成套商品,也可以是在数量上以刀为主,由不同小物品构成的成套商品。

(8)品目 8208 的机器用可互换性工具及刀具,如锻压、冲压用工具、机床上用的刀具,虽作为第十六类机器的零件,但仍要归入第 82 章。

七、机械电器产品及仪器仪表(第 84 章、85 章、90 章)

(一)结构排列

在归类时,第 84 章的机械产品与第 85 章的电器产品经常被混淆,能够准确区分这两章的货品范围是本部分学习的重点。

(1)第84章商品主要包括用来转换或利用机械能的机器,及其零件,它主要由下列三部分商品组成:

① 能量转换机器。例如,热能变成蒸汽能的锅炉;水能转变成机械能的水轮机;核能变成热能进而转化为机械能的核反应堆;燃料能转变成机械能的各种汽油、柴油发动机等。

② 利用能量变化做功的机器及其零件。例如,利用温度变化处理材料的机器,如烘炒设备、消毒设备等。

③ 利用能量(包括机械能、非机械能)做功的机器及其零件。例如,金属切削加工机床、激光加工机床等。

但有些机器例外,例如,品目8471的电子计算机不归入85章而列在84章相应品目中。其所以列在84章,是因为电子计算机是由机械式的手摇计算机发展而来,目录仍保留传统的分类方法。

(2)第85章商品主要包括产生、利用和传输电能的设备、器具及其零件,它主要由下列三部分商品组成:

① 利用电能作功的机器、设备及其零件。例如,机械能变成电能的发电机,电能变成热能的电熨斗、电热快速热水器等。

② 利用电信号产生、变换的机器、设备及其零件。例如,电视广播发送设备脉冲编码调制设备等。

③ 利用不同形式电信号进行工作的机器、设备及其零件。例如,微波炉、电磁炉等。

(二)归类提示

(1)机械产品的编码排列规律。

第84章的内容主要是机械器具,这其中主要以机械器具的功能和产业进行分类。他们的排列规律如下:

品目8401包括核反应堆、非放射性释热元件和同位素分离机器及装置;

品目8402~8424的机器、装置主要根据其功能列名,通用性强;

品目8425~8478,这组品目是按机器所适用的行业排列;

品目8479包括本章其他品目未列名的具有独立功能的;

品目8480除包括金属铸造用的型箱及样模以外,还包括手工模具或机器模具;

品目8481~8484通用零件;

品目 8487 包括其他品目未列名的非电气零件。

(2)第 84 章章注三对于加工机床的归类原则是由于编码将加工机床细分成 10 个四位数级品目,而且按两种方法分类:一种按机床车、钻、磨、刨等切削功能分类;另一种按切削加工、非切削加工即用激光、其他光、光子束等十种处理各种材料的加工机床,因此在归类上可能会引起歧义,需要明确,故设此条注释。例如,有一种激光机床功能是切割、打孔并能对石料、陶瓷等矿物材料加工,按加工方式归入品目 8456,而不按归类总规则三(三)的"从后归类"原则。

(3)功能机组的归类。功能机组是指由几个不同功能的机器结合在一起而构成的机组。如果组合后的功能明显符合第 84 章或 85 章某个品目所列功能时,按其功能归入该品目。

(4)优先归类原则。在本章中如果出现既可按功能归类(品目 8401 ~ 8424)又可按用途(品目 8425 ~8480)归入 84 章两个品目的时候,根据本章注释二的优先归类原则,优先按照功能归入品目 8401 ~ 8424 的范围内。如农用水泵既可按液体泵归入品目 8413,又可按农用机器归入品目 8436 内,根据本规定,应优先归入品目 8413。

(5)第 84 章章注七指出具有一种以上用途的机器在归类时,其主要用途可作为唯一的用途对待。同时说明除本章注释二、第十六类注释三另有规定的以外,凡任何品目都未列明其主要用途的机器,以及没有哪一种用途是主要用途的机器,均应归入品目 8479。将金属丝、纺织纱线或其他各种材料以及它们的混合材料制成绳、缆的机器(如捻股机、绞扭机、制缆机)也归入品目 8479。

(6)当出现既可归入品目 8501 ~8504 又可归入品目 8511、8512、8540、8541 或 8542 的情况时,可根据第 85 章章注二的优先归类原则,优先归入后者。如内燃用的永磁直流发电机,根据本注释应归入品目 8511,而不应作为一般的发电机归入品目 8501。

(7)家用电器的归类,应当首先确定是否符合"家用电器"的限制(小于 20 公斤)。但也有部分电器不受此限制,例如,真空吸尘器、地板打蜡机、食品研磨机等。同时应当注意部分电器产品是在 84 章的部分品目内,如 8414、8421、8422、8450 等。

(8)品目 8419 的条文中看,本部分商品是有一定限制的,仔细阅读品目条文可知:条文中分号前面的部分商品必须是非家用的,无论是否用电进行加热,而分号后面的商品必须是非电热的,无论是否家用。

(9)第90章章注二是用以确定第90章的仪器、设备的零件、附件的归类,其下有三条具体规定,区别三种情况对零件、附件进行归类。规定一是指已构成第84、85、91章中商品整机特征的,不能按零、附件归类,而应归入其相应的品目。规定二是指主要或专用于本章已有具体列名的机器、仪器或器具的零件、附件,则应归入相应机器、仪器或器具的品目,例如,主要或专用于照相机的机壳、皮腔、快门、暗盒等应归入照相机品目9006。在第90章中,这种情况是大多数,因为在本章30个品目下均设有零、附件子目号,作为该品目仪器、机器、器具零部件的品目。规定三是指在上述规定以外的其他用于本章仪器、机器或器具的零、附件,均应归入品目9033。

八、其他归类重点提示

杂项制品在协调制度中主要有第21章、第38章、第83章和第96章。这些杂项制品涉及的范围比较多,而且没有太多排列规律的限制,尤其是第96章。对这些章的学习,主要就是在做习题的时候多练多看,虽不必将它们背下来,但也要做到对杂项制品的品目类别心中有数。

第91章钟表制品里需要注意与某些其他物品组装在一起的钟表,应按归类总归则的规定进行归类,但内部有照明装置的钟表仍应归入本章。本章不包括用于计时的日晷、沙漏、水漏等计时工具。此外,玩具钟表、超过100年的钟表也不应归入本章。

复习思考题

商品编码查询题

1. 具有复印功能的传真机(可与网络连接;静电感光式)(　)。

2. 三星牌手机(　)。

3. 塑料增塑剂,按重量计:邻苯二甲酸二丁酯占45%、邻苯二甲酸二辛酯占55%(　)。

4. 经光学加工的隐形眼镜片(　)。

5. 表壳镀金的自动上弦的机械手表(　　)。

6. 医疗用 B 型超声波诊断仪(　　)。

7. 已制成特定形状的 B 型超声波诊断仪(　　)。

8. 电子眼压记录仪,通过记录眼动脉压、眼静脉压的变化,对眼睛进行诊断(　　)。

9. X 射线治疗仪(治疗肿瘤用)(　　)。

10. 外科手术刀,不锈钢制(　　)。

第五篇　进出口税费与原产地规则

第二十二讲　进出口税费概述

学习要点

1. 了解关税、海关代征税的概念；
2. 熟悉关税、进口附加税的分类；
3. 掌握增值税和消费税的征收范围和适用税率。

关键术语：关税　进口附加税　增值税、消费税

海关在审核单证和查验货物以后，根据《中华人民共和国关税条例》和《中华人民共和国海关进出口税则》规定的税率，对实际货物征收进口或出口关税，同时对进出口的货物和物品代征增值税和消费税。

一、关税的概念与分类

(一)关税的概念

关税是一国根据本国经济、政治的需要，由海关按照国家制定的关税税法、税则，对准许进出境的货物和物品所征收的一种税。它具有强制性、无偿性和固定性等特点，具有增加财政收入(是国家财政收入的三大来源之一)、保护与促进国内生产、调节进出口商品结构和经济利益分配等作用。

关税征收的特定对象是进出口货物及进出境的行李物品、邮递物品及其他物品。国家要对上述货物和物品征收关税，是因为进口货物和进境物品要在国内消费，影响了国内经济建设与生产，影响了国内的商品市场；而国内货物出口或物品出境也会影响到国内的经济及资源结构。另外，进出口关税在国际经济贸易活动中，也是国与国之间交往时使用的一种手段。因此，关税体现了国家经济和对外政策。

(二)关税的种类

1. 进口税

进口税是对外国商品进口所征收的正常关税,或在进入关境时征收,或在商品从海关保税仓库中提出,投入国内市场时征收。进口税是关税中最重要的一种,在一些废除了出口税和过境税的国家,进口税是唯一的关税。因此,进口关税是执行关税政策的主要手段。

进口税可以分为最惠国税和普通税两种。最惠国税适用于与本国签订贸易协定的国家和地区。普通税适用于未与本国签订贸易协定的国家与地区。参加了关贸总协定(现称"世界贸易组织")的国家和地区之间都能享受最惠国待遇。最惠国税率与普通税率的差别很大,二者之间有时相差1倍以上。在国际贸易中进口税是随着商品的加工程度而提高的。例如,西欧对棉花是免税的,棉纱的进口税则为8%,而棉织品却达到了14%;而美国对棉纺衬衣的普通税高达45%,最惠国税也为21%。

案 例

进口关税下调 市民直接受益

过去经常去香港买奶粉与婴幼儿用品的市民,明年有望在家门口就买到正宗的进口奶粉。据财政部官方网站消息,自2012年1月1日起,我国将对进口奶粉730多种商品实施较低的进口暂定税率,平均税率为4.4%,比最惠国税率低50%以上。深圳海关相关负责人表示,此次关税下调将对整个经济稳中求进发展产生积极影响,并会给市民带来最直接的实惠。

据了解,明年实施较低关税的730多种商品共分为五大类:一是能源资源性产品;二是发展高端装备制造、新一代信息技术、新能源汽车等战略性新兴产业所需的关键设备和零部件;三是农业生产资料;四是用于促进消费和改善民生的日用品;五是与公共卫生相关的产品。

深圳海关关税处副处长王明瑞告诉记者,深圳很多高新技术企业与战略性新兴企业每年都会从国外进口很多关键零部件,而此次进口关税下调的资源类产品和新兴产业所需的关键设备和零部件,将会让这些企业降低经营成本。王明瑞认为,作为国内高新技术与战略性新兴产业重点城市,深圳将从本次关税下调中受益匪浅。比如资源类产品和新兴产业设备的关税下调都是迎合我国经济转型升级所需要的产品。

简评：按照中国“入世”承诺，中国进口商品的关税总水平将逐步降低，这将有利于促进中国进口贸易的发展，同时也会为中国国内企业降低成本，为国内消费者降低支出提供了条件。

资料来源：深圳海关网 http://shenzhen.customs.gov.cn/publish/portal109/tab31107/info344213.htm

2. 出口税

出口税是对本国商品出口时所征收的关税。因为征收出口税会导致本国商品出口后在国外的售价提高从而降低了出口商品在国外市场的竞争能力，不利于扩大出口，所以目前发达国家大多不征收出口税。但有些国家，主要是一些发展中国家，现在仍对某些商品征收出口税，目的在于保证本国市场的供应，或是为了保证其财政收入。我国也对一小部分商品征收出口税。

3. 过境税

过境税是对经过本国国境或关境运往另一国的外国货物所征收的关税。由于过境货物对本国市场和生产没有影响，而且外国货物过境时，可以使铁路、港口、仓储等方面从中获得一些益处，因此目前世界上大多数国家不征收过境税，仅在外国货物通过本国国境或关境时，征收少量准许费、印花费、签证费、统计费等。我国海关不征收过境税。

4. 进口附加税

进口附加税是对进口商品除征收正常关税外再加征的额外关税。这种税是一种特定的临时性措施，也称特别关税，其目的是为了解决国际收支逆差，防止外国商品倾销，或对某国实行歧视与报复等。常见的进口附加税有以下几种：

(1)反倾销税。反倾销税是指某一进口国针对某一或某些出口商的倾销行为征收的一种特别关税。按照WTO的有关规定，必须符合两个必要条件才能征收反倾销税，即进口产品的价格低于正常价格，倾销行为对进口国造成了危害。对某一产品，只有在进行价格比较后才能确定其为倾销品。价格比较分为三种情况：该产品的进口价格与该产品在其出口国国内市场上的价格相比；如果该产品不是出口国的原产地产品，则可与该产品相似产品在出口国市场上的销售价格，或该产品在原产地国国内市场的销售价格相比；如果出口国无相似产品可比较，或没有这种产品的正常价格可比较，则可与该产品出口到第三国的价格相比较，或与该产品原产地国的生产成本加上合理的管理费、销售费，利润以及其他合理费用后的总费用相比较。经过比较，当该产品的进口价格低于被比较价格时，才能确定其为倾销产品。

另外，必须用事实来说明倾销对进口国造成了损害。这种损害是指对进口国的某项工业造成实质性损害或产生实质性损害威胁，或妨碍进口国某项新兴工业的建立。对倾销的确立和反倾销税的征收，有严格的立案、调查和处理程序。按照WTO的有关规定，反倾销税的税额不应超过该产品的“倾销差额”。有些国家规定，在满足一定条件的情况下，在最终确定倾销之前，可以先征收与反倾销税作用相当的暂定关税。

(2)反补贴税。反补贴税是进口国为抵消出口国对某种商品在制造、生产或输出时，直接或间接给予的任何奖励或补贴而征收的一种特别关税。补贴和倾销对进口国产生的损害可以说是一样的，但对补贴的确定要比对倾销的确定难度要大得多、复杂得多。

(3)报复性关税。报复性关税是指某国针对另一国对其本国出口产品的不利或不公正歧视性待遇而对这一国的进口商品加重征收的关税。

(4)紧急关税。紧急关税是某国当某类进口产品突然、大量、低价进入本国市场时，为保护本国相关产业而紧急征收的一种保护性关税。

二、海关代征税

海关代征税是指海关在对进口货物征收关税的同时，对该货物代为征收的国内税费。海关的代征工作是海关征税工作的一个重要组成部分。《海关法》规定：海关负有依法代征有关国内税、费的义务。代征税与关税性质不一样，它们的征税依据不在于进口，而在于将这些进口货物在国外经过的生产流通环节与国内同类货物经过的生产流通环节同等对待。这样，国内同类货物已征收的流转税，进口货物也要征收。为简便手续，由海关代理征收，节约人力、物力和时间。

目前，法律规定由海关代征的进口环节国内税费主要有增值税、消费税。以下进行详细介绍。

1. 增值税

增值税是指以企业生产的产品中新增加的价值额或增值额为课税依据征

收的一种税。所谓新增加的价值额,即指企业或个人因从事工业制造、商品经营或提供劳务等,由生产劳动而创造的那一部分价值额。对增值部分进行征税,可排除重复计税。增值税的纳税义务人是境内从事生产、经营或提供劳务和进口应税产品的单位和个人。

海关在进口环节代征的增值税和国内产品征收的增值税一样,基本税率为17%,但对于一些关系到国计民生的重要物资,其增值税率较低,为13%。这些物资包括:

(1)粮食,食用植物油;

(2)自来水、暖气、冷气、热水、煤气、石油液化气、天然气、沼气、居民用煤炭制品;

(3)图书、报纸、杂志;

(4)饲料、化肥、农药,农机、农膜;

(5)金属矿和非金属矿等产品(不包括金粉、锻造金,它们为零税率);

(6)国务院规定的其他货物。

对于纳税人提供加工、修理、修配等劳务,税率为17%。

2. 消费税

消费税是指以消费品或消费行为的流转额为课税对象的税种。我国从1994年1月1日起开始实施消费税,它是我国税收体制向国际标准化迈进的重要一步,它划归中央税收,因而也是国家产业政策调控的一个重要手段,有利于增强国家的宏观调控能力。消费税的纳税义务人是境内从事生产、委托加工和进口应税产品的单位和个人。这些应税产品即《中华人民共和国消费税暂行条例》和《消费税税目税率表》中所列的11个税目、13个子目的产品,具体有烟(包括各种进口卷烟),酒及酒精,化妆品(包括成套化妆品),护肤护发品,贵重首饰及珠宝玉石(包括各种金、银、珠宝首饰及珠宝玉石),鞭炮、焰火,汽油,柴油,汽车轮胎,摩托车,小汽车11类。对以上11类消费品分别实行从价征税(税率最低为3%,最高为45%不等)或从量定额征税办法(如啤酒每吨征消费税220元)。

复习思考题

一、单选题

1. 在2011年的海关税则中,进口商品中采用从量关税的有(　)。

A. 胶卷　B. 录像机　C. 放像机　D. 摄像机

2. 进口产品以低于其正常价值出口到我国且对我国相关企业造成实质性损害的,我国海关将对其征收进口附加税,其名称为(　)。

A. 反倾销税　B. 反补贴税　C. 保障性关税　D. 报复性关税

二、多选题

1. 进口环节增值税的税率,一般为17%,对关系到国计民生的重要物资征13%,适用13%税率的货品有(　)。

A. 图书,杂志　B. 原油,成品油

C. 粮食,食用植物油　D. 农药,农机,农膜

2. 从征收关税的主次程序来分,关税可以分为正税和附加税,下面哪些税属于正税(　)。

A. 进口税　B. 报复性关税　C. 反倾销税　D. 出口税

3. 从征收进口关税的主次程序来看,进口关税有正税与附加税之分,下面哪些税属于附加税(　)。

A. 反倾销税　B. 反补贴税　C. 报复性关税　D. 进口环节税

4. 下列进口货物,海关按从量税计征进口关税(　)。

A. 冻鸡　B. 原油　C. 棉花　D. 胶卷

5. 我国《海关法》规定的纳税义务人是(　)。

A. 进口货物的收货人　B. 出口货物的发货人

C. 进出境物品的所有人　D. 上述三种人的代理人

三、判断题

1. 钻石及钻石饰品,只准在宁波口岸进口,其进口环节的增值税和消费税均由宁波海关征收。(　)

2. 进口环节实行从价定律征收的消费税，其组成价格 =（关税完税价格 + 关税）÷（1 - 消费税）。这个公司与增值税的“组成价格 = 关税完税价格 = 关税 + 消费税”是一致的，所以消费税是价内税。（ ）

3. 进口环节增值税的计税基础是进口货物的完税价格，进口关税额和进口环节应缴纳的消费税之和，因此增值税属于价内税。（ ）

4. 我国现行《海关法》规定的进出口货物的纳税期限应当自海关填发税款缴款书之日起 15 日内向指定银行缴纳税款。（ ）

5. 关税纳税义务人或其代理人应自海关填发税款缴款书之日起 15 个工作日内向指定银行缴纳税款。（ ）

6. 进口货物关税滞纳金的日征收金额为滞纳税额的 1‰；进口货物滞报金的日征收金额为进口货物完税价格的 0.5‰。（ ）

7. 任何国家或者地区违反与中国签订或者共同参加的贸易协定及相关协定，对中国在贸易方面采取禁止、限制、加征关税或者其他影响正常贸易的措施的，对原产于该国家或者地区的进口货物可以征收报复性关税，适用报复性关税税率。（ ）

8. 征收报复性关税的货物，适用国别、税率、期限和征收方法，由海关总署决定并公布。（ ）

第二十三讲　进出口货物完税价格的确定

学习要点

1. 了解完税价格的含义；
2. 熟悉完税价格的确定方法；
3. 能够准确地计算进出口货物的完税价格；
4. 能够正确运用进口货物汇率适用的相关规定。

关键术语：完税价格　成交价格　合理价格

进出口货物的完税价格是指海关根据有关规定进行审定或估定后通过估价确定的价格，它是海关征收关税的依据。海关确定进口货物完税价格的方法包括以下六种：一是进口货物成交价格法，二是相同货物成交价格法，三是类似货物成交价格法，四是倒扣价格法，五是计算价格法，六是合理方法。需要注意的是，上述这六种方法必须依次采用，但如果进口货物纳税义务人提出要求，经海关同意，可以颠倒倒扣价格法和计算价格法的适用次序。

一、完税价格的确定

进口货物的完税价格由海关以符合《海关法》、《中华人民共和国进出口关税条例》所列条件的成交价格以及该货物运抵中华人民共和国境内输入地点起卸前的运输及其相关费用、保险费为基础审查确定。

进口货物的成交价格是指卖方向中华人民共和国境内销售该货物时买方为进口该货物向卖方实付、应付的，并按照《中华人民共和国进出口关税条例》调整后的价款总额，包括直接支付的价款和间接支付的价款。通常情况下，完税价格就是发票上表明的成交价格，即进口商在该货物销售出口至进口国时实付或应付的价格。但只有当进出口商申报的价格被海关接受后才能成为进出口货物的完税价格。进口货物的成交价格应当符合下列条件：

(1)对买方处置或者使用该货物不予限制，但法律、行政法规规定实施的限制、对货物转售地域的限制和对货物价格无实质性影响的限制除外；

(2)该货物的成交价格没有因搭售或者其他因素的影响而无法确定；

(3)卖方不得从买方直接或者间接获得因该货物进口后转售、处置或者使用而产生的任何收益，或者虽有收益但能够按照《中华人民共和国进出口关税条例》的规定进行调整；

(4)买卖双方没有特殊关系，或者虽有特殊关系但未对成交价格产生影响。

二、进口货物时应当计入完税价格的费用

(1)由买方负担的购货佣金以外的佣金和经纪费；

(2)由买方负担的在审查确定完税价格时与该货物视为一体的容器的费用；

(3)由买方负担的包装材料费用和包装劳务费用；

(4)与该货物的生产和向中华人民共和国境内销售有关的，由买方以免费或者以低于成本的方式提供并可以按适当比例分摊的料件、工具、模具、消耗材料及类似货物的价款，以及在境外开发、设计等相关服务的费用；

(5)作为该货物向中华人民共和国境内销售的条件，买方必须支付的与该货物有关的特许权使用费；

(6)卖方直接或者间接从买方获得的该货物进口后转售、处置或者使用的收益。

三、不计入进口货物的完税价格中的税收和费用

(1)厂房、机械、设备等货物进口后进行建设、安装、装配、维修和技术服务的费用；

(2)进口货物运抵境内输入地点起卸后的运输及其相关费用、保险费；

(3)进口关税及国内税收。

四、海关估价确定完税价格的情形

进口货物的成交价格不符合《中华人民共和国进出口关税条例》第十八条

第三款规定条件的，或者成交价格不能确定的，海关经了解有关情况，并与纳税义务人进行价格磋商后，依次以下列价格估定该货物的完税价格：

(1)与该货物同时或者大约同时向中华人民共和国境内销售的相同货物的成交价格；

(2)与该货物同时或者大约同时向中华人民共和国境内销售的类似货物的成交价格；

(3)与该货物进口的同时或者大约同时，将该进口货物、相同或者类似进口货物在第一级销售环节销售给无特殊关系买方最大销售总量的单位价格，但应当扣除《中华人民共和国进出口关税条例》第二十二条规定的项目；

(4)按照下列各项总和计算的价格：生产该货物所使用的料件成本和加工费用，向中华人民共和国境内销售同等级或者同种类货物通常的利润和一般费用，该货物运抵境内输入地点起卸前的运输及其相关费用、保险费；

(5)以合理方法估定的价格。

五、特殊货物完税价格的确定

(1)以租赁方式进口的货物，以海关审查确定的该货物的租金作为完税价格。纳税义务人要求一次性缴纳税款的，纳税义务人可以选择按照《中华人民共和国进出口关税条例》第二十一条的规定估定完税价格，或者按照海关审查确定的租金总额作为完税价格。

(2)运往境外加工的货物，出境时已向海关报明并在海关规定的期限内复运进境的，应当以境外加工费和料件费以及复运进境的运输及其相关费用和保险费审查确定完税价格。

(3)运往境外修理的机械器具、运输工具或者其他货物，出境时已向海关报明并在海关规定的期限内复运进境的，应当以境外修理费和料件费审查确定完税价格。

六、出口货物完税价格的确定

出口货物的完税价格，由海关以该货物的成交价格以及该货物运至中华人民共和国境内输出地点装载前的运输及其相关费用、保险费为基础审查确定。

(1)出口货物的成交价格，是指该货物出口时卖方为出口该货物应当向买方直接收取和间接收取的价款总额。

(2)出口关税不计入完税价格。

(3)出口货物的成交价格不能确定的,海关经了解有关情况,并与纳税义务人进行价格磋商后,依次以下列价格估定该货物的完税价格:

① 与该货物同时或者大约同时向同一国家或者地区出口的相同货物的成交价格;

② 与该货物同时或者大约同时向同一国家或者地区出口的类似货物的成交价格;

③ 按照下列各项总和计算的价格:境内生产相同或者类似货物的料件成本、加工费用,通常的利润和一般费用,境内发生的运输及其相关费用、保险费;

④ 以合理方法估定的价格。

七、海关确定完税价格的程序

海关审查确定完税价格的程序包括价格质疑程序和价格磋商程序。

海关对申报价格的真实性、准确性有疑问时,或者认为买卖双方之间的特殊关系影响成交价格时,应当启动价格质疑程序。

纳税义务人或者其代理人应当自收到海关制发的"价格质疑通知书"之日起5个工作日内,以书面形式提供相关资料或者其他证据,证明其申报价格真实、准确或者双方之间的特殊关系未影响成交价格。如确有正当理由无法在规定时间内提供前述资料的,可以在规定期限届满前以书面形式向海关申请延期。除特殊情况外,延期不得超过10个工作日。

制发"价格质疑通知书"后,出现以下情况,海关可以启动价格磋商程序,与纳税义务人充分沟通信息,依次使用相同、类似、倒扣、计算、合理估价方法确定完税价格:

纳税义务人或者其代理人在海关规定期限内,未能提供进一步说明的;

纳税义务人或者其代理人提供有关资料、证据后,海关经审核其所提供的资料、证据,仍然有理由怀疑申报价格的真实性、准确性的;

纳税义务人或者其代理人提供有关资料、证据后,海关经审核其所提供的资料、证据,仍然有理由认为买卖双方之间的特殊关系影响成交价格的。

纳税义务人应当自收到海关制发的"价格磋商通知书"之日起5个工作日内与海关进行价格磋商并填写"价格磋商记录表"。如未在规定的时限内前来磋商的，视为其放弃价格磋商的权利，海关可以直接依次使用 5 种非成交价格法确定完税价格。

在海关确定进口货物的完税价格后，纳税义务人可以提出书面申请，要求海关就如何确定其进口货物的完税价格做出书面说明。海关应当根据要求出具“估价告知书”。

八、进口货物汇率适用的规定

海关征收关税，除海关总署另有规定的以外，应当按人民币计征。进出口货物的成交价格或者租金、修理费、料件费等以外币计价的，由海关按照填发税款缴纳证之日国家外汇管理局公布的“人民币外汇牌价表”的买卖中间价，折合人民币计征关税。但是有些货物，进出口时间与征税时间不同，如果汇率调整，那么在使用何时的汇率折合人民币的问题上，容易出现纳税争议。为统一使用汇率，海关总署规定如下：

（1）下面几种情况准予按原进口或出口时的汇率折合人民币计征关税：

① 在汇率调整前海关已立案调查的违规案件，在汇率调整后，确定处理时需予补税的；

② 在汇率调整前暂时进口的货物，汇率调整后转为正式进口需予补税，而且在进口时已交纳保证金的（未交保证金的，则按海关开出税款缴纳证之日的汇率计征税费）；

③ 在汇率调整前溢卸的进口货物，汇率调整后确定需予补税的；

④ 在汇率调整前经海关批准缓税的进出口货物，汇率调整后计征税费的；

⑤ 在汇率调整前的进出口货物，由于税则归类的改变，完税价格的审定或其他由于海关工作的原因在汇率调整后办理补税的。

（2）除上述情况外的各种货物，应一律按海关开出税款缴纳证之日的汇率计税。

复习思考题

一、单选题

1. 某航空公司从美国租赁进口民用航空飞机一架，该机 CIF 价格为 6 500

万美元，租赁期为48个月，每月付租金150万美元，四年租金总额为7 200万美元。四年期满后，该航空公司仍要象征性地向美方支付5万美元，作为购买旧飞机的款项。在该项租赁货物进口时，航空公司按月支付租金，并要求按月支付税款，海关同意，海关审定关税完税价格为（　）。

A. 6 500万美元　B. 7 200万美元　C. 7 205万美元　D. 150万美元

2. 进口货物完税价格调整因素的减项不包括下列哪一项（　）。

A. 厂房、机械、设备等货物进口后的基建、安装、装配、维修和技术服务的费用

B. 货物境外包装服务的费用

C. 货物运抵境内输入地点之后的运输费用

D. 进口关税和国内税

3. 在确定完税价格过程中，海关对申报价格的真实性有疑问，海关可向纳税义务人制发“价格质疑通知书”，纳税义务人应在（　）内向海关提供补充资料，特殊情况，延期不超过（　）。

A. 5日；10日　B. 10日；5日

C. 5个工作日；10个工作日　D. 10个工作日；5个工作日

二、多选题

1. 下列哪些选项的费用应计入进口货物的完税价格（　）。

A. 图纸设计费　B. 进境后设备安装费

C. 买方免费提供的工具和模具的费用

D. 技术转让费

2. 下列哪些选项的费用不计入进口货物的完税价格（　）。

A. 购货佣金　B. 销售佣金

C. 书面融资协议的利息费用　D. 专利费

3. 海关审定的进口货物的成交价格，应该包括（　）。

A. 是指中华人民共和国境内的买方向卖方购买进口货物的价款

B. 是指境内买方、卖方实付和应付的价款，包括直接支付或间接支付的

C. 按规定进行调整后的价款　D. 国际市场公开的价格

4. 在海关审定进出口货物的完税价格时，纳税义务人具有的权利是（　）。

A. 要求具保放行货物　B. 估价方法的选择权

C. 对于海关审价的知情权　D. 对于海关估价的申诉权

5. 海关确定进口货物完税价格共有六种估价方法，在采用“合理方法”估价时，禁止使用以下哪种价格（　）。

A. 境内生产的货物在境内的销售价格

B. 两种价格中选择高的加工

C. 出口到第三国或地区的货物的销售价格

D. 最低限价或武断、虚构的价格

三、判断题

1. 进口货物的买卖双方存在特殊关系时，进口货物的成交价格不能作为海关审定完税价格的基础。（　）

2. 完税价格是指进口货物已经缴纳完进口税的货物价格，一般的就是 CIF 价格（　）。

3. 出料加工的货物，出境时已向海关报明并在规定的期限内复运进境，海关应以境外加工费和料件费审查确定完税价格。（　）

4. 易货贸易、寄售、捐赠、赠送等出口货物，不适宜采用成交价格法来确定完税价格。（　）

第二十四讲　进口货物原产地的确定

学习要点

1. 了解原产地的含义和类别；
2. 了解原产地的预确定制度；
3. 了解原产地证明书的作用；
4. 熟悉原产地的认定标准；
5. 掌握进出口货物税率适用的相关规定。

关键术语：原产地　优惠原产地规则　非优惠原产地规则　原产地证明书

一、进口货物原产地的确定

（一）原产地规则的含义

各国为了适应国际贸易的需要，并为执行本国关税及非关税方面的国别歧视性贸易措施，必须对进出口商品的原产地进行认定。但是，货物原产地的认定需要以一定的标准为依据。为此，各国以本国立法形式制定出其鉴别货物“国籍”的标准，这就是原产地规则。

《原产地规则协议》将原产地规则定义为：一国（地区）为确定货物的原产地而实施的普遍适用的法律、法规和行政决定。

（二）原产地规则类别

从适用目的的角度划分，原产地规则分为两大类：优惠原产地规则和非优惠原产地规则。

1. 优惠原产地规则

优惠原产地规则是指一国为了实施国别优惠政策而制定的法律、法规，是以优惠贸易协定通过双边、多边协定形式或者由本国自主形式制订的一些特殊原产地认定标准,因此称为协定原产地规则。

2. 非优惠原产地规则

非优惠原产地规则是指一国根据实施其海关税则和其他贸易措施的需要,由本国立法自主制定的原产地规则,也叫自主原产地规则。

我国现行的原产地规则有两种,即优惠原产地规则和非优惠原产地规则。我国现行优惠原产地规则主要是有关《曼谷协定》项下进口货物的原产地的规定,用以判断进口货物是否适用《曼谷协定》税率时的原产地认定。我国现行非优惠原产地规则适用于除《曼谷协定》以外的其他进口商品的原产地认定,如判断进口货物是否适用最惠国税率、反倾销、反补贴税率、保障措施等非双边、多边优惠的贸易政策。

(三)原产地认定标准

在认定货物的原产地时会出现两种情况:一种是货物完全是在一个国家(地区)获得或生产制造;另一种是货物由两个及以上的国家(地区)生产制造。

无论是优惠原产地规则还是非优惠原产地规则,都要确定这两种货物的原产地认定标准。

首先,货物完全是在一个国家(地区)获得或生产制造,以产品的种植、开采或生产国为原产国,这种原则叫完全获得标准。

其次,当一种产品经过几个国家货物(地区)加工、制造的,以最后完成实质性加工的国家为原产国,这种标准成为实质性改变标准。实质性改变标准包括:税则归类改变标准、从价百分比标准、加工工序标准、混合标准等。

1. 优惠原产地认定标准

(1)以下产品视为在一国"完全获得",即完全获得标准:

① 在该国领土或领海开采的矿产品;

② 在该国领土或领海收获或采集的植物产品;

③ 在该国领土出生和饲养的活动物及从其所得产品;

④ 在该国领土或领海狩猎或捕捞所得的产品;

⑤ 由该国船只在公海捕捞的水产品和其他海洋产品;

⑥ 该国加工船加工的前述第⑤项所列物品所得的产品;

⑦ 在该国收集的仅适用于原材料回收的废旧物品;

⑧ 该国加工制造过程中产生的废碎料；

⑨ 该国利用上述①~⑧项所列产品加工所得的产品。

需要指出的是，对于非完全在某一受惠国获得或生产的货物，满足以下条件时，应以进行最后加工制造的受惠国视为有关货物的原产国：

首先，货物的最后加工制造工序在受惠国完成；

其次，用于加工制造的非原产于受惠国及产地不明的原材料、零部件等成分的价值占进口货物离岸价的比率不超过50%，原产于最不发达受惠国（即孟加拉国）的产品的以上比率不超过60%。

我国签署的各项优惠贸易协定主要的从价百分比标准是：

第一，《亚太贸易协定》（6个国家签订：孟加拉国、印度、老挝、韩国、斯里兰卡、中国）。

非成员国原产的原材料等总价值不超过该货物的55%，即成员国的材料要达45%及以上，则认定原产国为受惠国。

原产于孟加拉国的货物，非成员国的原材料不超65%，即孟加拉国及协定成员国的材料的比率达到35%及以上，则认定原产国为孟加拉国。

第二，《中国—东盟合作框架协议》。

非中国—东盟自由贸易区原产的材料、零件不超过60%，即原产于东盟自由贸易区的产物的成分占40%及以上；并且最后的工序是在成员方境内完成，则认定原产国为东盟成员国。

第三，CEPA香港、澳门。

要求港澳产品的增值标准为30%及以上，则原产地为香港、澳门。

第四，《中巴自贸协定》。

要求货物巴基斯坦原产成分不小于40%，则原产地为巴基斯坦。制成品中原产于中国、巴基斯坦的成分累计不低于40%，则进口的货物原产地认定为巴基斯坦。

第五，特别优惠关税的原产地规则。

受惠国对非该国原材料进行制造、加工后的增值部分不小于所得货物价值的占40%。

TIPS：东盟成员国有哪些？

东盟成员由印度尼西亚、马来西亚、菲律宾、新加坡、泰国、文莱、越南、老挝、缅甸、柬埔寨10个国家组成。

(2)税则归类改变标准。

税则归类改变标准是指原产于非成员国或者地区的材料在出口成员国或者地区境内进行制造、加工后,所得货物在《商品名称及编码协调制度》中税则归类发生了改变。

(3)区域价值成分标准。

区域价值成分标准是指出口货物船上交货价格(FOB)扣除该货物生产过程中该成员国或者地区非原产材料价格后,所余价款在出口货物船上交货价格(FOB)中所占的百分比。在不同的协定框架下,百分比各有不同:

①《亚太贸易协定》(成员国包括6个:孟加拉国、印度、老挝、韩国、斯里兰卡、中国),非成员国原产的材料、零件或产物的总价值不超过55%,即成员国的材料的比率要达到45%及以上,则认定原产国为受惠国。

原产于孟加拉国的货物,非成员国的材料、零件或产物的总价值不超过65%,即孟加拉国的材料的比率达到35%及以上,则认定原产国为孟加拉国。

②《中国—东盟合作框架协议》:非中国—东盟自由贸易区原产的材料、零件或产物的总价值不超过60%,即产品中的原产于任一成员方的成分不低于该货物FOB价的40%;或者原产于东盟自由贸易区的产物的成分占40%及以上,且最后的工序是在成员方境内完成,则认定原产国为东盟成员国。

(4)直接运输标准。

直接运输是指优惠贸易协定下进口货物从该协定成员国或者地区直接运输至中国境内,途中未经过该协定成员国、地区以外的其他国家或者地区。

1)运输未经非受惠国关境;

2)若经过其他国家或者地区,不论在运输途中是否转换运输工具或者作临时储存,同时符合下列条件的,视为直接运输:

① 经过其他国家或地区时未做除使货物保持良好状态所必须处理以外的其他处理;

② 在其他国家或地区停留的时间未超出相应优惠贸易协定规定的期限;

③ 在其他国家或地区停留时,处于该国或地区海关监管之下。

2. 非优惠原产地认定标准

(1)完全获得标准。

① 在该国(地区)出生并饲养的活的动物;

② 在该国(地区)野外捕捉、捕捞、搜集的动物;

③ 从该国(地区)的活的动物获得的未经加工的物品;

④ 在该国(地区)收获的植物和植物产品;

⑤ 在该国(地区)采掘的矿物;

⑥ 在该国(地区)获得的除上述①~⑤项范围之外的其他天然生成的物品;

⑦ 在该国(地区)生产过程中产生的只能弃置或者回收用作材料的废碎料;

⑧ 在该国(地区)收集的不能修复或者修理的物品,或者从该物品中回收的零件或者材料;

⑨ 由合法悬挂该国旗帜的船舶从其领海以外海域获得的海洋捕捞物和其他物品;

⑩ 在合法悬挂该国旗帜的加工船上加工上述第⑨项所列物品获得的产品;

⑪ 从该国领海以外享有专有开采权的海床或者海床底土获得的物品;

⑫ 在该国(地区)完全从上述①~⑪项所列物品中生产的产品。

(2)实质性改变确定标准。

实质性改变标准:两个及两个以上国家(地区)参与生产或制造的货物,以最后完成实质性改变的国家(地区)为原产地。

以税则归类改变为基本标准,税则归类不能反映实质性改变的,以从价百分比、制造或者加工工序等为补充标准。

1)税则归类改变,是指在某一国家(地区)对非该国(地区)原产材料进行制造、加工后,使其四位税号一级的税则归类发生改变。

2)补充标准(税则改变不能反映实质性改变时):

① 制造或加工工序,是指在某一国家(地区)进行的赋予制造、加工后所得货物基本特征的主要工序。

② 从价百分比,是指在某一国家(地区)对非该国(地区)原产材料进行制造、加工后的增值部分,超过货物价值的30%。

公式:非该国(地区)原产材料价值/工厂交货价×100%≥30%。

二、优惠原产地申报要求

(一)进口货物申报要求

有下列情形之一的,进口货物不适用协定税率或者特惠税率:

(1)进口货物收货人或其代理人在货物申报进口时没有提交符合规定的原

产地证书、原产地声明,也未就进口货物是否具备原产资格进行补充申报的;

(2)进口货物收货人或其代理人未提供商业发票、运输单证等其他商业单证,也未提交其他证明符合《优惠原产地管理规定》第十四条规定的文件的;

(3)经查验或者核查,确认货物原产地与申报内容不符,或者无法确定货物真实原产地的;

(4)其他不符合《优惠原产地管理规定》及相应优惠贸易协定规定的情形。

(二)部分优惠贸易协定申报要求

(1)《亚太贸易协定》。

除了按照规定提交进口货物所需的单证外,还要提交受惠国政府指定机构签发的原产地证书正本作为报关的随附单证。

(2)《中国—东盟合作框架协议》。

进口的时候向申报地海关申明该货物适用"中国—东盟协定税率",并提交政府指定机构签发的原产地证书正本作为报关的随附单证。

(3)CEPA 香港、澳门。

纳税义务人应当主动向申报海关申明该货物适用零关税税率,并提交符合 CEPA 项下规定的有效原产地证书作为报关的随附单证。

(4)"特别优惠关税待遇"项下受惠进口货物。

应当主动向进境地海关申明有关货物享受特别优惠关税,并提交出口受惠国原产地证书签发机构签发的由该国海关于出口时加盖印章的原产地证书。

三、出口货物申报要求

出口货物发货人,按照规定填制"出口货物报关单"提交原产地证书电子数据或正本复印件。

进出口货物收发货人可以依照《中华人民共和国海关行政裁定管理暂行办法》有关规定,向海关申请原产地行政裁定。

四、原产地证明书

原产地证明书是受惠国的原产品出口到给惠国时享受关税优惠的凭证,同时也是进口货物是否适用反倾销、反补贴税率、保障措施等贸易政策的参考凭证。

(一)适用优惠原产地规则的原产地证明书

(1)《亚太贸易协定》规则的原产地证明书。

① 由指定机构手工或电子签发;

② 格式符合《管理办法规定》;

③ 证书印章与成员国通知中国海关的印章印模相符;

④ 有效期为1年。

(2)《框架协议》规则的原产地证明书。

原产地证明书应自签发之日起4个月内向我国提交,通过第三方转运时,可延长6个月,FOB≤200美元免交。

(3)CEPA的原产地证明书。

香港原产地证明书签发机构:香港工贸易署、香港总商会、香港印度商会、香港工业总会、香港中华厂商联合会、香港中华总商会。

澳门原产地证明书签发机构:澳门经济局。

(4)"特别关税优惠待遇"原产地证明书有效期为180天,文字为英文。

(二)适用非优惠原产地规则的原产地证明书

(1)对适用反倾销反补贴措施的进口商品的要求。

① 进口经营单位申报进口与实施反倾销措施的被诉倾销产品(以下简称被诉倾销产品)相同的货物时,应向海关提交原产地证明书。

② 对于进口经营单位确实无法提交原产地证明,经海关实际查验不能确定货物原产地的,海关按与该货物相同的被诉倾销产品的最高反倾销税率或保证金征收比率征收反倾销税或现金保证金。

③ 对于加工贸易保税进口与被诉倾销产品相同的货物,进口经营单位在有关货物实际进口申报时,也应向海关提交原产地证明。

④ 对于在反倾销措施实施之前已经申报进口的加工贸易和其他保税进口货物,因故申报内销是在反倾销措施实施期间的,进口经营单位应申报内销时向海关提交原产地证明。对于无法提交原产地证明,不能确定货物的原产地的,海关按与该货物相同的被诉倾销产品的最高反倾销税率或保证金征收比率征收反倾销税或保证金。

(2)对适用最终保障措施的进口商品的要求。

自海关总署公告规定的加征关税之日起,进口企业申报进口涉案产品时,不能提供不适用最终保障措施的国家(地区)的原产地证明,或尚不应加征关税的适用最终保障措施的国家(地区)的原产地证明,或者海关对其所提供的原产地证明的真实性有怀疑的,如经海关审核有关单证(包括合同、发票、提运单等)及对货物实际验估能够确定原产地的,应按照相关规定处理;如仍不能确定原产地,且进口企业也不能进一步提供能够证明原产地的其他材料的,应在现行适用的关税税率基础上,按照相应涉案产品适用的加征关税税率加征关税。

在海关审核认定原产地期间,进口企业可在提供相当于全部税款的保证金担保后,要求先行验放货物。

原产地证明书并不是确定货物原产地的唯一标准。若海关通过查验货物或审核单证认为所提供的原产地证明书不真实的,海关将根据原产地规则标准予以确认。

五、原产地预确定制度

进口货物的收货人或经营单位可以向直属海关申请对其将要进口的货物的原产地进行预确定,需提供以下材料:

(1)申请人的身份证明文件。

(2)能说明将要进口货物情况的有关文件资料,包括进口货物的商品名称、规格、型号、税则号列、产品说明书等,出口国(地区)或者货物原产地的有关机构签发的原产地证书或其他认定证明,进口货物所使用的原材料的资料,能说明进口货物的生产加工工序、流程、工艺、加工地点以及加工增值等情况说明资料。

(3)说明该项交易情况的文件材料。

(4)海关要求提供的其他文件资料。

海关应当在收到原产地预确定书面申请及全部必要资料之日起150天内,依照原产地条例的规定对进口货物作出原产地预确定决定。

六、税率的适用

(一)税率适用的规定

根据《中华人民共和国进出口关税条例》的规定,进口关税税率包括最惠国税率、协定税率、特惠税率、普通税率和关税配额税率等。对进口货物在一定期限内可以实行暂定税率。根据我国加入 WTO 时承诺的关税减让义务，2007 年以来我国的进口关税总水平保持在 9.8%。

出口税则按进口税则列目方式确定出口税则税目，对部分出口商品实行暂定出口税率。

TIPS：进出口税率知多少

1. 最惠国税率

最惠国税率适用原产于与我国共同适用最惠国待遇条款的世界贸易组织成员国或地区的进口货物，原产于与我国签订含有相互给予最惠国待遇条款的双边贸易协定的国家或地区的进口货物，以及原产于中华人民共和国境内的进口货物。

2. 协定税率

协定税率适用原产于与我国签订含有关税优惠条款的区域性贸易协定的有关缔约方的进口货物。目前，我国对原产于韩国、斯里兰卡和孟加拉国 3 个曼谷协定成员的 739 个税目的进口商品实行曼谷协定税率。

3. 特惠税率

特惠税率适用原产于与我国签订含有特殊关税优惠条款的贸易协定的国家或地区的进口货物。目前，我国对原产于孟加拉国的 18 个税目的进口商品实行曼谷协定特惠税率。

4. 普通税率

普通税率适用原产于上述国家或地区以外的国家或地区的进口货物，以及原产地不明的进口货物。

5. 暂定税率

根据新的《进出口关税条例》规定，对特定进出口货物，可以实行暂定税率。实施暂定税率的货物、税率、期限，由国务院关税税则委员会决定，海关总署公布。

暂定税率的商品可分为两类：一类无技术规格，海关在征税时只需审核品名和税号无误后，即可执行；另一类附有技术规格，海关在征税时，除审核品名和税号外，还需对进口货物的技术规格进行专业认定后才能适用。

6. 配额税率

关税配额制度是国际通行的惯例，这是一种在一定数量内进口实行低关税,超过规定数量就实行高关税的办法。日本采取一次关税和二次关税就是依据不同数量规定实施不同税率的关税配额制度。配额是一种数量限制措施,超过限额数量后不能进口。而关税配额就有灵活性,对于必要的数量实行低关税;对于超过一定数量的进口则实行高关税,虽然这样关税高了,但还是允许进口,体现了关税杠杆的调节作用。这种办法许多国家都采用,关贸总协定和其后的世界贸易组织也没有对其限制。在亚太经济合作组织的讨论中,也是把关税配额作为关税手段加以保留的。这种措施既可以控制总量,也比较公开透明。

(二)税率的适用

《进出口关税条例》规定,暂定税率优先于最惠国税率实施;按协定税率、特惠税率进口暂定税率商品时,取低计征关税;按国家优惠政策进口暂定最惠国税率商品时,按优惠政策计算确定的税率与暂定最惠国税率两者取低计征关税,但不得在暂定最惠国税率基础上再进行减免。按照普通税率征税的进口货物不适用进口关税暂定税率。

1. 税率适用的几种特殊情况

(1)按照普通税率征税的进口货物,经国务院关税税则委员会特别批准,可以适用最惠国税率。

(2)对于无法确定原产国别(地区)的进口货物,按普通税率征税。对于某些包装特殊的产品,比如以中性包装或裸装形式进口经查验又无法确定原产国别的货物,除申报时能提供原产地证明的可按原产地确定税率外,一律按普通税率计征关税。

(3)对于原产地是香港、澳门和台、澎、金、马关税区的进境货物和我国内地生产货物经批准复进口需征税的,按最惠国税率征收关税。

2. 税率适用的时间

《进出口关税条例》规定,进出口货物应当按照收发货人或者他们的代理人申报进口或出口之日实施的税率征税。

进口货物到达前,经海关核准先行申报的,应当按照装载此项货物的运输工具申报进境之日实施的税率征税。

对于退税和补税,一般按该进出口货物原申报进口或者出口之日所实施的税率计算。在实际运用时要区分以下不同情况:

(1)按照特定减免税办法批准予以减免税的进口货物,后因情况改变,经海关批准转让、出售或移作他用,需要补税时适用海关填发税款缴款书之日实施的税率(以前的《进出口关税条例》规定为原进口日)。

(2)来料加工、进料加工的进口料件等属于保税性质的进口货物,经批准转为内销,适用海关接受该货物申报内销之日实施的税率征税;如未经批准擅自转内销的,则按海关查获日所施行的税则税率征税。

(3)需缴纳税款的暂准进出境货物、物品,适用海关填发税款缴款书之日实施的税率。

(4)分期缴纳税款的租赁进口货物,适用海关填发税款缴款书之日实施的税率(以前的《进出口关税条例》规定为原进口日)。

(5)溢卸、误卸货物事后确定需予征税时,应按其原申报进口日期所施行的税则税率征税。如原进口日期无法查明,可适用海关填发税款缴款书之日实施的税率。

(6)对由于税则归类的改变,完税价格的审定或其他工作差错而需补征税款时,应按原征税日所施行的税则税率计算。

(7)对于批准缓税进口的货物,以后缴税时,不论是否分期还是一次缴清,都应按货物原进口日所施行的税率计征税款。

(8)查获的走私进口货物需予补税时,应按查获日所施行的税则税率计征税款。

(9)在上述有关条款中,如有发生退税的,都应按原征税或补税日期所适用的税率计算退税。

(三)关税税率的运用

(1)进口关税设普通税率和优惠税率。对原产于与中华人民共和国未订有关税互惠协议的国家或者地区的进口货物,按照普通税率征税;对原产于与中华人民共和国订有关税互惠协议的国家或者地区的进口货物,按照普通税率征税。

上述规定按照普通税率征税的进口货物,经国务院关税税则委员会特别批准,可以按照优惠税率征税。任何国家或者地区对其进口的原产于中华人民共和国的货物征收歧视性关税或者给予其他歧视性待遇的,海关对原产于该国家或者地区的进口货物,可以征收特别关税。征收特别关税的货物品种、税率和起征、停征时间,由国务院关税税则委员会决定,并公布施行。

进出口货物，应当依照《海关进出口税则》规定的归类原则归入合适的税号，并按照适用的税率征税。

进出口货物，应当按照收发货人或者他们的代理人申报进口或者出口之日实施的税率征税。

进口货物到达前，经海关核准先行申报的，应当按照装载此项货物的运输工具申报进境之日实施的税率征税。

进出口货物的补税和退税，适用该进出口货物原申报进口或者出口之日所实施的税率。具体办法由海关总署另行规定。

(2)出口税率适用原则：出口暂定税率优先于出口税率。

(四)税率适用时间

进出口货物应当按照海关接受该货物申报进口或出口之日实施的税率征税。

(1)进口货物到达前，经海关核准先行申报的，适用装载该货物的运输工具申报进境之日实施的税率。

(2)进口转关运输货物，以指运地海关接受申报之日的税率计算；提前报关的，以转关货物运抵指运地之日的税率计算。

(3)出口转关货物：适用启运地海关接收该货物申报出口之日实施的税率。

(4)集中申报货物：每次货物进出口时海关接受该货物申报之日实施的税率。

(5)超期未报关由海关变卖货物：装载该货物的运输工具申报进境之日。

(6)纳税义务人违反规定需要追征税款的，应当按照该行为发生之日实施的税率；该行为发生之日不能确定的，适用海关发现该行为之日实施的税率。

(7)有下列情形之一应该适用海关接受纳税义务人再次填写报关单申报办理纳税手续之日实施的税率：

① 保税货物经批准不复运出境的；

② 保税仓储货物内销的；

③ 减免税货物经批准转让或者移作他用的；

④ 暂准进出境货物内销的；

⑤ 租赁进口货物，分期缴纳税款的。

复习思考题

一、单选题

1. 我国某出口加工区内的企业从我国香港购进我国台湾产的薄型尼龙布一批,加工成女式服装后,经批准运往区外内销,该批服装向海关申报出区时,其原产国地应申报为(　)。

A. 中国香港　　B. 中国台湾　　C. 中国　　D. 国别不详

2. 我国某公司从我国香港购进SONY牌29寸电视机100台,该电视机的外壳标明日本产,但其中显像管为韩国生产,集成电路板由新加坡生产,其余零件由马来西亚生产,最后由韩国组装成整机。该公司向海关申报时,原产地为(　)。

A. 日本　　B. 韩国　　C. 新加坡　　D. 马来西亚

3. 非优惠原产地认定标准之一的从价百分比标准,是指在某一国家(地区)对非该国(地区)原产原料进行制造、加工后的增值部分,超过所得货物价值的比例(　)。

A. ≥30%　　B. ≥40%　　C. ≥55%　　D. ≥60%

4. 根据《中华人民共和国进出口关税条例》的规定,下列表述正确的是(　)。

A. 适用最惠国税率的进口货物有暂定税率的,应当适用最惠国税率

B. 适用协定税率的进口货物有暂定税率的,应当从低适用税率

C. 适用特惠税率的进口货物有暂定税率的,应当从高适用税率

D. 适用普通税率的进口货物有暂定税率的,应当适用暂定税率

5. 境内某公司从中国香港购进孟加拉国产的某商品一批,设该商品的最惠国税率为10%,普通税率为30%,亚太协定税率为9.5%,香港CEPA项下税率为0,该商品进口时适用的税率是(　)。

A. 10%　　B. 30%　　C. 9.5%　　D. 0

二、多选题

1. 关于海关估价方法,下列哪些叙述是错误的(　)。

A. 海关在审定进口货物完税价格时,应优先采用成交价格法

B. 当进口货物的成交价格经海关审查未能确定时，才能依此使用其他估价方法

C. 在使用其他估价方法时，海关可优先使用合理方法

D. 相同货物的估价方法，是指在所有方面都相同的货物，即使装上也不能有任何微小差别

2. 目前我国签署的各项优惠贸易协定主要的从价百分比标准，下列说法正确的是（　）。

A.《亚太贸易协定》项下，非成员国原产的或者不明原产地的材料的总价值不超过该货物 FOB 价的 55%（孟加拉国除外）

B.《框架协议》项下，原产于任一成员方的成分不少于该货物 FOB 价的 40%

C. CEPA 项下，在港澳获得的原料、组合零件、劳工价值和产品开发支出价值的合计，与在港澳生产或获得产品的 FOB 价的比率不小于 30%

D. 特别优惠关税的原产地规则，受惠国对非该国原材料进行制造、加工后的增值部分不小于所得货物价值的 35%

3. 目前我国签署的各项优惠贸易协定主要的从价百分比标准，下列说法正确的是（　）。

A.《亚太贸易协定》项下，非成员国原产的或者不明原产地的材料的总价值不超过该货物 FOB 价的 55%（孟加拉国除外）

B.《框架协议》项下，原产于任一成员方的成分不少于该货物 FOB 价的 40%

C. CEPA 项下，在港澳获得的原料、组合零件、劳工价值和产品开发支出价值的合计，与在港澳生产或获得产品的 FOB 价的比率不小于 30%

D. 特别优惠关税的原产地规则，受惠国对非该国原材料进行制造、加工后的增值部分不小于所得货物价值的 35%

4. 完全获得标准是确定货物原产地的重要标准，下列属于优惠原产地下完全获得标准的是（　）。

A. 从该国领土或领海内开采的石油

B. 在该成员国或者地区境内收获的小麦

C. 从该国境内出生并饲养的活动物

D. 在该成员国或者地区境内采摘的

5. 关于原产地证，下列说法正确的是（　）。

A.《框架协议》规则的原产地证明书，应当自东盟国家有关机构签发之日起 4

个月向我国境内申报地海关提交，经过第三方转运的，提交期限延长为6个月

B. 原产于东盟国家的进口货物，如果产品的FOB价不超过200美元，无须要求我国的纳税义务人提交原产地证书，但是要提交出口人对有关产品原产于该出口成员方的声明

C. 港澳CEPA的原产地证明书，一个原产地证书可多次使用，适用于多批进口货物

D. "特别优惠关税待遇"原产地证明书的有效期为自签发之日起1年

6. 下面是有关运用《中华人民共和国海关进出口税则》规定征收关税的表述，其中表述正确是（　）。

A. 执行国家有关税率减征政策时，在暂定最惠国税率基础上再进行减免

B. 对于原产于中国境内的进口货物，适用最惠国税率

C. 对于原产地不明的进口货物，按照普通税率计征

D. 对于同时适用多种税率的进口货物，在选择适用的税率时，基本的原则是"从高计征"

7. 下列关于进口税率适用的表述正确的是（　）。

A. 按照普通税率征税的进口货物，不适用进口货物暂定税率

B. 对于无法确定原产国别的货物，按普通税率征税

C. 适用最惠国税率的进口货物有暂定税率的，应当适用暂定税率

D. 适用协定税率、特惠税率的进口货物有暂定税率的，应当适用暂定税率

8. 关于税率适用时间，下列表述正确的是（　）。

A. 减免税货物经批准转让或者移作他用的，应当适用海关批准之日实施的税率征税

B. 因纳税义务人违反规定需要追征税款的，应当适用海关发现该行为之日实施的税率

C. 租赁进口货物分期缴纳税款的，应当适用海关接受纳税义务人再次填写报关单申报办理纳税及有关手续之日实施的税率

D. 进口货物到达前，经海关核准先行申报的，应当适用装载货物的运输工具申报进境之日实施的税率

三、判断题

在计算出口关税时，有暂定税率的，应当优先执行暂定税率。（　）

第二十五讲　进出口税费的计算

学习要点

1. 掌握从价税税款的计算；
2. 掌握从量税税款的计算；
3. 掌握出口关税税款的计算；
4. 掌握滞纳金的计算。

关键术语：从价税　从量税　滞纳金　滞报金

一、进出口税费起征点及汇率的确定

海关征收的关税、进口环节增值税、进口环节消费税、船舶吨税、滞纳金等税费一律以人民币计征，完税价格、税额采用四舍五入法计算至分，分以下四舍五入。关税以及进口环节增值税、进口环节消费税、船舶吨税、滞纳金等税费的起征点为人民币50元。

进出口货物的成交价格及有关费用以外币计价的，计算税款前，海关按照该货物适用税率之日所适用的计征汇率折合为人民币计算完税价格。

海关每月使用的计征汇率为上一个月的第三个星期三（第三个星期三为法定节假日的，顺延采用第四个星期三）中国银行的外汇折算价（简称“中行折算价”），人民币元后采用四舍五入法保留4位小数。如上述汇率发生重大波动，海关总署认为必要时，可发布公告，另行规定计征汇率。

二、进口关税税款的计算

（一）从价关税

从价关税，是以商品价格为标准征收的关税。ad volorem 是拉丁文，从价之意，即从价关税是采用从价原则征收的，它是按价格的一定百分比征收，税额随价格的上升而增加，随价格的下降而减少，关税收入直接与价格挂钩。也就是以经海关审定的进出口货物价格（称为海关完税价格、海关价格或海关估价）为计税依据，按税则中规定的适用税率计征的关税。完税价格乘以税率即为应纳的关税税额。

TIPS：从价关税的优缺点

从价关税是从量关税的对称。与从量关税相比较，从价关税的优点是：

（1）税负比较合理，同一种进口商品，质量高，价格高，税额也高，质次价廉的税额也低。

（2）物价上涨或下落时，按税则中规定的税率（比例）计征，税额相应增加或减少，关税的财政作用和保护作用均不受影响。

（3）对各种商品均能适用。艺术、珍物等价格变化很大的商品，税则中未列出的新产品等，不适宜使用从量关税。

（4）从价税率以百分数表示。对关税的保护程度或关税水平等作数量上的计算与衡量，有利于对各国的关税进行比较和在国际上关税谈判时应用。

其缺点是：

海关估价工作比较复杂，费人费事，需要一定的专业技术。

由于从价关税优点较多，尤其是在世界各国物价普遍上涨的条件下，从量税的适用性越来越小，因此目前世界各国，除极少数国家（如瑞士）外，都使用从价关税，或以使用从价关税为主。但也有些国家对同一个税目中的商品使用从价和从量两种计税方法，以取长补短。

（1）计算公式：

应征进口关税税额 = 进口货物完税价格 × 进口从价格税税率

减税征收的进口关税税率 = 进口货物完税价格 × 减按进口关税税率

（2）计算程序：

第一步：确定货物的完税价格（即确定货物的 CIF 报价）；

第二步：根据汇率适用原则将外币计算为人民币；

第三步：按照公式计算应该征收的税款。

（3）计算实例：

实例一

国内某公司向香港购进日本皇冠轿车 10 辆，成交价格合计为 FOB 香港 120 000.00 美元，实际支付运费 5 000 美元，保险费 800 美元。已知该轿车的汽缸容量 2 000cc，适用中国银行的外汇折算价为 1 美元 = 人民币 6.8396 元，计算应征进口关税（原产国日本适用最惠国税率 25%）。

计算方法：

第一步：确定货物的完税价格（即确定货物的 CIF 报价）。

审定完税价格为 125 800 美元（120 000.00 美元 +5 000 美元 +800 美元）。

第二步：根据汇率适用原则将外币价格折算为人民币。

将外币价格折算成人民币为 860 421.68 元。

第三步：按照公式计算应该征收的税款。

应征进口关税税额 = 完税价格 × 法定进口关税税率

= 860 421.68 × 25%

= 215 105.42（元）

实例二

国内某远洋渔业企业向美国购进国内性能不能满足需要的柴油船用发动机 2 台，成交价格合计为 CIF 境内目的地口岸 680 000.00 美元。经批准该发动机进口关税税率减按 1% 计征。已知适用中国银行的外汇折算价为 1 美元 = 人民币 6.8396 元，计算应征进口关税（原产国美国适用最惠国 5%，减按 1% 计征）。

计算方法：

第一步：确定货物的完税价格（即确定货物的 CIF 报价）。

审定 CIF 价格为 680 000 美元。

第二步：根据汇率适用原则将外币价格折算为人民币。

将外币价格折算成人民币为 4650 928.00 元。

第三步：按照公式计算应该征收的税款。

应征进口关税税额 = 完税价格 × 减按进口关税税率

= 4650 928.00 × 1%

= 46 509.28（元）

（二）从量关税

从量关税，是以货物的计量单位（重量、数量、体积）为计征标准而计算征收的一种关税。

根据进出口税则，从量计征关税的做法是，分别对不同税目的商品按本国通用的计量单位制订出其每单位应税金额，根据进出口商品的实际单位数量计算其应征税款。

TIPS：从量关税的优缺点

从量关税是从价关税的对称。与从价关税相比，从量关税的优点是：

(1)征税手续简便，容易计算。只核对货物的名称和数量即可计算出税款。

(2)因其每单位的税额固定，对质次价廉的低档商品与质优价高的商品征收同样的税款，进口低档商品相对利润较低，因此，抑制进口的作用较大，各国经常用它来抵制廉价商品的进口。

其缺点是：

(1)对同一种商品不论其价高价低、质优质次，均按同一税率征税，税负不太合理。

(2)因单位税额是固定的，物价变动时很难及时调整，尤其是在物价上涨时，税负相对降低，其保护作用和财政作用均会减弱。

(3)从量关税对每类商品必须事先制定出应税金额，有些商品不便使用，如艺术、珍物等销售价格变动幅度很大的商品和一些事先无价可资查考的新产品，适用性小。

(4)制定税则时需对种类庞杂的每种商品分别确定其每单位的应税金额，费时费力。

从量关税因其征税手续简便，在过去的一个很长的历史阶段中曾被各国大量使用。但近年来各国物价上涨已经成为经常趋势，从量关税的缺点显得突出，因此目前除个别国家(如瑞士)仍全部使用从量关税外，其他国家都改用从价关税，或以从价关税为主、从量关税为辅。有些国家对个别税目使用从价从量复合税或选择税。

(1)计算公式：

应征进口关税税额＝货物数量×单位税额

(2)计算程序：

第一步：确定货物的实际进口数量，如果进口计量单位与计税的单位不同，应该进行换算；

第二步：按照公式计算应该征收的税款。

(3)计算实例:

实例三

国内某公司从中国香港购进原产日本柯达彩色胶卷50 400卷(宽度35毫米,长度不超2米),成交价格合计为CIF境内某口岸10.00港币/卷,已知适用中国银行的外汇折算价为1港币=人民币0.881 5元;以规定单位换算表折算,规格"135/36"1卷=0.057 75平方米,计算应征进口关税(原产地日本适用最惠国税率26元/平方米)。

计算方法:

第一步:确定货物的实际进口数量,如果进口计量单位与计税的单位不同,应该进行换算,确定其实际进口量50 400卷×0.057 75平方米/卷=2 910.6平方米;

第二步:按照公式计算应该征收的税款。

应征进口关税税额=货物数量×单位税额

=2 910.6平方米×26元/平方米

=75 675.60(元)

(三)复合关税

复合关税也称混合关税,即对同一种进口货物采用从价、从量两种标准课征的一种关税。课征时,或以从价税为主,加征从量税;或以从量税为主,加征从价税。计征手续较为烦琐,但在物价波动时,可以减少对财政收入的影响。

(1)计算公式:

应征进口关税税额=货物数量×单位税额+完税价格×关税税率

(2)计算程序:

第一步:根据完税价格审定办法、规定,确定应税货物的完税价格;

第二步:根据汇率使用原则,将外币价格折算成人民币;

第三步:按照计算公式正确计算应征税款。

(3)计算实例:

实例四

国内某一公司,从日本购进该国企业生产的广播级电视摄像机40台,其中有20台成交价格为CIF境内某口岸4 000美元/台,其余20台成交价格为CIF境内某口岸5 200美元/台,已知适用中国银行的外汇折算价为1美元=人民币6.839 6元,计算应征进口关税(原产国日本关税税率适用最惠国税率,经查关税税率为:完税价格低于5 000美元/台的,关税税率为单一从价税35%;CIF境内某口岸5 000美元/台以上的,关税税率为12 960元从量税再加3%的从价关税)。

计算方法:

第一步:根据完税价格审定办法、规定,确定应税货物的完税价格。

确定后成交价格合计为80 000美元(每台4 000美元的20台)和104 000美元(每台5 200美元的20台)。

第二步:根据汇率使用原则,将外币价格折算成人民币。

将外币价格折算成人民币为547 168.00元和711 318.40元。

第三步:按照计算公式正确计算应征税款。

20台单一从价进口关税税额 = 完税价格×进口关税税率
= 547 168.00×35%
= 191 508.80(元)

20台复合进口关税税额 = 货物数量×单位税额+完税价格×关税税率
= 20×12 960+(711 318.40×3%)
= 259 200.00+21 339.55
= 280 539.55(元)

40台合计进口关税税额 = 从价进口关税税额+复合进口关税税额
= 229 600.00+280 539.55
= 472 048.35.00(元)

(四)滑准关税

滑准关税也称滑动关税,是对进口税则中的同一种商品按市场价格标准分别制订不同档次的税率而征收的一种进口关税。高档次价格的税率低或不征税,低档次价格的税率高。征收这种关税的目的是使该种进口商品,不论价格的高低,其税后价格保持在一个预定的价格标准上,以稳定进口国内该种商品的市场价格。

TIPS:滑准关税的由来

滑准关税最早出现于重商主义时期的英国谷物法。英国在1670年谷物法中规定,当小麦每夸脱价格在53先令4便士时征税8先令,当小麦每夸脱价格低于53先令4便士时征税16先令,使英国小麦市场经常保持较高价格,以保护封建农场主的谷物生产。谷物法的实施引起了资产阶级与封建地主阶级的斗争，在1849年被废除。其后曾有少数国家使用，日本1978～1979年税则中对一些有色金属规定了滑准关税。我国自2007年起对配额外进口一定数量的棉花（税号52010000），实行6%～40%的滑准税。

滑准税是指关税的税率随着进口商品价格的变动而反方向变动的一种税率形式，即价格越高，税率越低，税率为比例税率。因此，实行滑准税率，进口商品应纳关税税额的计算方法，与从价税的计算方法相同。其计算公式如下：

从价应征进口关税税额＝完税价格×暂定关税税率

从量应征进口关税税额＝进口货物数量×暂定关税税率

（1）计算公式。

计算关税税率：

我国自2007年1月1日起对配额外进口一定数量的棉花（税号52010000），实行6%～40%的滑准税。当配额外进口棉花完税价格高于或等于11.397元/千克时，暂定关税优惠税率为6%，当配额外进口棉花完税价格低于11.397元/千克时，暂定关税优惠税率按下述公式计算：

$$Ri = INT[(Pt/Pi \times E + a \times Pi \times E - 1) \times 1\,000 + 0.5]1\,000 \quad (Ri \leqslant 40\%)$$

其中：Ri——暂定关税税率，当Ri按上式计算值高于40%时，取值40%；

E——美元汇率；

Pi——关税完税价格（美元），CIF价格，单位：美元/千克；

Pt——常数，为8.8元/千克；

a——常数，为2.526%；

INT——取整函数（即小数点后面的数一律舍去）。

应征税款计算公式：应征进口关税税额＝完税价格×关税税率

（2）计算程序。

① 按照归类原则确定税则归类，将应税货物归入恰当的税目税号；

② 根据原产地规则和税率使用原则，确定应税货物所适用的税率；

③ 根据完税价格审定办法、规定，确定应税货物的完税价格；

④ 根据关税税率计算公式计算关税税率；

⑤ 根据汇率使用原则，将外币价格折算成人民币；

⑥ 按照计算公式正确计算应征税款。

（3）计算实例。

实例五

国内某公司购进配额外未梳棉花1吨，原产地为美国，成交价格为CIF某口岸900.00/吨美元。企业已向海关提交由国家发改委授权机构出具的“关税配额外优惠关税税率进口棉花配额证”已知其适用中国银行的外汇折算价为1美元=人民币7.71元，计算应征进口关税税款。

计算方法：

确定税则归类：未梳棉花归入税目税号5201.0000.08；

确定关税税率：审定完税价格900×7.71÷1 000=6.939元/千克；将此完税价格与11.397元/千克作比较，鉴于6.939元/千克<11.397元/千克，该进口货物原产国适用最惠国税率，根据当配额外进口棉花完税价格低于11.397元/千克时，暂定关税优惠税率为≤40%，即当计算的关税税率小于40%时，按照计算的关税税率计征关税；若计算的关税税率大于40%，则按照40%的关税税率计征关税的规定和进口暂定关税税率（滑准关税税率）公式，计算该货物的暂定关税税率：

批棉花暂定关税税率=INT[(8.8/0.9×7.71+2.526%×0.9×7.71-1)×1 000+0.5]1 000

=443/1 000

=44.3%

该滑准关税税率计算后为44.3%，大于40%，按照40%的关税税率计征关税。

应征进口关税税额=暂定关税税率×完税价格（美元）×汇率

=900×7.71×40%

=2 775.60（元）

（1）计算公式。

应征税款计算公式：从价计征应征进口关税税额=完税价格×暂定关税税率

从量计征应征进口关税税额=进口货物数量×暂定关税税率

（2）计算程序。

第一步：根据完税价格审定办法、规定，确定应税货物的完税价格；

第二步：根据关税税率计算公式计算关税税率；

第三步：根据汇率使用原则，将外币价格折算成人民币；

第四步：按照计算公式正确计算应征税款。

(3)计算实例。

实例六

国内某公司购进配额外未梳棉花1吨,原产地为美国,成交价格为CIF某口岸1 012.27美元/吨。企业已向海关提交国家发改委授权机构出具的“关税配额外优惠关税税率进口棉花配额证”,经海关审核确认后,征收滑准税。已知其适用中国银行的外汇折算价为1美元=人民币6.8396元,计算应征进口关税税款。

计算方法:

审定完税价格:10 127.7×6.8 396=6 923.52

确定关税税率:折算后棉花的完税价格为每千克6.924元,将此完税价与11.397元/千克作比较,鉴于6.924低于11.397元/千克,该进口货物原产国适用最惠国税率,根据“当配额外进口棉花完税价格低于11.397元/千克时,暂定关税税率按照公式计算,当公式计算值高于40%时取值40%”的规定,计算该货物的暂定关税税率:

暂定关税税率=8.686÷完税价格+2.526%×完税价格-1

=8.686÷6.924+2.526%×6.924-1

该滑准关税税率计算后为42.9%,大于40%,按照40%的关税税率计征关税。

应征进口关税税额=暂定关税税率×完税价格

=40%×6 923.52

=2 769.41(元)

实例七

某加工生产企业内销一批配额外未梳棉花1吨,原产地为美国,成交价格为CIF某口岸1 053.58美元/吨。企业已向海关提交国家发改委授权机构出具的“关税配额外优惠关税税率进口棉花配额证”,经海关审核确认后,征收滑准关税.已知其适用中国银行的外汇折算价为1美元=人民币6.8 396元,计算应征进口关税税款。

计算方法:

审定完税价格:1 053.58×6.8 396=7 206.07,折算后每千克7.206元,将此完税价与11.397元/千克作比较,鉴于6.924低于11.397元/千克,该进口货物原产国适用最惠国税率,根据“当配额外进口棉花完税价格低于11.397元/千克时,暂定关税税率按照公式计算,当公式计算值高于40%时取值40%”

的规定，

计算该货物的暂定关税税率：

暂定关税税率 = 8.686 ÷ 完税价格 + 2.526% × 完税价格 − 1

= 8.686 ÷ 7.206 + 2.526% × 7.206 − 1

= 0.387

该滑准关税税率计算后为38.7%，小于40%，按照实际计算的关税税率计征关税。

应征进口关税税额 = 暂定关税税率 × 完税价格

= 38.7% × 7 206.07

= 2 788.75（元）

实例八

某加工生产企业内销一批关税配额外未梳棉花1 000千克，原产地为美国，成交价格为CIF某口岸1.71美元/千克。企业已向海关提交国家发改委授权机构出具的"关税配额外优惠关税税率进口棉花配额证"，经海关审核确认后，征收滑准关税。已知其适用中国银行的外汇折算价为1美元 = 人民币6.8396元，计算应征进口关税税款。

审定完税价格：1 710 × 6.8396 = 11 695.72，折算后每千克11.696元，将此完税价与11.397元/千克作比较，鉴于11.696高于11.397元/千克，该进口货物原产国适用最惠国税率，根据"当配额外进口棉花完税价格高于11.397元/千克时，按照0.570元/千克计征从量关税"的规定，该货物的暂定关税税率为0.570元/千克：

应征进口关税税额 = 暂定关税税率 × 完税价格

= 1 000 × 0.570

= 570.00（元）

（五）反倾销税税款的计算

1. 计算公式

反倾销税税额 = 完税价格 × 反倾销税税率

2. 计算程序

第一步：根据完税价格审定办法、规定，确定应税货物的完税价格；

第二步：根据汇率使用原则，将外币价格折算成人民币；

第三步：按照计算公式正确计算应征反倾销税税款。

实例九

国内某公司,从韩国购进厚度为 0.7 毫米的冷轧板卷一批,成交总价为 115 687.70美元,已知该批冷轧板卷需要征收反倾销税,适用中国银行的外汇折算价为 1 美元 = 人民币 6.8 396 元,现计算应征的反倾销税税款(根据有关规定,进口韩国生产的冷轧卷板反倾销税税率为 14%)。

计算方法:

第一步:根据完税价格审定办法、规定,确定应税货物的完税价格。

审定完税价格为 115 687.70 美元。

第二步:根据汇率使用原则,将外币价格折算成人民币。

将外币价格折算成人民币为 791 257.59 元。

第三步:按照计算公式正确计算应征反倾销税税款。

反倾销税税额 = 完税价格 × 反倾销税税率

= 791 257.59 × 14%

= 110 776.06(元)

(六)出口关税税款的计算

1. 计算公式

应征出口关税税额 = 完税价格 × 出口关税税率

$$完税价格 = \frac{\text{FOB(中国境内口岸)}}{1 + \text{出口关税税率}}$$

若为其他报价则需换算:

$$若报价为 \text{CER} 则:完税价格 = \frac{\text{CFR} - \text{运费(F)}}{1 + \text{出口关税税率}}$$

$$若报价为 \text{CIF} 则:完税价格 = \frac{\text{CIF} - \text{运费(F)} - \text{保险费(I)}}{1 + \text{出口关税税率}}$$

2. 计算程序

第一步:确定货物的完税价格(即确定货物的 FOB 报价);

第二步:根据汇率适用原则将外币价格折算为人民币;

第三步:按照公式计算应该征收的税款。

3. 计算实例

实例十

国内某企业从广州出口硅铁一批,申报价格为 FOB 广州黄埔港 8 705.50 美元。其适用中国银行的外汇折算价为:

关税滞纳金 = 滞纳关税税额 ×0.5‰×滞纳天数

= 352 793.52 ×0.5% ×11

= 1 940.36(元)

进口环节消费滞纳金 = 进口环节消费税税额 ×0.5% ×滞纳天数

= 72 860.70 ×0.5‰×11

= 400.73(元)

进口环节增值税滞纳金 = 进口环节增值税税额 ×0.5‰×滞纳天数

= 247 726.38 ×0.5‰×11

= 1 362.50(元)

复习思考题

一、选择题

1. 某公司从日本进口电信设备零件一批,价格为 CIF 天津 10 000 美元(当天外汇牌价的买卖中间价为 1 美元 = 7.7 元人民币),装载货物的船舶于 4 月 4 日(星期二)进境,4 月 19 日该公司来向海关申报,请问这种情况下海关应征收多少滞报金?(　)

A. 不征收

B. 滞报一天,滞报金为 38.5

C. 滞报两天,滞报金为 8.5 元

D. 滞报三天,滞报金为 12.75 元

2. 某公司从日本进口一批机械设备,成交价格为 CFR 广州 800 000 港币,已知该设备的进口税率为 10%,保险费率为 0.3%,汇率为 100 港币 = 107 元人民币,试计算海关应征收的进口关税税额是多少?(　)

A. 88 247.42 元　　B. 85 857.57 元

C. 83 106.80 元　　D. 80 000.00 元

3. 宁波某公司受委托为某手表厂进口瑞士产数控铣床一台,成交价格为 FOBAntwerpSFR200000,运费为 RMB40000,保险费率为 3‰,填发海关代征税款缴款书之日瑞士法郎对人民币外汇买卖中间价为 SFR100 = RMB380,关税税率为 15%,增值税税率为 17%,该数控铣床应纳增值税税额为(　)。

A. RMB156870.61　　B. RMB166870.61

C. RMB177793.31　　D. RMB17793.37

4. 某公司进口一批货物,价格为 FOB KOBE 进口一批货物,海关于当日开出税款缴款书,交企业纳税。其中关税税额为人民币 48 000 元,增值税税款为人民币 70 200 元,消费税税款为 17 800 元。该公司于 1 月 25 日交回税款缴款书。经核查,实际交款日期为 1 月 22 日。经计算,该公司应交的滞纳金为(　)。

A. 168 元　　B. 476 元　　C. 340 元　　D. 748 元

5. 某公司进口一批圆钢,成交价格为 CIF 天津 USD1000。汇率为 USD 100 = RMB770,关税税率为 10%,增值税税率为 17%。海关于 9 月 1 日(星期二)填发税款缴款书,该公司于 9 月 17 日缴款,根据海关对征收滞纳金的有关规定,下列选项中正确的是(　)。

A. 应征滞纳金 9.76 元

B. 应征滞纳金 7.32 元

C. 应征滞纳金 4.88 元(按两天计)

D. 应征滞纳金 1.10 元(按一天计),故不征收

6. 某进出口公司从香港进口皇冠汽车一辆,成交价格为 CIF 天津 USD25000/辆。进口关税税率为 100%,外汇基准价 USD100 = RMB770,消费税税率为 8%,应征的消费税为(消费税税额计算至人民币元)(　)。

A. 217 750.26 元　　B. 43 550.78 元

C. 33 478.26 元　　D. 17 420.45 元

7. 某进出口公司进口一批设备,成交价格为 CIF 广州 USD800000(外汇折算率为 1 美元 =7.7 元人民币)。已知该批设备的关税税率为 5%,海关于 2006 年 6 月 8 日(星期四)填发税款缴款书,该公司于 2006 年 6 月 28 日缴纳税款,该批设备应交的滞纳金为(　)。

A. 656 元　　B. 770 元　　C. 820 元　　D. 800 元

8. 海关于 9 月 10 日(周二)填发税款缴款书,纳税人应当最迟于(　)到指定银行缴纳关税。

A. 9 月 23 日　　B. 9 月 24 日

C. 9 月 25 日　　D. 9 月 26 日

9. 海关于 9 月 6 日(周五)填发税款缴款书,纳税人应当最迟于(　)到指定银行缴纳关税。

A. 9 月 20 日　　B. 9 月 21 日

C. 9 月 22 日　　D. 9 月 23 日

10. 海关于 9 月 30 日(周一)填发税款缴款书,纳税人应当最迟于(　)到指定的银行缴纳关税。

A. 10 月 14 日　　B. 10 月 15 日

C. 10 月 21 日　　D. 10 月 12 日

二、计算题

1. 某公司从美国进口硫酸镁 5 000 吨,进口申报价格 FOB 旧金山为 USD325000,运费每吨 USD10,保险费率 3‰,当时的外汇牌价为 USD100 = RMB6.8。经查,硫酸镁的进口关税率为 7%。计算应纳进口关税额。

2. 2009 年,国内某进出口公司从美国进口一批全套高尔夫球棍(税则归类:9506.3100),经海关审定,完税价格为 10 万元人民币,关税税率为 25%,消费税率为 10%,增值税率为 17%。计算进口关税、消费税、增值税。

3. 某公司进口一批货物,价格为 FOB 旧金山 US $10 000。已知总运费为 100 美元,加一成投保,保险费率为 3‰,进口关税税率为 10%,消费税税率为 10%,增值税税率为 17%,海关填发税款缴纳证当日外汇汇率 USD1 = RMB7。计算该批货物的完税价格、关税税额、消费税税额及增值税税额。

4. 出口货物成交价格为 FOB 宁波 10 000 美元,另外从宁波至出口目的国韩国的运费为总价 500 美元,从宁波至韩国的保险费率为 0.3%。假定其使用的基准汇率为 1 美元 =6.8 元人民币,出口关税税率为 10%。计算出口关税。

5. 公司进口货物应缴纳关税 80 000 元,增值税 100 000 元,消费税 70 000 元,海关于 2009 年 9 月 5 日(周四)填发税款缴款书,该公司于 2009 年 10 月 10 日(周四)缴纳税款。计算海关应征的滞纳金。

6. 有进出口企业 A 从国外购买的进口货物的某海轮于 2009 年 10 月 8 日(周二)向宁波海关申报进境,但 A 企业于 2009 年 10 月 31 日(周四)才向海关申报进口该批货物。该货物的 CIF 宁波价格为 150 000 美元。已知其适用的外汇汇率为 1 美元 =8.27 元人民币。计算应征收的滞报金额。

第二十六讲　进出口税费的缴纳

学习要点

1. 了解税款缴纳的凭证；
2. 熟悉税款缴纳的方式；
3. 掌握税款缴纳的时间；
4. 掌握滞纳金的计算方法。

关键术语：税款缴纳　税款滞纳金

一、税款缴纳方式

税款缴纳方式是指纳税人向海关缴纳税款的方法和形式。新中国成立初期我国海关对进出口货物一律采取口岸纳税的方式，随着国营外贸公司对外贸易的迅速发展，进出口货物主要集中在国营外贸公司经营，为简化手续，曾一度采取集中纳税的方式。目前，随着我国经济的发展和海关通关作业的改革，纳税方式主要以进出口地纳税为主，也有部分企业经海关批准采取属地纳税方式。

二、税款缴纳地点

（一）进出口地纳税

进出口地纳税是指货物在设有海关的进出口地纳税。进出口货物进（出）口时纳税人必须向海关申报，海关按照规定的程序查验、放行，纳税人按照规定缴纳税款或办理进出口手续。

(二)属地纳税

属地纳税是指进出口货物应缴纳的税款由纳税人所在地主管海关征收,纳税人在所在地缴纳税款。

三、税款缴纳凭证

(一)进出口关税和进口环节税的缴纳凭证

海关征收进出口货物关税和进口货物进口环节税时,应向纳税人或其代理人填发“海关专用缴款书”(含关税、进口环节税)。纳税人或其代理人持凭“海关专用缴款书”向银行缴纳税款。

海关填发的“海关专用缴款书”第一联为“收据”,由国库收款签章后交缴款单位或缴纳人;第二联为“付款凭证”,由缴库单位开户银行作付出凭证;第三联为“收款凭证”,由收款国库作收入凭证;第四联为“回执”,由国库盖章后退回海关财务部门;第五联为“报查”,关税由国库收款后将退回海关,进口环节税送当地税务机关;第六联为“存根”,是由填发单位存查。

进出口货物收货人或其代理人缴纳税款后,应将盖有“收讫”章的“海关专用缴款书”第一联送签发海关验核,海关凭以办理有关手续。

(二)退补税凭证

1. 退税凭证。海关退还已征收的关税和进口环节税时,应填发“收入退还书”(海关专用),同时通知原纳税人或其代理人。海关将“收入退还书”(海关专用)送交指定银行划拨款。

“收入退还书”(海关专用)第一联为“收账通知”,交收款单位;第二联为“付款凭证”,由退款国库作付出凭证;第三联为“收款凭证”,由收款单位开户银行作收入凭证;第四联为“付款通知”,同国库随收入统计表送退库海关;第五联为“报查凭证”,由国库将进口环节税联送当地税务机关,关税联送退库海关,第六联为“存根”,由填发海关存查。

2. 补税凭证。海关补征进出口货物关税和进口环节税时,应向纳税人填发“海关专用缴款书”(含关税、进口环节税)。纳税人持凭“海关专用缴款书”向指定银行或开户银行缴纳税款。进口货物收货人或其代理人缴纳税款后,应将盖有“收讫”章的“海关专用缴款书”第一联送签发海关验核,海关凭予办理有关手续。

（三）滞纳金的缴纳凭证

海关征收进出口货物的关税、进口环节增值税、消费税、船舶吨税等的滞纳金时，应向纳税人或其代理人填发“海关专用缴款书”。纳税人或其代理人应持凭“海关专用缴款书”向银行缴纳税款。

（四）监管手续费的缴纳凭证

海关征收监管手续费时，应向收货人或其代理人填发“海关行政事业收费专用票据”。

收货人或其代理人应持凭“海关行政事业收费专用票据”，向海关指定部门或指定银行办理缴款手续。

“海关行政事业收费专用票据”的第一联为“存根”，由签发专用票据的部门与收款部门核对账目用；第二联为“收据”，缴款单位缴费后留存；第三联为“记账”，收款部门记账用；第四联为“经办部门存查”，由签发专用票据的部门存查。收货人或其代理人应持“海关行政事业收费专用票据”到海关指定的部门或指定的银行办理缴款手续。

进口货物收货人或其代理人缴纳监管手续费后，应将盖有“收讫”章的“海关行政事业收费专用票据”交给签发“海关行政事业收费专用票据”的海关，海关凭予核销并办理有关手续。

（五）滞报金的缴纳凭证

对应征收滞报金的进口货物，海关在收货人未交纳滞报金之前不予放行。转关运输货物如在进境地产生滞报由进境地海关征收滞报金，如在指运地产生滞报则由指运地海关征收滞报金。

海关征收进口货物滞报金时，应向收货人填发“海关行政事业收费专用票据”。收货人持凭“海关行政事业收费专用票据”，向海关指定部门或指定银行办理缴款手续。

“海关行政事业收费专用票据”的第一联为“存根”，是签发专用票据的部门与收款部门核对账目用；第二联为“收据”，是缴费后交缴款单位；第三联为“记账”，是收款部门记账用；第四联为“经办部门存查”，是签发专用票据的部门存查。收货人持“海关行政事业收费专用票据”到海关指定的部门或指定的银行办理缴款手续。

进口货物收货人或其代理人缴纳滞报金后，应将盖有“收讫”章的“海关行政事业收费专用票据”交给货物申报进口的海关，海关凭予核销并办理有关手续。

四、税款的强制执行

《海关法》规定，纳税人或其代理人应当在海关规定的缴款期限内缴纳税款（费），逾期缴纳的由海关依法征收滞纳金。纳税人、担保人超过3个月仍未缴纳税款的，海关可以依法采取强制措施扣缴。强制措施主要有强制扣缴和变价抵扣两种。

（一）强制扣缴

强制扣缴是指海关依法自行或向人民法院申请采取从纳税（费）人的开户银行或者其他金融机构的存款中，将相当于纳税人应纳税款的款项强制划拨入国库的措施，即书面通知其开户银行或者其他金融机构从其存款中扣缴税款。

（二）变价抵扣

变价抵扣是指如果纳税人的银行账户中没有存款或存款不足以强制扣缴时，海关可以将未放行的应税货物依法变卖，以销售货物所得价款抵缴应缴税款。如果该货物已经放行，海关可以将该纳税人的其他价值相当于应纳税款的货物或其他财产依法变卖，以变卖所得价款抵缴应缴税款。

强制扣缴和变价抵扣的税款含纳税人未缴纳的税款滞纳金。

五、延期纳税

（1）因不可抗力或政策原因不能按期纳税，可向直属海关提出延期纳税并提供相关资料，同时还应当提供缴税计划。

（2）实际进出口时，纳税要求海关先放行货物的，应向海关提供税款担保。

延期纳税自货物放行日起最长不超过6个月，6个月内纳税不收滞纳金，6个月后纳税，按滞纳税费额的0.5‰计收滞纳金。

六、税款滞纳金

(一)征收时间和标准

(1)滞纳金是指应纳税的单位或个人因逾期向海关缴纳税款而依法应缴纳的款项。

(2)起征时间:应当自海关填发"税款缴款书"之日起 15 日内缴纳进口税费。

(3)征收标准:按日以应缴税款的 0.5‰进行计征。

(二)征收金额

滞纳金起征额为 50 元,不足 50 元的免予征收。

关税滞纳金金额 = 滞纳关税税额 ×0.5‰ × 滞纳天数

进口环节税滞纳金金额 = 滞纳进口环节税税额 ×0.5‰ × 滞纳天数

计算滞纳天数:

(1)在实际计算纳税期限时,应从海关填发税款缴款书之日的第二天起计算,当天不计入。

(2)缴纳期限的最后一日是星期六、星期天或法定假日,则关税缴纳期限顺延至周末或法定假日过后的第一个工作日。

(3)如果税款缴纳期限内含有星期六、星期天或法定假日,则不予扣除。

(4)滞纳天数按照实际滞纳天数计算,其中的星期六、星期天或法定假日一并计算。

复习思考题

单选题

1. 海关于 9 月 10 日(周二)填发税款缴款书,纳税人应当最迟于(　　)到指定银行缴纳关税。

A. 9 月 23 日　　　　B. 9 月 24 日

C. 9 月 25 日　　　　D. 9 月 26 日

2. 海关于9月6日(周五)填发税款缴款书,纳税人应当最迟于(　　)到指定银行缴纳关税。

A. 9月20日　　B. 9月21日

C. 9月22日　　D. 9月23日

3. 海关于9月30日(周一)填发税款缴款书,纳税人应当最迟于(　　)到指定的银行缴纳关税。

A. 10月14日　　B. 10月15日

C. 10月21日　　D. 10月12日

4. 海关于9月17日(周二)填发税款缴款书,纳税人本应最迟于(　　)缴纳税款。10月1日至10月7日国庆节放假,10月8日正常上班。

A. 10月2日　　B. 10月3日

C. 10月7日　　D. 10月8日

第二十七讲　进出口税费的退补

学习要点

1. 了解进出口税费追征和补征的范围；
2. 了解进出口税费税款的退补的原因；
3. 掌握税款追征、补征税款的期限和要求。

关键术语：税费的追征　补征　退还

一、税款追征和补征

(一) 追征和补征税款的范围

(1) 进出口货物放行后，海关发现少征或者漏征税款的；

(2) 因纳税义务人违反规定造成少征或者漏征税款的；

(3) 海关监管货物在海关监管期内因故改变用途按照规定需要补征税款的。

(二) 追征、补征税款的期限和要求

(1) 进出口货物放行后，海关发现少征或者漏征税款的，应当自缴纳税款或者货物放行之日起 1 年内，向纳税义务人补征税款。

(2) 因纳税义务人违反规定造成少征或者漏征税款的，海关可以自缴纳税款或者货物放行之日起 3 年内追征税款，并从应缴纳税款或者货物放行之日起至海关发现违规行为之日止按日加收 0.5‰的滞纳金。

(3) 海关发现海关监管货物因纳税义务人违反规定造成少征或者漏征税款的，应自纳税义务人应缴纳税款之日起 3 年内追征，并从缴纳税款之日起至海关发现违规行为之日止按日加收 0.5‰的滞纳金。

(三)追征、补征税款的凭证是“海关专用缴款书”

二、税款的退补

进出口关税和进口环节税的退补主要有两大方面的原因:一种是由于进出口人的申报或提供的报关单证不实、不清,货物经海关征税放行后再补办减免手续,或原进口减免税货物因故需要移作他用,或者转让、出售等造成的;另一种是海关因工作差错、政策规定本身不明确等造成的。进出口关税和进口环节税的退补税也是一项重要的工作,必须本着“严肃退补”的原则,严格依法办理。

(一)退税的范围、期限及要求

退税是指纳税义务人或其代理人缴纳税款后,由海关依法退还误征、溢征和其他应退还的款项的行为。

1. 退税的适用范围

以下情况经海关核准可予以办理退税手续:

(1)因海关误征,致使纳税人多缴税款的;

(2)海关核准免验进口的货物,纳税人按申报内容完税后发现短卸,经海关审查认可的;

(3)已征出口税的货物,因故未装运出口,申请退关,经海关查验属实的;

(4)按特定减免税政策规定可予减免税的进出口货物,因各种原因在货物进出口时已予以征税,从缴纳税款之日起3个月内补交减免税证明的;

(5)进口货物在完税之后、放行以前发现因境外运输途中或者起卸时遭受损坏、损失的,以及起卸后海关放行前因不可抗力遭受损坏、损失的和海关查验时发现非因保管不慎造成的破漏、损坏或腐烂的;

(6)进口货物纳税放行后,奉令特准退税的。

2. 退税的期限及要求

纳税人在缴纳税款后发现有以上退税情形的,应在缴纳税款之日起1年内,向海关申请退税,逾期海关不予受理。

按照《海关法》规定,退税必须在原征税海关办理。办理退税时,纳税义务人应填写退税申请表,连同原盖有银行收款章的税款缴纳收据正本及其他必要单证(合同、发票等)送海关审核,海关同意后,应按原征税或者补税之日所实施的税率计算退税额。

(二)补税的范围、适用税率及期限

追补税是指由海关依法追征或补征的海关短征和纳税人短缴或漏缴的税款的行政行为。

1. 补税的范围及适用税率

(1)因税则归类原因造成短征税款的,按以下原则补税:

① 凡在《海关进出口税则》(以下简称《税则》)中有具体列名的商品,在税则的类注释、章注释、子目注释、税目结构和《海关进出口税则—统计目录商品及品目注释》(以下简称"税则注释"或"统计目录注释")中已明确归类的商品,及海关总署或海关商品归类分中心已制发文件(包括归类决定),并对外公开或向进出口货物的收发货人或其代理人明确归类的商品,如因进出口货物的收发货人或其代理人申报的归类错误造成少征或漏征税款的,海关应自缴纳税款或者货物放行之日起3年内予以追征。

② 非收发货人或其代理人原因造成少征或漏征税款的,海关应自缴纳税款或者货物放行之日起1年内予以追征。

③ 海关总署改变已作出的归类决定造成执行税率不同时,所涉及商品的原征税款不予调整。如有特殊情况需要调整税款的,应报海关总署核批。

(2)按照特定减免税办法批准予以减免税的进口货物,后因情况改变,经海关批准转让或出售需补税时,应按其原进口日所实施的税率并按照货物的监管年限折旧补税。

减免税货物的监管年限为:

① 船舶、飞机及建筑材料:8年。

② 机动车辆和家用电器:6年。

③ 机器设备和其他物品:5年。

折旧公式:货物完税价格×(1－实际使用月份÷监管年限)

(3)属于保税性质的来料加工、进料加工的进口料件,如经批准转为内销的,应按向海关申报转内销当天的税率补税,并补征缓税利息。缓税利息的计算从该合同第一批料件进口之日至内销之日。

(4)暂时进口货物转为正式进口需补税时,应按其转为正式进口日期所实施的税则税率征税。

(5)对于未经批准擅自转为内销的来(进)料加工的进口料件及暂时进口货物擅自处理的,按海关查获之日所实施的税则税率补税,并补征缓税利息。

缓税利息的计算从该合同第一批料件进口之日至查获之日。

(6)由于完税价格的审定或其他工作差错而需补征税款的,应按原征税日期实施的税则税率补税。

(7)溢卸、误卸货物事后确定需征税的,应按其原申报进口日期所实施的税则税率补税。如原进口日期无法查明时,可按确定补税当天所实施的税则税率征税。

(8)海关查获的走私进口货物需补税时,应按查获日期所实施的税则税率补税。

2. 补税的期限及要求

进出口货物完税后,由于海关方面的原因造成少征或者漏征税款,海关应当自缴纳税款或者货物放行之日起1年内,向收发货人或者其代理人补征。

三、税款退还

(一)退税的范围

(1)已缴纳进口关税和进口环节税税款的进口货物,因品质或者规格原因原状退货复运出境的;

(2)已缴纳出口关税的出口货物,因品质或者规格原因原状退货复运进境,并已重新缴纳因出口而退还的国内环节有关税收的;

(3)已缴纳出口关税的货物,因故未装运出口申报退关的;

(4)已征税放行的散装进出口货物发生短卸、短装,如果该货物的发货人、承运人或者保险公司已对短卸、短装部分退还或者赔偿相应贷款的,纳税义务人可以向海关申请退还进口或者出口短卸、短装部分的相应税款;

(5)进出口货物因残损、品质不良、规格不符的原因,由进出口货物的收发货人、承运人或者保险公司赔偿相应货款的,纳税义务人可以向海关申请退还赔偿货款部分的相应税款;

(6)因海关误征,致使纳税义务人多缴税款的。

(二)退税的期限及要求

(1)海关发现多征税的,应立即通知纳税人办理退还手续。

(2)纳税义务人发现多征税的,自缴纳税款之日起1年内要求海关退还多征税款和利息,利息按海关填发收入退还书之日中国人民银行规定的活期储蓄利息计算;利息期限自纳税义务人缴款之日起至海关填发收入退还书之日至。

(3)进口环节增值税已予抵缴的除国家另有规定外不予退还,已征收的滞纳金不予退还。

(4)海关应自受理退税申请之日起30日内查实并通知纳税义务人办理退还手续,纳税义务人自收到通知之日起3个月内办理有关退税手续。

(5)退税在原征税海关办理。

(三)退税凭证:"收入退还书"

复习思考题

简答题

1. 海关进行税款追征和补征的时间期限是怎样的?
2. 如何办理进出口税费退补的手续?

第六篇　报关单填制

第二十八讲　进出口货物报关单概述

学习要点

1. 了解进出口货物报关单的含义及法律效力；
2. 熟悉进出口货物报关单的类别及相关栏目间的逻辑关系；
3. 掌握进出口货物报关单各栏目的填制规范和填制方法。

关键术语：进口货物报关单　出口货物报关单　填制方法

一、进出口货物报关单的含义

进出口货物报关单是指进出口货物的收发货人或其代理人，按照海关规定的格式对进出口货物实际情况做出的书面申明，以此要求海关对其货物按适用的海关制度办理通关手续的法律文书。

二、进出口货物报关单的分类

(1)报关单按进出口的状态分为：进口货物报关单和出口货物报关单。

(2)按表现形式分为：纸质报关单与电子数据报关单。

(3)按海关监管方式分为：进料加工进(出)口货物报关单、来料加工及补偿贸易进(出)口货物报关单、一般贸易及其他贸易进(出)口货物报关单。

(4)按用途分为：报关单录入凭单、预录入报关单、报关单证明联。

在报关单上体现的名称只有两种，分别是“中华人民共和国进口货物报关单”和“中华人民共和国出口货物报关单”。报关单是以不同的底纹颜色和代码来区分在不同监管方式下的使用情况。

在实际操作中，多数企业都采用通过计算机系统先提交电子数据报关单，再打印纸质报关单提交给海关的形式申报。提交电子数据报关单多采用委托预录入申报的形式，由报关单位的报关员手工填写报关单预录入凭单的各个栏目，然后交给预录入单位，预录入单位凭以预录入。预录入完成后打印一份由委托预录入的报关员审核，有错误就修改，直到确认无误后再提交，向海关申报（传输电子数据进入海关的报关自动化系统）。经确认无误录入并提交到海关计算机系统中的报关单就是预录入报关单。海关计算机系统对报关单进行逻辑性、规范性审核，通过审核的，计算机系统自动接受申报，并记录接受申报的时间，发出接受申报的信息。此项处理构成报关员向海关申报及海关接受申报的法律行为。海关接受申报的报关单称为电子数据报关单，报关员凭以打印纸质报关单签名盖章连同随附单证向现场海关递交。

如果电子申报未通过海关计算机系统的规范性审核，海关不接受申报，计算机系统会自动退回并发布信息要求报关员修改。报关员修改后再次提交，海关计算机系统再次对报关单进行逻辑性、规范性审核，通过审核的，计算机系统自动接受申报。

所谓的证明联实际上就是另外打印的一份报关单，作为一个证明文件用于到政府其他部门办理有关手续。出口退税证明联就是报关单右上方印有“出口退税专用”字样，用作企业向税务部门办理退税手续。而进口付汇证明联在报关单的右上方印有“付汇证明联”字样，出口收汇证明联是在报关单右上方印有“收汇核销联”字样，所以，出口货物报关单收汇证明联也称为出口货物报关单收汇核销联。报关单的证明联在海关签发时都要加盖海关验讫章。

三、进出口货物报关单各联的用途

纸质进口货物报关单一式五联，分别是：海关作业联、海关留存联、企业留存联、海关核销联、进口付汇证明联。纸质出口货物报关单一式六联，分别是：海关作业联、海关留存联、企业留存联、海关核销联、出口收汇证明联、出口退税证明联。

（一）进出口货物报关单海关作业联和留存联

进出口货物报关单海关作业联和留存联是报关员配合海关查验、缴纳税费、提取或装运货物的重要单据，也是海关查验货物、征收税费、编制海关统计以及处理其他海关事务的重要凭证。

(二)进口货物报关单付汇证明联、出口货物报关单收汇证明联

进口货物报关单付汇证明联和出口货物报关单收汇证明联是海关对已实际进出境的货物所签发的证明文件,是银行和国家外汇管理部门办理售汇、付汇和收汇及核销手续的重要依据之一。

对需办理进口付汇核销或出口收汇核销的货物,进出口货物的收发货人或其代理人应当在海关放行货物或结关以后,向海关申领进口货物报关单进口付汇证明联或出口货物报关单出口收汇证明联,凭以向银行或国家外汇管理部门办理付、收汇核销手续。

(三)进出口货物报关单加工贸易核销联

进出口货物报关单海关核销联是指接受申报的海关对已实际申报进口或出口的货物所签发的证明文件,是海关办理加工贸易合同核销、结案手续的重要凭证。加工贸易的货物进出口后,申报人应向海关领取进出口货物报关单海关核销联,并凭以向主管海关办理加工贸易合同核销手续。

(四)出口货物报关单出口退税证明联

出口货物退税是国家税务部门退还出口货物在国内生产环节和流通环节依法缴纳的增值税税额。

出口货物报关单出口退税证明联是海关对已实际申报出口并已装运离境的货物所签发的证明文件,是国家税务部门办理出口货物退税手续的重要凭证之一。

对可办理出口退税的货物,出口货物发货人或其代理人应当在载运货物的运输工具实际离境,海关办理结关手续后,向海关申领出口货物报关单出口退税证明联,有关出口货物发货人凭以向国家税务管理部门申请办理出口货物退税手续。对不属于退税范围的货物,海关均不予签发该联。

四、进出口货物报关单的法律效力

《海关法》规定:"进口货物的收货人、出口货物的发货人应当向海关如实申报,交验进出口许可证件和有关单证。"

进出口货物报关单及其他进出境报关单(证)在对外经济贸易活动中具有

十分重要的法律效力，它是货物的收发货人向海关报告其进出口货物实际情况及适用海关业务制度，申请海关审查并放行货物的必备法律书证。它既是海关对进出口货物进行监管、征税、统计以及开展稽查、调查的重要依据，又是加工贸易核销、出口退税和外汇管理的重要凭证，也是海关处理进出口货物走私、违规案件及税务、外汇管理部门查处骗税、套汇等犯罪活动的重要书证。因此，申报人对所填报的进出口货物报关单的真实性和准确性应承担法律责任。

电子数据报关单与纸质报关单具有同等法律效力。

五、海关对报关单填制的一般要求

进出境货物的收发货人或其代理人向海关申报时，必须填写并向海关递交进出口货物报关单。申报人在填制报关单时，应当依法如实向海关申报，对申报内容的真实性、准确性、完整性和规范性承担相应的法律责任。

第一，报关员必须按照《海关法》、《货物申报管理规定》和《报关单填制规范》的有关规定和要求，向海关如实申报。

第二，报关单填报必须真实，做到“两个相符”。

(1)单、证相符：所填报关单各栏目的内容必须与合同、发票、装箱单、提单以及批文等随附单据相符。

(2)单、货相符：所填报关单各栏目的内容必须与实际进出口货物情况相符。

第三，报关单的填报要准确、齐全、完整、清楚，报关单各栏目内容要逐项详细准确填报(打印)，字迹清楚、整洁、端正，不得用铅笔或红色复写纸填写；若有更正，必须在更正项目上加盖校对章。

第四，不同的批文或合同的货物、同一批货物中不同的贸易方式的货物、不同备案号的货物、不同提运单的货物、不同的运输方式或相同的运输方式但不同的航次的货物，均应该分单填报。其他需要分单填报的情况还有：

一份原产地证书只能对应一份报关单；

同一份报关单上的商品不能够同时享受协定税率和减免税；

在一批货物中，对于实行原产地证书联网管理的，如涉及多份原产地证书或含有非原产地证书商品，也应分单填报。

第五，在反映进出口商品情况的项目中，需分项填报的主要有下列几种情况：

商品编号不同的(也即商品编码不同);

商品名称不同的;

原产国(地区)/最终目的国(地区)不同的。

第六,已向海关申报的进出口货物报关单,如原填报内容与实际进出口货物不一致而又有正当理由的,申报人应向海关递交书面更正申请,经海关核准后,对原填报的内容进行更改或撤销。

中华人民共和国海关进口货物报关单

预录入编号: 海关编号:

进口口岸	备案号	进口日期	申报日期	
经营单位	运输方式	运输工具名称	提运单号	
收货单位	贸易方式	征免性质	征税比例	
许可证号	起运国(地区)	装货港	境内目的地	
批准文号	成交方式	运费	保费	杂费
合同协议号	件数	包装种类	毛重(公斤)	净重(公斤)
集装箱号	随附单据	用途		
标记唛码及备注				
项号 原产国(地区)	商品编号 单价	商品名称、规格型号 总价	数量及单位 币制	 征免
税费征收情况				
录入员 录入单位	兹声明以上申报无讹并承担法律责任	海关审单批注及放行日期(签章) 审单 审价		
		征税 统计		
报关员 单位地址 邮编 电话	申报单位(签章) 填制日期	查验 放行		

中华人民共和国海关出口货物报关单

预录入编号：　　　　　　　　　　　　　　　　海关编号：

出口口岸	备案号	进口日期	申报日期	
经营单位	运输方式	运输工具名称	提运单号	
发货单位	贸易方式	征免性质	结汇方式	
许可证号	起运国（地区）	装货港	境内货源地	
批准文号	成交方式	运费	保费	杂费
合同协议号	件数	包装种类	毛重（公斤）	净重（公斤）
集装箱号	随附单据	用途		
标记唛码及备注				
项号　商品编号　商品名称、规格型号　数量及单位　原产国（地区）　单价　总价　币制　征免				
税费征收情况				
录入员 录入单位	兹声明以上申报无讹并承担法律责任	海关审单批注及放行日期（签章） 审单　审价		
报关员 单位地址 邮编　电话	申报单位（签章） 填制日期	征税　统计 查验　放行		

复习思考题

一、判断题

1. “出口货物报关单”的“出口退税证明联”是海关对已办理出口申报的货

物所签发的证明文件。(　)

2.“进出口货物报关单”是海关对进出口货物进行监管、征税、统计和开展稽查、调查的重要依据,是加工贸易进出口货物核销、出口货物退税和外汇管理的重要凭证,也是查处进出口货物走私、违规的重要的书面依据。(　)

3. 浙江飞达仪器进出口有限公司从日本松下公司购得分属3个合同的6种不同规格精密仪器同船一并运达。由于这些货物品种单一且数量不大,申报时可以用一份进口货物报关单准确、真实、齐全、清楚地填报。(　)

二、简答题

1.“进出口货物报关单”的含义是什么?

2. 报关单填制要做到哪两个相符?

第二十九讲　报关单表头项目的填制

学习要点

1. 了解预录入报关单、报关单证明联的含义；
2. 掌握报关单表头各项目的填制规范。

关键术语：报关单证明联　填制规范

进出口货物报关单各栏目的填制规范如下：

一、预录入编号

预录入编号是指申报单位或预录入单位对该单位填制录入的报关单的编号，用于该单位与海关之间引用其申报后尚未批准放行的报关单。

报关单录入凭单的编号规则由申报单位自行决定。预录入报关单及 EDI 报关单的预录入编号由接受申报的海关决定编号规则，计算机自动打印。

二、海关编号

海关编号是指海关接受申报时给予报关单的编号。

海关编号由各海关在接受申报环节确定，应标识在报关单的每一联上。

报关单海关编号为 9 位数码，其中前两位为分关（办事处）编号，第三位由各关自定义，后六位为顺序编号。各直属海关对进口报关单和出口报关单应分别编号，并确保在同一公历年度内，能按进口和出口唯一地标识本关区的每一份报关单。

各直属海关的理单岗位可以对归档的报关单另行编制理单归档编号。理单归档编号不得在部门以外用于报关单标识。

三、进口口岸/出口口岸

进口口岸/出口口岸是指货物实际进(出)我国关境口岸海关的名称。

本栏目应根据货物实际进(出)口的口岸海关选择填报《关区代码表》中相应的口岸海关名称及代码。

加工贸易合同项下货物必须在海关核发的“登记手册”(或分册,下同)限定或指定的口岸与货物实际进出境口岸不符的,应向合同备案主管海关办理“登记手册”的变更手续后填报。

进口转关运输货物应填报货物进境地海关名称及代码,出口转关运输货物应填报货物出境地海关名称及代码。按转关运输方式监管的跨关区深加工结转货物,出口报关单填报转出地海关名称及代码,进口报关单填报转入地海关名称及代码。

其他未实际进出境的货物,填报接受申报的海关名称及代码。

四、备案号

备案号是指进出口企业在海关办理加工贸易合同备案或征减、免、税审批备案等手续时,海关给予“进料加工登记手册”、“来料加工及中小型补偿贸易登记手册”、“外商投资企业履行产品出口合同进口料件及加工出口成品登记手册”(以下均简称“登记手册”)、“进出口货物征免税证明”(以下简称“征免税证明”)或其他有关备案审批文件的编号。

一份报关单只允许填报一个备案号。

具体填报要求如下:

(1)加工贸易合同项下货物,除少量低价值辅料按规定不使用“登记手册”的外,必须在报关单备案号栏目填报“登记手册”的十二位编码。

加工贸易成品凭“征免税证明”转为享受减免税进口货物的,进口报关单填报“征免税证明”编号,出口报关单填报“登记手册”编号。

(2)凡涉及减免税备案审批的报关单,本栏目填报“征免税证明”编号,不得为空。

(3)无备案审批文件的报关单,本栏目免予填报。

二十一、运费

本栏目用于成交价格中不包含运费的进口货物或成交价格中含有运费的出口货物,应填报该份报关单所含全部货物的国际运输费用。可按运费单价、总价或运费率三种方式之一填报,同时注明运费标记,并按海关规定的《货币代码表》选择填报相应的币种代码。

运保费合并计算的,运保费填报在本栏目。

运费标记“1”表示运费率,“2”表示每吨货物的运费单价,“3”表示运费总价。例如:

5%的运费率填报为5;

24美元的运费单价填报为502/24/2;

7 000美元的运费总价填报为502/7 000/3。

二十二、保费

本栏目用于成交价格中不包含保险费的进口货物或成交价格中含有保险费的出口货物,应填报该份报关单所含全部货物国际运输的保险费用。可按保险费总价或保险费率两种方式之一填报,同时注明保险费标记,并按海关规定的《货币代码表》选择填报相应的币种代码。

运保费合并计算的,运保费填报在运费栏目中。

保险费标记“1”表示保险费率,“3”表示保险费总价。例如:

3‰的保险费率填报为0.3;

10 000港元保险费总价填报为110/10 000/3。

二十三、杂费

杂费是指成交价格以外的、应计入完税价格或应从完税价格中扣除的费用,如手续费、佣金、回扣等,可按杂费总价或杂费率两种方式之一填报,同时注明杂费标记,并按海关规定的《货币代码表》选择填报相应的币种代码。

应计入完税价格的杂费填报为正值或正率,应从完税价格中扣除的杂费填报为负值或负率。

杂费标记“1”表示杂费率,“3”表示杂费总价。例如:

应计入完税价格的1.5%的杂费率填报为1.5;

应从完税价格中扣除的1%的回扣率填报为-1;

应计入完税价格的500英镑杂费总价填报为303/500/3。

二十四、合同协议号

本栏目应填报进(出)口货物合同(协议)的全部字头和号码。

二十五、件数

本栏目应填报有外包装的进(出)口货物的实际件数。特殊情况下填报要求如下:

(1)舱单件数为集装箱(TEU)的,填报集装箱个数。

(2)舱单件数为托盘的,填报托盘数。

本栏目不得填报为零,裸装货物填报为1。

二十六、包装种类

本栏目应根据进(出)口货物的实际外包装种类,按海关规定的《包装种类代码表》选择填报相应的包装种类代码。

二十七、毛重(公斤)

毛重是指货物及其包装材料的重量之和。

本栏目填报进(出)货物实际毛重,计量单位为公斤,不足一公斤的填报为1。

二十八、净重(公斤)

净重是指货物的毛重减去外包装材料后的重量,即商品本身的实际重量。

本栏目填报进(出)口货物的实际净重,计量单位为公斤,不足一公斤的填报为1。

二十九、集装箱号

集装箱号是指在每个集装箱箱体两侧标示的全球唯一的编号。

本栏目用于填报和打印集装箱编号及数量。集装箱数量四舍五入填报整数,非集装箱货物填报为0。

例如,

TBXU3605231×1(1)表示1个标准集装箱;

TBXU3605231 ×2(3)表示2个集装箱,折合为3个标准集装箱,其中一个箱号为TBXU3605231。

在多于一个集装箱的情况下,其余集装箱编号打印在备注栏或随附清单上。

三十、随附单据

随附单据指随进(出)口货物报关单一并向海关递交的单证或文件,合同、发票、装箱单、许可证等的必备的随附单证不在本栏目填报。

本栏目应按海关规定的《监管证件名称代码表》选择填报相应证件的代码。

三十一、用途/生产厂家

进口货物填报用途,应根据进口货物的实际用途按海关规定的《用途代码表》选择填报相应的用途代码,如"以产顶进"填报"13"。

生产厂家指出口货物的境内生产企业,本栏目供必要时手工填写。

三十二、标记唛码及备注

本栏目上部用于打印以下内容:

(1)标记唛码中除图形以外的文字、数字。

(2)受外商投资企业委托代理其进口投资设备、物品的外贸企业名称。

(3)加工贸易结转货物及凭《征免税证明》转内销货物,其对应的备案号应填报在本栏目,即"转至(自)××××××××××××手册"。

(4)其他申报时必须说明的事项。

本栏目下部供填报随附单据栏中监管证件的编号,具体填报要求为:监管证件代码+":"+监管证件号码。一份报关单多个监管证件的,连续填写。

一票货物多个集装箱的,在本栏目打印其余的集装箱号(最多160字节,其余集装箱号手工抄写)。

复习思考题

一、单选题

1. 北京某纺织加工贸易企业,将来料加工后的产品,从北京海关车站办事处(关区代码0111)结转给天津武清某纺织厂,继续深加工出口。其进口报关单上的"进口口岸"应填报为(　)。

A. 天津海关(0200)　　B. 北京海关(0100)

C. 北京海关车站办事处(0111)　　D. 武清海关(0210)

2. 北京平谷某服装加工贸易企业,在北京海关朝阳办事处(关区代码0118)申报海运转关出口日本服装一批,由天津新港(关区代码0202)装船出境。其转关运输货物报关单上的"出口口岸"应填报为(　)。

A. 平谷海关(0110)　　B. 新港海关(0202)

3. 北京市残联(海关临时经营单位编码1100931000),接受日本政府赠送的残疾人轮椅一批。由北京银盾报关行(经营单位编码1105981810)代为申报进口。其进口货物报关单上的"经营单位"应填报为(　)。

A. 北京市残联(1100931000)　　B. 北京银盾报关行(1105981810)

4. 北京机械进出口公司(申报单位编码1102914832),委托北京银盾报关行(申报单位编码1105981810)代为申报进口设备一批。其进口货物报关单上的"申报单位"应填报为(　)。

A. 北京机械进出口公司(1102914832,报关员:×××、地址:××××、邮政编码:××××××、电话号码:×××××××××)

B. 北京银盾报关行(1105981810,报关员:×××、地址:××××、邮政编码:××××××、电话号码:×××××××××)

5. 北京黄河进出口公司(海关注册编码1105951000),自行进口日本产钢材一批。其进口货物报关单上的"收货单位"应填报为(　)。

A. 北京黄河进出口公司(1105951000)

B. 北京黄河进出口公司

C. 1105951000

6. 北京土畜产进出口公司(海关注册编码1106912131),采购北京怀柔后家峪乡出产的板栗出口。其出口货物报关单上的"发货单位"应填报为(　)。

A. 1106912131(北京土畜产进出口公司)

B. 北京怀柔后家峪乡

7. 北京吉普汽车有限公司,经日本(国别代码116)转机,从美国(国别代码502)空运进口汽车零件一批。其进口货物报关单上的"起运国(地区)"应填报为(　)。

A. 日本(116)　　B. 美国(502)

8. 内蒙古某进出口贸易公司，铁路运输经俄罗斯联邦（国别代码 344），向德国（国别代码 304）出口工具一批。其出口货物报关单上的"运抵国（地区）"应填报为（　）。

A. 俄罗斯联邦（344）　　B. 德国（304）

9. 我国某渔业捕捞公司，申报进口，自备捕捞船在公海上采购的、韩国（国别代码 133）渔船捕捞的黄鱼一批。其进口货物报关单上的"原产国（地区）"应填报为（　）。

A. 中国（0142）　　B. 韩国（133）

10. 北京五矿进出口公司，向香港［国别（地区）代码 110］某公司，出口铁矿粉一批。该公司又将本批货物，直接卖给日本（国别代码 116）某公司。其出口货物报关单上的"最终目的国（地区）"应填报为（　）。

A. 香港（110）　　B. 日本（116）

11. 北京某合资企业，经海关同意，将原从日本横滨港（港口航线代码 1354），海运进口的投资设备，转为内销。其进口货物报关单上的"装货港"应填报为（　）。

A. 日本横滨港（1354）　　B. 中国境内（0142）

C. 中国（0142）

12. 北京某合资企业，经海关同意，将原从美国洛杉矶港（港口航线代码 3154），海运免税进口的投资设备，结转给另一个合资企业，作为该企业的投资设备。其出口货物报关单上的"指运港"应填报为（　）。

A. 中国（0142）　　B. 洛杉矶港（3154）

C. 中国境内（0142）

13. 位于北京市朝阳区内（国内地区代码 11059）的北京轻工进出口公司，代理位于北京市西城区（国内地区代码 11029）的北京西单商场，空运进口法国产化妆品一批。其进口货物报关单上的"境内目的地"应填报为（　）。

A. 朝阳区（11059）　　B. 西城区（11029）

C. 北京西单商场

14. 位于北京市宣武区（国内地区代码 11049）的北京机械进出口公司，代理位于北京市朝阳区（国内地区代码 11059）的燕京印刷机器厂，向印度海运出口高速五色胶印机一批。其出口货物报关单上的"境内货源地"应填报为（　）。

A. 宣武区（11049）　　B. 朝阳区（11059）

C. 北京人民机器厂

15. 北京某服装加工贸易企业，于2011年2月1日，采用H2000通关系统，向北京海关朝阳办事处申报，进口78种列名客供辅料一批，价值3 000美元，用于为日本厂商来料加工护士服。该护士服加工贸易合同的“加工贸易手册”编号为：B01170305211。其进口报关单上的“备案号”应填报为（ ）。

A. B01170305211　　　　B. 免填

第三十讲　报关单表体项目的填报

学习要点

1. 熟悉报关单表体的主要栏目；
2. 掌握报关单表体的填制规范。

关键术语：项号　数量及单位

三十三、项号

本栏目分两行填报及打印。

第一行打印报关单中的商品排列序号。

第二行专用于加工贸易等已备案的货物，填报和打印该项货物在“登记手册”中的项号。

加工贸易合同项下进出口货物，必须填报与“登记手册”一致的商品项号，所填报项号用于核销对应项号下的料件或成品数量。特殊情况下填报要求如下：

(1)深加工结转货物，分别按照“登记手册”中的进口料件项号和出口成品项号填报。

(2)料件结转货物，出口报关单按照转出“登记手册”中进口料件的项号填报；进口报关单按照转进“登记手册”中进口料件的项号填报。

(3)料件复出货物，出口报关单按照“登记手册”中进口料件的项号填报。

(4)成品退运货物，退运进境报关单和复运出境报关单按照“登记手册”原出口成品的项号填报。

(5)加工贸易料件转内销货物（及按料件补办进口手续的转内销成品）应填制进口报关单，本栏目填报“登记手册”进口料件的项号。

(6)加工贸易成品凭“征免税证明”转为享受减免税进口货物的，应先办理进口报关手续。进口报关单本栏目填报“征免税证明”中的项号，出口报关单本栏目填报“登记手册”原出口成品项号,进、出口报关单货物数量应一致。

三十四、商品编号

商品编号是指按海关规定的商品分类编码规则确定的进(出)口货物的编号。

加工贸易“登记手册”中商品编号与实际商品编号不符的,应按实际商品编号填报。

三十五、商品名称、规格型号

本栏目分两行填报及打印。

第一行打印进(出)口货物规范的中文商品名称,第二行打印规格型号,必要时可加注原文。

具体填报要求如下:

(1)商品名称及规格型号应据实填报,并与所提供的商业发票相符。

(2)商品名称应当规范,规格型号应当足够详细,以能满足海关归类、审价以及监管的要求为准。禁止、限制进出口等实施特殊管制的商品,其名称必须与交验的批准证件上的商品名称相符。

(3)加工贸易等已备案的货物,本栏目填报录入的内容必须与备案登记中同项号下货物的名称与规格型号一致。

三十六、数量及单位

指进(出)口商品的实际数量及计量单位。

本栏目分三行填报及打印。

具体填报要求如下:

(1)进出口货物必须按海关法定计量单位填报。法定第一计量单位及数量,打印在本栏目第一行。

(2)凡海关列明第二计量单位的,必须报明该商品第二计量单位及数量,打印在本栏目第二行。无第二计量单位的,本栏目第二行为空。

(3)成交计量单位与海关法定计量单位不一致时,还需填报成交计量单位及数量,打印在商品名称、规格型号栏下方(第三行)。成交计量单位与海关法定计量单位一致时,本栏目第三行为空。

加工贸易等已备案的货物,成交计量单位必须与备案登记中同项号下货物的计量单位一致,不相同时必须修改备案或转换一致后填报。

三十七、原产国(地区)/最终目的国(地区)

原产国(地区)是指进出口货物的生产、开采或加工制造国家(地区)。

最终目的国(地区)是指已知的出口货物的最终实际消费、使用或进一步加工制造国家(地区)。

本栏目应按海关规定的《国别(地区)代码表》选择填报相应的国家(地区)名称或代码。

加工贸易报关单特殊情况下填报要求如下:

(1)料件结转货物,出口报关单填报"中国"(代码"142"),进口报关单填报原料件生产国。

(2)深加工结转货物,进出口报关单均填报"中国"(代码"142")。

(3)料件复运出境货物,填报实际最终目的国;加工出口成品因故退运境内的,填报"中国"(代码"142"),复运出境时填报实际最终目的国。

三十八、单价

本栏目应填报同一项号下进(出)口货物实际成交的商品单位价格。

无实际成交价格的,本栏目填报货值。

三十九、总价

本栏目应填报同一项号下进(出)口货物实际成交的商品总价。

无实际成交价格的,本栏目填报货值。

四十、币制

币制是指进(出)口货物实际成交价格的币种。

本栏目应根据实际成交情况按海关规定的《货币代码表》选择填报相应的货币名称或代码,如《货币代码表》中无实际成交币种,需转换后填报。

四十一、征免

征免是指海关对进(出)口货物进行征税、减税、免税或特案处理的实际操作方式。

本栏目应按照海关核发的"征免税证明"或有关政策规定,对报关单所列每项商品选择填报海关规定的《征减免税方式代码表》中相应的征减免税方式。

加工贸易报关单应根据"登记手册"中备案的征免规定填报。

四十二、税费征收情况

本栏目供海关批注进(出)口货物税费征收及减免情况。

四十三、录入员

本栏目用于预录入和 EDI 报关单,打印录入人员的姓名。

四十四、录入单位

本栏目用于预录入和 EDI 报关单,打印录入单位名称。

四十五、申报单位

本栏目指报关单左下方用于填报申报单位有关情况的总栏目。

申报单位是指对申报内容的真实性直接向海关负责的企业或单位。自理报关的,应填报进(出)口货物的经营单位名称及代码;委托代理报关的,应填报经海关批准的专业或代理报关企业名称及代码。

本栏目还包括报关单位地址、邮编和电话等分项目,由申报单位的报关员填报。

四十六、填制日期

本栏目指报关单的填制日期。预录入和 EDI 报关单由计算机自动打印。

本栏目为 6 位数,顺序为年、月、日各 2 位。

四十七、海关审单批注栏

本栏目指供海关内部作业时签注的总栏目,由海关关员手工填写在预录入报关单上。

其中"放行"栏填写海关对接受申报的进出口货物作出放行决定的日期。

复习思考题

一、根据题目所给信息和相关单据,完成报关单填制。

青岛××电子显示器有限公司(370223××××)购买进口显示器元器件

一批,货物从日本大阪起运,经韩国换装运输工具至青岛。该批货物中的电视机用印刷电路板组件(ASSY BLUP;Bordeaux;法定计重单位:千克)和非片式固定电阻[R－METAI OXIDE(S);1Ko;法定计重单位:千克/千个]分别列 E××××××××××××号电子账册物料清单第 10 项和第 12 项。

货物于 2008 年 8 月 28 日运抵青岛大港,次日委托青岛报关有限公司(370298××××)向海关申报进口。整批货物的运费为 USD300,保险费率为 0.3%。

Shhipper　Insert Name, Address and Phone XXXX　ELECTRONICS CO. LTD XXXXXXXXXXXXXX	B/L NO JCSCINC07059044
Consignee　Insert Name, Address and Phone QINGDAO　XXXX ELECTRONICS DISPLAY CO, LTD XXXXXXXXXXXXXX	QINGDAO-INCHON INTERNATIONAL CARGO SHIPPINGCO
Notify Party　Insert Name, Address and Phone SAME AS CONSIGNEE	BILL OF LADING
Place of Receipt	Pre-carriage by
Ocean Vessel/Voy. No. QINGDAO　DAYU028	Port of Loading INCHON, KOREA
Port of Discharge QINGDAO, CHINA	For Transshipment to (if on-carriage)

Particulars furnished by the Merchant

Marks&Nos	No. of p' kgs or units	Kind of Packages/Description of Goods)	G/Weight(kg)	measurement(m3)
TSED QINGDAO C/T 1-UP MADE　IN JAPAN TTLU4011025/20' (PART)CY/CY	35 CTNS	"SHIPPING' S LOAD & COUNT SAD TO CONTAIN: ELECTRC PARTS FOR MONITOR INVOICE No:9000223238 "FOREIGHT COLLECT"	286.62kg	3.609m3

TOTAL NUMBER OF CONTAINERS OR PACKAGES(IN WOR) SAY:PART OF ONE TWENTY-FOOT CONTAINER

ONLYFREIGHT & CHARGES	Weight/Measurement	Rat	pate	Prepaid	collect
LadenonBoardtheVessel CarrrierDate AUG. 26, 2008	No. of Original B(s)/L 3(THREE)	Place of B/l Issue SEOUL, KOREA AUG. 26, 2008		Sigmes for the QINGDAO-INXHON INTERNATIONAL	

COMMERCLAL INVOICE

InvoiceDate:2008. 08. 20

Invoice No. 90000223238

Selle:XXXX ELECRRTONICS CO. LTD

XXXX, Korea

Consigmee:QINGDAO XXXXELECTRONICS DISPLAY CO. LTD

XXXX, Qingdao, China

Buyer(if other then consignee);

Vessel/flight	From	VIA	TO
	FOB Osaka ocean Port	Inchon	Qingdao

P/O No	Material No	Description; Specification	Quantity (PCS)	Unit	U/price (USD)	Amout (USD)
4500197830	1BN63 - 003197A	shield - PCB main; TULI (85299081. 90)	1900	PC	0. 036	68. 4
46	BN59 - 00533A	Remocom; Copernicus, T (85437099. 90)	180	PC	2. 1648	389. 68
4	-2201 - 000446	C - CERAMIC, DISC; 3. 3NF (85322300. 00)	2000	PC	0. 0483	96. 6
4500199678	12003 - 000541	R - METAL OXIDE(S); 1Ko (85332190. 00)	16500	PC	0. 0148	234. 2
3	BN96 - 04802A	ASSY BLU P; Bordeaux (85299081. 90)	4800	PC	2. 1495	10317. 6
500203882 1	BN96 - 05727	ASSY BRACKET P - WALL (85299081. 90)	80	PC	5. 6428	451. 424
Total			25460			11557. 904

请根据以上资料,选择以下栏目正确选项:

1.“提运单号”栏(　)。

A. 9000223238　　B. JCSCINC07059044

C. DAYU/028　　D. TTLU4011025

2.“贸易方式”栏(　)。

A. 0110　　B. 0214　　C. 0615　　D. 0654

3.“征免性质”栏(　)。

A. 101　　B. 299　　C. 502　　D. 503

4.“起运国”栏(　)。

A. 116　　B. 110　　C. 133　　D. 303

5.“装货港”栏(　)。

A. 首尔　　B. 大阪　　C. 釜山　　D. 仁川

6.“成交方式”栏(　)。

A. 1　　B. 2　　C. 3　　D. 5

7.“运费”栏(　)。

A. 此栏为空　　B. 502/300/3

C. 502/181.29/3　　D. 502/183.25/3

8.“保费”栏(　)。

A. 000/0.3/1　　B. 0.3/1　　C. 0.3　　D. 此栏为空

9.“合同协议号”栏(　)。

A. 4500197830　　B. 4500199678

C. 4500203882　　D. 9000223238

10.“件数”栏(　)。

A. 35　　B. 11　　C. 10　　D. 1

11.“包装箱种类”栏(　)。

A. 木箱　　B. 纸箱　　C. 其他　　D. 箱

12.“毛重”栏(　)。

A. 286.62　　B. 277.23　　C. 173.20　　D. 169.80

13.“净重”栏(　)。

A. 286.62　　B. 277.23　　C. 173.20　　D. 169.80

14.“集装箱号”栏(　)。

A. 0　　B. TTLU4011025/20/××××

C. TTLU4011025　　D. TTLU4011025＊1(1)

15.“用途”栏(　)。

A. 企业自用　　B. 加工返销

C. 外贸自营内销　　D. 免费提供

16. 设“电视机用印刷电路板组件”填报为报关单第一项商品,“非片式固定电阻”的“项号”栏应填报(　)。

A. 02　12　　B. 12　　C. 01　12　　D. 04　12

17.“非片式固定电阻”的“数量及单位”栏应填报(　)。

A. 29.8 千克　16.5 千个　16 500 个

B. 31.2 千克　16.5 千个　16 500 个

C. 1.8060 千克/千个(第一行)　16 500 个(第三行)

D. 1.8909 千克/千个(第一行)　16 500 个(第三行)

18.“非片式固定电阻”的“单价”栏应填报(　)。

A. 0.0148　B. USD0.0148　C. 14.8　D. 234.2

19.“原产国(地区)”栏(　)。

A. 116　B. 110　C. 133　D. 502

20.“征免”栏(　)。

A. 照章征免　B. 全免　C. 保函　D. 保证金

二、根据以下资料填制报关单:

资料1:ABC广州有限公司位于广州经济技术开发区,海关注册编号为440124××××,所申报商品位列B52084400153号登记手册备案料件第13项,法定计量单位为公斤,货物于2011年7月16日运抵口岸,当日向黄埔海关新港办(关区代码为5202)办理进口申报手续。

保险费率为0.27%。入境货物通关单编号为442100104064457

资料2:

ABC(GUANGZHOU)CO,LTD

NO. XX　FENGHUA ROAD,GUANGZHOU,CHINA

COMMERCIAL　INVOICE

CONSIGNEE:

ABC(GUANGZHOU)CO,LTD

NO. XX　FENGHUA ROAD,GUANGZHOU,CHINA

INVOICE NO.:BL11060643

CONTRACT NO.:ABC-1001

SHIPPER:

ABC(HONGKONG)LTD.

ROOM X X X, SHATINGALLERIA
MEISTREET, FOTAN, N. T, HONGKONG
DATE:11/0704
REFERENCE NO. :HB184004

SHIPMENT FROMKUNSAN, KOREA TO HUANGPU CHINA　VIA HONGKONG

SHIPPING MARKS	DESCRIPTION	QTY	UNIT PRICE	AMOUNT
N/M	"HI - QBRAND" ART PAPER 039 - 44	16314KG 16ROLLS	0. 8040	CFR HUANGPU US $ 13116. 45
TOTAL:		16314KG 16ROLLS		US $ 13116. 45

资料 3:

ABC(GUANGZHOU)CO, LTD
NO. XX　FENGHUA ROAD, GUANGZHOU, CHINA

PACKING LIST

DATE:11/0704

TO:HUANGPU, CHINA
SHIPMENT FROMKUNSAN, KOREA TO HUANGPU CHINA　VIA HONGKONG
VESSEL AND VOAGE　　NO. :穗德航 30/4Y0708
B/L NO. :SG40746

DESCRIPTION	QTY	WEIGHT	NETWEIGHT	MEASUREMENT
" HI - QBRAND " ART PAPER 039 - 44 H. S:48101300. 10	16314KG 16ROLLS	16362	16314	
		16362	16314	

1 ×20' CONTAINER
TEXU2263978 TAREWGT2280KG

中华人民共和国海关进口货物报关单

预录入编号：　　　　　　　　　　　　　　　　　　　　海关编号：

<table>
<tr><td>进口口岸</td><td>备案号</td><td>进口日期</td><td>申报日期</td></tr>
<tr><td>经营单位</td><td>运输方式</td><td>运输工具名称</td><td>提运单号</td></tr>
<tr><td>收货单位</td><td>贸易方式</td><td>征免性质</td><td>征税比例</td></tr>
<tr><td>许可证号</td><td>起运国(地区)</td><td>装货港</td><td>境内目的地</td></tr>
<tr><td>批准文号</td><td>成交方式</td><td>运费</td><td>保费</td><td>杂费</td></tr>
<tr><td>合同协议号</td><td>件数</td><td>包装种类</td><td>毛重(公斤)</td><td>净重(公斤)</td></tr>
<tr><td>集装箱号</td><td colspan="2">随附单据</td><td>用途</td></tr>
<tr><td colspan="5">标记唛码及备注</td></tr>
<tr><td colspan="5">项号　商品编号　商品名称、规格型号　数量及单位　原产国(地区)　单价
总价　币制　征免</td></tr>
<tr><td colspan="5"></td></tr>
<tr><td colspan="5"></td></tr>
<tr><td colspan="5"></td></tr>
<tr><td colspan="5"></td></tr>
<tr><td colspan="5"></td></tr>
<tr><td colspan="5">税费征收情况</td></tr>
<tr><td>录入员
录入单位</td><td>兹声明以上申报无讹并承担法律责任</td><td colspan="3">海关审单批注及放行日期(签章)
审单　审价</td></tr>
<tr><td colspan="2" rowspan="2">报关员
单位地址　申报单位(签章)
邮编　电话　填制日期</td><td colspan="3">征税　统计</td></tr>
<tr><td colspan="3">查验　放行</td></tr>
</table>

复习思考题参考答案

第一讲

一、单选题

1. D　2. D　3. D

二、判断题

1. 对　2. 错　3. 错　4. 对

三、多选题

1. ABCD　2. ABCD　3. ABCD　4. ABC　5. AB

第二讲

一、单选题

1. D　2. D　3. B　4. D　5. D　6. C

二、多选题

1. ABC　2. BCD　3. BCD　4. BD　5. ABCD　6ABD

三、判断题

1. 错　2. 错　3. 错　4. 错

第三讲

一、单选题

1. C　2. B　3. C　4. B　5. B　6. C　7. A
8. C　9. A　10. D　11. D　12. A　13. D

二、多选题

1. ABCD　2. ABD　3. ABCD　4. BC　5. ABCD
6. AB　7. AB　8. AC　9. ABCD　10. ABD

三、判断题

1. 错　2. 错　3. 对　4. 对　5. 错　6. 错　7. 对　8. 对　9. 对　10. 错　11. 错　12. 错　13. 对　14. 错　15. 错　16. 错　17. 对　18. 错　19. 错　20. 错

第四讲

一、判断题

错

二、简答题(答案从略)

第五讲

一、多选题

1. ABCD　2. ABCD　3. ABD　4. ABC　5. AB

二、判断

1. 错　2. 对

第六讲

一、单选题

B

二、多选题

ABCD

三、判断题

1. 错误　2. 正确

第七讲

一、单选题

A

二、多选题

1. ABCD　2. AC

三、判断题

1. 正确　2　错误　3. 正确

第八讲

一、单选题

D

二、多选题

ABCD

三、判断题

1. 错　2. 错

第九讲

一、单选题

1. A

二、多选题

1. A,B,D　2. A,B,C,D,E　3. A,B,C

三、判断题

1. 对　2. 错　3. 错　4. 对

第十讲

一、单选题

1. A　2. B　3. B　4. B　5. A　6. A　7. C　8. D　9. B　10. C

一、多选题

1. A,B,D　2. A,B,C,D　3. A,B,C　4. A,B,C　5. A,C　6. A,C,D　7. A,B,D　8. B,C,D,　9. A,B,C　10. A,B,C,D

三、判断题：

1. 对　2. 错　3. 错　4. 对　5. 错　6. 对　7. 对　8. 错　9. 对　10. 错

第十一讲

一、单选题

1. C　2. D　3. B　4. B　5. A　6. A　7. A　8. A

二、多选题

1. ACD　2. ABCD　3. ABC　4. BD　5. ABD　6. ABD　7. ABD　8. ABD

三、判断题

1. 对　2. 错　3. 对　4. 对　5. 对　6. 对　7. 对

第十二讲

一、单选题

1. B　2. D　3. D　4. C　5. D　6. D　7. C　8. A

二、多选题

1. ABCD 2. BD 3. ACD 4. ABCD 5. BCD 6. ABCD 7. ABCD 8. AB 9. AC 10. ACD 11. ABCD 12. ABD 13. ABC 14. AC 15. ABC 16. BCD

三、判断题

1. 对 2. 错 3. 对 4. 错 5. 错 6. 对 7. 对

第十三讲

一、单选题

1. B 2. A 3. B 4. D 5. B 6. A

二、多选题

1. ABC 2. ACD 3. ABC 4. ABCD 5. ABCD 6. ACD

三、判断题

1. 对 2. 错 3. 对 4. 对 5. 对 6. 错 7. 对

第十四讲

一、单选题

1. A

二、多选题

1. AD 2. AB

三、判断题

1. 错 2. 错 3. 对 4. 对

第十五讲

一、单选题

1. A 2. B 3. A 4. A 5. C

二、多选题

1. ABCD 2. BC 3. ABC 4. ABD 5. ABD

三、判断题

1. 对 2. 对 3. 错 4. 对 6. 错 5. 对

第十六讲

一、单选题

1. A 2. A 3. B

二、多选题

1. ABD 2. ABCD 3. ABC

三、判断题

1. 错误

第十七讲

一、单选题

1. C 2. C 3. A 4. B 5. C

二、多选题

1. BCD 2. ACD 3. BCD 4. ABD 5. ABCD

三、判断题

1. 错 2. 对 3. 对 4. 对 5. 对 6. 对 7. 对

第十八讲

一、单选题

1. A 2. A 3. B 4. C

二、简答题(答案从略)

第十九讲

一、查询下列商品的编码

1. 供男式风衣用的可拆卸衬里(100%涤纶机织物为原料)(6217.9000)
2. 支票本(4907.0000)
3. 原棉(5201.0000)
4. 不锈钢制餐桌用器具(7323.9300)
5. 自行车充气用手动打气筒(8414.2000)
6. 聚对苯二甲酸乙二酯切片(高黏度)(3907.6011)
7. 纯棉钩编马甲(6110.2000)
8. 涤纶机织布制女上衣(6204.3300)
9. 锌钡白(立德粉)(3206.4210)
10. 松香水(2710.1130)

第二十讲

商品编码查询题

1. 低压聚乙烯(单位体积的重量比为 0.95)(3901.2000)
2. 胰岛素(非制剂)(2937.1200)
3. 活性炭(非零售包装;不具药物作用)(3802.1000)
4. 沐浴液(3307.3000)
5. 纸制灯罩(9405.9900)
6. 面布纸(4818.2000)
7. 用于作染料的胡萝卜素(3203.0019)
8. 机动车上的坐椅安全带(8708.2100)
9. 用石英、玻璃或塑料制成具有导光和高折射的光导纤维(9001.1000)
10. 回收的旧报纸(4707.3000)

第二十一讲

商品编码查询题

1. 8443.3110
2. 8517.1210
3. 3812.2000
4. 9001.3000
5. 9102.2100
6. 9018.1210
7. 9018.1210
8. 9018.5000
9. 9022.1400
10. 9018.9090

第二十二讲

一、单选题

1. A　2. A

二、多选题

1. ACD　2. AD　3. ABC　4. ABD　5. ABC

三、判断题

1. 错 2. 对 3. 错 4. 对 5. 错 6. 错 7. 对 8. 错

第二十三讲

一、单选题

1. D 2. B 3. C

二、多选题

1. ACD 2. AC 3. ABC 4. ABCD 5. ABCD

三、判断题

1. 错 2. 错 3. 错 4. 对

第二十四讲

一、单选题

1. C 2. B 3. A 4. B 5. C

二、多选题

1. CD 2. ABC 3. ABC 4. ABCD 5. AB 6. BC 7. ABC 8. CD

三、判断题

1. 错

第二十五讲

一、单选题

1. A 2. B 3. A 4. C 5. D 6. C 7. B 8. C 9. D 10. B

二、计算题

1. 解:(1)把 FOB 价转化为 CIF 价,即

CIF =(FOB 价格+运费)/(1-保险费率)

=(325 000+10×5 000)/(1-3‰)

=376 128.39(美元)

(2)计算进口关税额,并折合成人民币,

应纳进口关税额=完税额×进口关税率

=376 128.39×6.8×7%

=179 037.11(元)

答:此批货物应缴纳进口关税额 179 037.11 元。

2. 解:(1)首先计算关税税额,然后计算消费税税额,最后在计算增值税税额。

(2)计算进口关税、消费税、增值税

应交进口关税税额 = 完税价格 × 关税税率

= 100 000 × 25%

= 25 000(元)

消费税额 = 组成计税价格 × 消费税率

= (完税价 + 关税税额)/(1 - 消费税税率) × 消费税税率

= (100 000 + 25 000)/(1 - 10%) × 10%

= 13 888. 89(元)

增值税额 = 组成价格 × 增值税率

= (完税价格 + 关税税额 + 消费税额) × 增值税额

= (100 000 + 25 000 + 13 888. 89) × 17%

= 23 611. 11(元)

答:这批货物的进口关税是 25 000 元,消费税是 13 888. 89 元,增值税是 23 611. 11 元。

3. 解:完税价格 = (FOB 价 + 运费/1 - 保险费率 × 110%) × 7

= (10 000 + 100/1 - 3‰ × 110%) × 7

= 70 934. 08(元)

关税税额 = 完税价格 × 关税税率

= 70 934. 08 × 10%

= 7 093. 41(元)

消费税税额 = 组成计税价格 × 消费税率

= (完税价 + 关税税额)/(1 - 消费税税率) × 消费税税率

= (70 934. 08 + 7 093. 41)/(1 - 10%) × 10%

= 8 669. 72(元)

增值税税额 = 组成价格 × 增值税税率

= (完税价格 + 关税税额 + 消费税额) × 增值税额

= (70 934. 08 + 7 093. 41 + 8 669. 72) × 17%

= 14 738. 53(元)

答:该批货物的完税价格是 70 934. 41 元,关税税额是 7 093. 41 元,消费税税额是 8 669. 72 元,增值税税额是 14 738. 53 元。

4. 解:依题意:

该批货物的出口关税 = [FOB/(1+10%)]×10%

= (10 000/1.1)×0.1

= 909.09(美元)

换算成人民币 = 909.09×6.8

= 6 181.82(元)

答:出口关税为 6 181.82 元

5. 解:(1)计算滞纳天数,滞纳天数应该为 20 天

(2)计算滞纳金

滞纳金金额 = 滞纳关税税额×0.5‰×滞纳天数

= (80 000+100 000+70 000)×0.5‰×20

= 2 500(元)

答:海关应征的滞纳金是 2 500 元

6. 解:(1)确定滞报天数,从 2009 年 10 月 8 日(周二)到 2009 年 10 月 31 日(周四)滞报天数为 9 天。

(2)计算滞报金额并折合成人民币:

滞报金金额 = 滞报关税税额×0.5‰×滞报天数×8.27

= 150 000×0.5‰×9×8.27

= 5 582.25(元)

答:应征收滞报金 5 528.25 元。

第二十六讲

一、单选题

1. C 2. D 3. B 4. D

第二十七讲

一、简答题(答案从略)

第二十八讲

一、判断题

1. 错 2. 对 3. 错

二、简答题(答案从略)

第二十九讲

一、单选题

1. D 2. B 3. A 4. B 5. A 6. A 7. B 8. B 9. B 10. B 11. B 12. C 13. B 14. B 15. B

第三十讲

一、填制报关单单选题

1. B 2. C 3. D 4. C 5. D 6. C 7. C 8. C 9. B 10. B 11. B 12. C 13. D 14. B 15. B 16. A 17. A 18. A 19. A 20. B

二、填制报关单答案解析

1. 进口口岸

答案：浦新港办 5202[提示：从资料 1 中的“当日向黄埔海关新港办（关区代码 5202）”得出。]

2. 备案号

答案：B52084400153（提示：由资料 1 中“所列商品位列 B52084400153 号登记手册第 13 项”可以得出。）

3. 进口日期

答案：2011/7/16（提示：由资料 1 中“货物于 2004 年 7 月 16 日运抵口岸”得出。）

4. 申报日期

答案：2004/7/16（提示：由资料 1 中“当日向海关申报”得出。）

5. 经营单位

答案：ABC（广州）有限公司 440124 × × ×（提示：由资料 1、2 中的 CONSIGNEE 得出。）

6. 运输方式

答案：江海运输（提示：从资料 3 中的“vessel”可以得出。）

7. 运输工具的名称

答案：穗德航 30/4Y0708E（提示：从资料 3 中“VESSEL AND VOYAGE NO”可以得出。）

8. 提运单号

答案：SG40746（提示：从资料 3 中“B/L NO”可以得出。）

9. 收货单位

答案:440124 小×××(提示:由资料 2 中的 CONSIGNEE 可以得出。)

10. 贸易方式

答案:来料加工(提示:由备案号 B520884400153 前的第一个字母 B 得出。)

11. 征免性质

答案:来料加工(提示:由报关单填制规范和贸易方式、征免性质、用途以及征免逻辑关系对照表 3-3 可以得出。)

12. 征税比例

答案:空(提示:征税比例免填。)

13. 许可证号

答案:空(提示:资料中未给出进出口许可证编号,所以为空。)

14. 起运国

答案:中国香港[提示:由资料 2、3 中的"VIA"可以判断出在香港发生了中转,而且通过资料 2 中的"shipper"可以判断出开发票的是香港客商,所以在香港还发生了商业性交易,因此启运国(地区)变为中国香港。]

15. 装运港

答案:香港(提示:从资料 2 中的 via HONGKONG 说明货物在香港发生中转,则香港为装运港可以得出。)

16. 境内目的地

答案:广州经济技术开发区[提示:从资料 1 中的"ABC(广州)有限公司位于广州经济技术开发区"可以得出。]

17. 批准文号

答案:空(提示:资料中未给出,所以为空。)

18. 成交方式

答案:CFR(提示:根据资料 2 中的单价栏下所对应得内容可以得出。)

19. 运费

答案:空(提示:使用 CFR 术语,买方不负责运费,所以本栏目为空。)

20. 保费

答案:0.27(提示:由资料 1 中的"保险费率为 0.27%"得出。)

21. 杂费

答案:空(提示:本案例没有给出。)

22. 合同协议号

答案:ABC－001(提示:由资料 2 中的 CONTRACT NO. 可以得出。)

23. 件数

答案

1.6(提示:由资料 2、3 中的"QUANTITY"中显示的内容可以得出。)

24. 包装种类

答案:卷(提示:由资料 2、3 中的"16ROLLS"可以得出。)

25. 毛重

答案

1.6362[提示:从资料 3 中的"GW"(GROSS WEIGHT)可以得出。]

26. 净重

答案

1.6314(提示:从资料 3 中的"NET WEIGHT"得出。)

27. 集装箱号

答案:TEXU2263978/20/2280(提示:由资料 3 中的 CONTAINER NO 可以得出。)

28. 随附单据

答案:A442100104064457(提示:由资料 1 中得出。)

29. 用途

答案:价格返销(提示:由贸易方式、征免性质、用途以及征免逻辑关系对照表 3－3 可以得出。)

30. 标记唛码及备注

答案:N/M(提示:由资料中的"MARKS"栏下所提示的内容可以得出。)

31. 项号

答案:01

13(提示:一般贸易,而且资料中没有特殊的提示,所以项号为 01。)

32. 商品编码

答案:48101300.10(提示:由资料 1 可以得出。)

33. 商品名称、规格型号

答案:韩松铜版纸

"HI－QBRAND"ART PAPER 039－44

(提示:由资料 2 中的"DESCRIPTION"项下的内容可以得出。)

34. 数量及单位

答案 16314 公斤(提示:由资料 2 中的“QUANTITY”项下的内容可以得出。)

35. 原产国

答案:韩国(提示:由资料 2 中的“FROM TO”可以得出。)

36. 单价

答案:0.8040(提示:由资料 2 中可以得出“UNIT PRICE”所显示的内容可以得出。)

37. 总价

答案 13116.45(提示:由资料 2 中的“AMOUNT”栏所对应的内容可以得出。)

38. 币制

答案:美元(提示:从资料 1 中单价总价栏可以得出。)

39. 征免

答案:全免(提示:由贸易方式、征免性质、用途以及征免逻辑关系对照表 3-3 可以得出。)

参考文献

1. 海关总署报关员资格考试教材编写委员会编:《报关员资格全国统一考试教材》,中国海关出版社 2011 年版。

2. 黄中鼎等编著:《报关与报检实务》,上海财经大学出版社 2008 年版。

3. 余根深主编:《报关原理与实务》,同济大学出版社 2006 年版。

4. 海关总署报关员资格考试教材编写委员会编:《进出口商品名称与编码》,中国海关出版社 2011 年版。

5. 孔德民编著:《报检实务》,中国海关出版社 2010 年版。

书目介绍

乐 贸 系 列

书名	作者	定价	书号	出版时间
外贸操作实务子系列				
1. 出口营销实战(第三版)	黄泰山	45.00 元	978-7-80165-932-3	2013 年 1 月第 3 版
2. 外贸实务疑难解惑 220 例	张浩清	38.00 元	978-7-80165-853-1	2012 年 1 月第 1 版
3. 外贸高手客户成交技巧	毅 冰	35.00 元	978-7-80165-841-8	2012 年 1 月第 1 版
4. 外贸纠纷处理实务——案例与技巧	熊志坚	35.00 元	978-7-80165-789-3	2011 年 1 月第 1 版
5. 报检七日通	徐荣才 朱瑾瑜	22.00 元	978-7-80165-715-2	2010 年 8 月第 1 版
6. 实用外贸技巧助你轻松拿订单	王陶(波锅涅)	25.00 元	978-7-80165-724-4	2010 年 4 月第 1 版
7. 外贸业务经理人手册(第 2 版)	陈文培	39.00 元	978-7-80165-671-1	2010 年 1 月第 1 版
8. 外贸会计实务精要	疏 影	28.00 元	978-7-80165-633-9	2009 年 5 月第 1 版
9. 外贸实用工具手册	本书编委会	32.00 元	978-7-80165-558-5	2009 年 1 月第 1 版
10. 外贸实务经验分享 33 例	沱沱网中文站	28.00 元	978-7-80165-560-8	2009 年 1 月第 1 版
11. 外贸实务案例精华 80 篇	刘德标 吴珊红	29.80 元	978-7-80165-561-5	2009 年 1 月第 1 版
12. 快乐外贸七讲	朱芷萱	22.00 元	978-7-80165-373-4	2009 年 1 月第 1 版
13. 危机生存——十位经理人谈金融危机下的经营之道	本书编委会	22.00 元	978-7-80165-586-8	2009 年 1 月第 1 版
14. 外贸七日通(最新修订版)	黄海涛(深海鱿鱼)	22.00 元	978-7-80165-397-0	2008 年 8 月第 3 版
15. 金牌外贸业务员找客户——17 种方法·案例·评析	陈念祥 张思羽	35.00 元	978-7-80165-543-1	2008 年 8 月第 2 版
16. 出口营销策略(《出口营销实战》升级版)	黄泰山 冯斌	35.00 元	978-7-80165-459-5	2008 年 5 月第 1 版
17. 进口实务操作指南——步骤·实例·经验技巧	中国进口网	55.00 元	978-7-80165-493-9	2008 年 5 月第 1 版
出口风险管理子系列				
1. 轻松应对出口法律风险	韩宝庆	39.80 元	978-7-80165-822-7	2011 年 9 月第 1 版
2. 出口风险管理实务(第二版)	冯 斌	48.00 元	978-7-80165-725-1	2010 年 4 月第 2 版
3. 50 种出口风险防范	王新华 陈丹凤	35.00 元	978-7-80165-647-6	2009 年 8 月第 1 版

外贸单证操作子系列

书名	作者	定价	书号	出版时间
1. 跟单信用证一本通	何源	35.00 元	978-7-80165-849-4	2012 年 1 月第 1 版
2. 信用证审单有问有答 280 例	李一平　徐珺	37.00 元	978-7-80165-761-9	2010 年 8 月第 1 版
3. 外贸单证经理的成长日记	曹顺祥	38.00 元	978-7-80165-716-9	2010 年 3 月第 1 版
4. 外贸单证解惑 280 例	龚玉和　齐朝阳	38.00 元	978-7-80165-638-4	2009 年 7 月第 1 版
5. 信用证 6 小时教程	黄海涛（深海鱿鱼）	25.00 元	978-7-80165-624-7	2009 年 4 月第 2 版
6. 跟单高手教你做跟单	汪　德	32.00 元	978-7-80165-623-0	2009 年 4 月第 1 版
7. 外贸单证处理技巧（第 3 版）	屈　韬	42.00 元	978-7-80165-516-5	2008 年 5 月第 1 版
8. 进出口单证实务案例评析	袁永友　柏望生	33.00 元	978-7-80165-371-8	2006 年 8 月第 1 版

福步外贸高手子系列

书名	作者	定价	书号	出版时间
1. 巧用外贸邮件拿订单	刘　裕	45.00 元	978-7-80165-966-8	2013 年 8 月第 1 版
2. 小小开发信　订单滚滚来——外贸开发信写作技巧及实用案例分析	薄如骢	26.00 元	978-7-80165-551-6	2008 年 8 月第 1 版
3. 外贸技巧与邮件实战	刘　云	28.00 元	978-7-80165-536-3	2008 年 7 月第 1 版

国际物流操作子系列

书名	作者	定价	书号	出版时间
1. 货代高手教你做货代——优秀货代笔记（第二版）	何银星	33.00 元	978-7-80165	2014 年 1 月第 2 版
2. 国际物流操作风险防范——技巧·案例分析	孙家庆	32.00 元	978-7-80165-577-6	2009 年 4 月第 1 版
3. 集装箱运输与海关监管	赵　宏	23.00 元	978-7-80165-559-2	2009 年 1 月第 1 版

通关实务子系列

书名	作者	定价	书号	出版时间
1. 外贸企业轻松应对海关估价	熊　斌　赖　芸　王卫宁	35.00 元	978-7-80165-895-1	2012 年 9 月第 1 版
2. 报关实务一本通（第 2 版）	苏州工业园区海关	35.00 元	978-7-80165-889-0	2012 年 8 月第 2 版
3. 如何通过原产地证尽享关税优惠	南京出入境检验检疫局	50.00 元	978-7-80165-614-8	2009 年 4 月第 3 版
4. 海关进出口商品归类基础与训练	温朝柱	36.00 元	978-7-80165-496-0	2009 年 1 月第 1 版
5. 最新报关单填制实用辅导	盛新阳　彭飞	38.00 元	978-7-80165-497-7	2008 年 10 月第 1 版
6. 最新商品归类技巧	赵　宏	38.00 元	978-7-80165-520-2	2008 年 9 月第 1 版

彻底搞懂子系列

书名	作者	定价	书号	出版时间
1. 彻底搞懂信用证（第二版）	王腾　曹红波	35.00 元	978-7-80165-840-1	2011 年 11 月第 2 版
2. 彻底搞懂中国自由贸易区优惠	刘德标　祖月	34.00 元	978-7-80165-762-6	2010 年 8 月第 1 版
3. 彻底搞懂贸易术语	陈　岩	33.00 元	978-7-80165-719-0	2010 年 2 月第 1 版
4. 彻底搞懂海运航线	唐丽敏	25.00 元	978-7-80165-644-5	2009 年 7 月第 1 版
5. 彻底搞懂提单	张敏　赵通	29.80 元	978-7-80165-602-5	2009 年 6 月第 1 版
6. 彻底搞懂关税	孙金彦	29.00 元	978-7-80165-618-6	2009 年 6 月第 1 版

外贸英语实战子系列

书名	作者	定价	书号	出版时间
1. 十天搞定外贸函电	毅　冰	38.00 元	978-7-80165-898-2	2012 年 10 月第 1 版
2. 外贸高手的口语秘籍	李　凤	35.00 元	978-7-80165-838-8	2012 年 2 月第 1 版
3. 外贸英语函电实战	梁金水	25.00 元	978-7-80165-705-3	2010 年 1 月第 1 版
4. 外贸英语口语一本通	刘新法	29.00 元	978-7-80165-537-0	2008 年 8 月第 1 版
5. 英汉物流词汇精析——结合实务操作	应海新	68.00 元	978-7-80165-517-2	2008 年 5 月第 1 版

外贸谈判子系列

书名	作者	定价	书号	出版时间
1. 外贸英语谈判实战	王慧　吴旻　张海军　蒋晓杰　仲颖	32.00 元	978-7-80165-767-1	2010 年 9 月第 1 版
2. 外贸谈判策略与技巧	赵立民	26.00 元	978-7-80165-645-2	2009 年 7 月第 1 版

国际商务往来子系列

书名	作者	定价	书号	出版时间
国际商务礼仪大讲堂	李嘉珊	26.00 元	978-7-80165-640-7	2009 年 12 月第 1 版

贸易展会子系列

书名	作者	定价	书号	出版时间
外贸参展全攻略——如何有效参加 B2B 贸易商展（第二版）	钟景松	33.00 元	978-7-80165-779-4	2010 年 10 月第 2 版

区域市场开发子系列

书名	作者	定价	书号	出版时间
中东市场开发实战	刘军　沈一强	28.00 元	978-7-80165-650-6	2009 年 9 月第 1 版

国际结算子系列

书名	作者	定价	书号	出版时间
1. 国际结算函电实务	周红军　阎之大	40.00 元	978-7-80165-732-9	2010 年 5 月第 1 版
2. 出口商如何保障安全收汇——L/C、D/P、D/A、O/A 精讲	庄乐梅	85.00 元	978-7-80165-491-5	2008 年 5 月第 1 版

书名	作者	定价	书号	出版时间

国际贸易金融工具子系列

书名	作者	定价	书号	出版时间
1. 出口信用保险——操作流程与案例	中国出口信用保险公司	35.00 元	978-7-80165-522-6	2008 年 5 月第 1 版
2. 福费廷	周红军	26.00 元	978-7-80165-451-9	2008 年 1 月第 1 版

加工贸易操作子系列

书名	作者	定价	书号	出版时间
1. 加工贸易实务操作与技巧	熊　斌	35.00 元	978-7-80165-809-8	2011 年 4 月第 1 版
2. 加工贸易达人速成——操作案例与技巧	陈秋霞	28.00 元	978-7-80165-891-3	2012 年 7 月第 1 版
3. 加工贸易企业关务作业统筹	熊　斌	29.80 元	978-7-80165-423-6	2009 年 3 月第 1 版

乐税子系列

书名	作者	定价	书号	出版时间
1. 外贸会计财务处理实务——经验·技巧分享	徐玉树	38.00 元	978-7-80165-958-3	2013 年 8 月第 1 版
2. 生产企业免抵退税实务——经验·技巧分享(第二版)	徐玉树	42.00 元	978-7-80165-936-1	2013 年 2 月第 2 版
3. 外贸企业出口退(免)税常见错误解析 100 例	周朝勇	49.80 元	978-7-80165-933-0	2013 年 2 月第 1 版
4. 生产企业出口退(免)税常见错误解析 115 例	周朝勇	49.80 元	978-7-80165-901-9	2013 年 1 月第 1 版
5. 外汇核销指南	陈文培等	22.00 元	978-7-80165-824-1	2011 年 8 月第 1 版
6. 外贸企业出口退税操作手册	中国出口退税咨询网	42.00 元	978-7-80165-818-0	2011 年 5 月第 1 版
7. 生产企业免抵退税从入门到精通	中国出口退税咨询网	98.00 元	978-7-80165-695-7	2010 年 1 月第 1 版
8. 出口涉税会计实务精要(《外贸会计实务精要》第 2 版)	龙博客工作室	32.00 元	978-7-80165-660-5	2009 年 9 月第 2 版

专业报告子系列

书名	作者	定价	书号	出版时间
1. 国际工程风险管理	张　燎	1980.00 元	978-7-80165-708-4	2010 年 1 月第 1 版
2. 涉外型企业海关事务风险管理报告	《涉外型企业海关事务风险管理报告》研究小组	1980.00 元	978-7-80165-666-7	2009 年 10 月第 1 版

外贸企业管理子系列

书名	作者	定价	书号	出版时间
小企业做大外贸的四项修炼	胡伟锋	26.00 元	978-7-80165-673-5	2010 年 1 月第 1 版

国际贸易金融子系列

书名	作者	定价	书号	出版时间
1. 国际贸易金融服务全程通(第二版)	郭党怀 张丽君 张贝	43.00 元	978-7-80165-864-7	2012 年 1 月第 2 版
2. 国际结算与贸易融资实务	李华根	42.00 元	978-7-80165-847-0	2011 年 12 月第 1 版

书名	作者	定价	书号	出版时间

毅冰谈外贸子系列

1. 毅冰私房英语书——七天秀出外贸口语	毅　冰	35.00 元	978-7-80165-965-1	2013 年 9 月第 1 版

“实用型”报关与国际货运专业教材

1. 报检实务(第二版)	孔德民	38.00 元	978-7-80165	2014 年 1 月第 1 版
2. 进出口商品归类实务(2012 修订版)	林　青	45.00 元	978-7-80165-902-6	2013 年 1 月第 2 版
3. 现代关税实务(第 2 版)	李　齐	35.00 元	978-7-80165-862-3	2012 年 1 月第 2 版
4. 国际贸易单证实务(第 2 版)	丁行政	45.00 元	978-7-80165-855-5	2012 年 1 月第 2 版
5. 报关实务(第 3 版)	杨鹏强	45.00 元	978-7-80165-825-8	2011 年 9 月第 3 版
6. 海关概论(第 2 版)	王意家	36.00 元	978-7-80165-805-0	2011 年 4 月第 2 版
7. 电子口岸实务	杨鹏强　林青	30.00 元	978-7-80165-771-8	2010 年 9 月第 1 版
8. 国际集装箱班轮运输实务	林益松　郑海棠	43.00 元	978-7-80165-770-1	2010 年 9 月第 1 版
9. 国际货运代理操作实务	杨鹏强	45.00 元	978-7-80165-709-1	2010 年 1 月第 1 版
10. 航空货运代理实务	杨鹏强	37.00 元	978-7-80165-707-7	2010 年 1 月第 1 版
11. 进出口商品归类实务——实训题参考答案	林　青	12.00 元	978-7-80165-692-6	2009 年 12 月第 1 版

待出：

供应链管理实务

“精讲型”国际贸易核心课程教材

1. 外贸单证实训精讲	龚玉和　齐朝阳	42.00 元	978-7-80165-937-8	2013 年 4 月第 1 版
2. 外贸英语函电实务精讲	傅龙海	42.00 元	978-7-80165-935-4	2013 年 2 月第 1 版
3. 国际结算实务精讲	庄乐梅　李　菁	49.80 元	978-7-80165-929-3	2013 年 1 月第 1 版
4. 报关实务精讲	孔德民	48.00 元	978-7-80165-886-9	2012 年 6 月第 1 版
5. 国际电子商务实务精讲	冯晓宁	45.00 元	978-7-80165-874-6	2012 年 5 月第 1 版
6. 国际贸易实务精讲(第 5 版)	田运银	45.00 元	978-7-80165-863-0	2012 年 2 月第 5 版
7. 国际贸易单证精讲(第 3 版)	田运银	45.00 元	978-7-80165-852-4	2012 年 1 月第 3 版
8. 国际商务谈判实务精讲	王　慧　唐力忻	26.00 元	978-7-80165-826-5	2011 年 9 月第 1 版
9. 国际贸易操作实训精讲	田运银　胡少甫 史　理　朱东红	49.80 元	978-7-80165-823-4	2011 年 8 月第 1 版